10배 빠르게 일하고
연봉 높이는
챗GPT
업무 비법

[일러두기]

1. 이 책은 챗GPT 유료 플랜(Plus)을 기준으로 집필되었습니다. 무료 버전의 경우 일부 실습이 제한될 수 있습니다.
2. 본문 속 생성형 AI의 답변은 매번 달라지므로 책의 결과물과 일치하지 않을 수 있습니다.
3. 챗GPT와 관련 서비스는 지속적으로 업데이트되어 이 책에서 설명된 메뉴 구조나 기능 이름이 실제 화면과 다를 수 있습니다. 최신 버전에서 달라진 점은 OpenAI 공지나 공식 도움말을 참고하시길 바랍니다.
4. AI가 생성한 콘텐츠는 저작권, 초상권, 개인정보 보호 등 법적 규제를 받을 수 있습니다. 상업적 활용이나 배포 전에 반드시 관련 법규를 검토해야 합니다.
5. AI가 제공하는 정보는 참고용이며, 사실 오류나 부정확한 부분이 있을 수 있습니다. 중요한 의사결정이나 자료 작성 시 반드시 추가 검증 과정을 거쳐야 합니다.
6. 실습용 파일은 아래 구글 드라이브에서 내려받을 수 있습니다.

10배 빠르게 일하고
연봉 높이는 챗GPT 업무 비법

초판 1쇄 발행 2025년 9월 2일

지은이 유캔코드

펴낸이 조기흠
총괄 이수동 / **책임편집** 최진 / **기획편집** 박의성, 유지윤, 이지은
마케팅 박태규, 임은희, 김예인, 김선영 / **제작** 박성우, 김정우
디자인 채홍디자인

펴낸곳 한빛비즈(주) / **주소** 서울시 서대문구 연희로2길 62 4층
전화 02-325-5506 / **팩스** 02-326-1566
등록 2008년 1월 14일 제 25100-2017-000062호

ISBN 979-11-5784-829-4 13300

이 책에 대한 의견이나 오탈자 및 잘못된 내용은 출판사 홈페이지나 아래 이메일로 알려주십시오.
파본은 구매처에서 교환하실 수 있습니다. 책값은 뒤표지에 표시되어 있습니다.

hanbitbiz.com / hanbitbiz@hanbit.co.kr / facebook.com/hanbitbiz
blog.naver.com/hanbit_biz / youtube.com/한빛비즈 / instagram.com/hanbitbiz

Published by Hanbit Biz, Inc. Printed in Korea
Copyright ⓒ 2025 유캔코드 & Hanbit Biz, Inc.
이 책의 저작권과 출판권은 유캔코드와 한빛비즈(주)에 있습니다.
저작권법에 의해 보호를 받는 저작물이므로 무단 복제 및 무단 전재를 금합니다.

지금 하지 않으면 할 수 없는 일이 있습니다.
책으로 펴내고 싶은 아이디어나 원고를 메일(hanbitbiz@hanbit.co.kr)로 보내주세요.
한빛비즈는 여러분의 소중한 경험과 지식을 기다리고 있습니다.

10배 빠르게 일하고 연봉 높이는 챗GPT 업무 비법

유캔코드 지음

한빛비즈

목차

들어가며 006

1장 부담 없이 시작해봅시다 008
#챗GPT 가입과 인터페이스 #프롬프트 작성 #반드시 해야 하는 설정

2장 간단한 검색을 해봅시다 030
#챗GPT Search 기능

3장 간단한 분석을 해봅시다 040
#수집한 데이터 분석

4장 업무를 단숨에 요약해봅시다 045
#문서 요약 #문서 분석

5장 자동으로 뉴스레터를 보냅시다 053
#Task 기능 #뉴스 요약 #자동발송

6장 챗GPT로 영어회화 학습하기 058
#영어 연습 #멀티모달

7장 프롬프트 마스터하기 066
#단계별 접근 #생각사슬 프롬프트 #하이퍼파라미터 #글쓰기 스타일

8장 혹시 모를 오류를 잡아봅시다 090
#할루시네이션 #오류 보완

9장 단숨에 회의록 정리하기 093
#회의록 요약

10장 프로젝트를 이용해 프롬프트 체계적으로 활용하기 102
#프로젝트 기능 #프롬프트 폴더

11장 단숨에 이메일 작성하기 110
#다양한 템플릿 활용

12장 앱스 스크립트로 메일 응대 자동화하기 126
#서비스 연동 #자동화 시스템

13장 단숨에 AI 기반 비즈니스 인사이트 도출하기 — 153
#정보 격차 #트렌드 분석 #주요 분석 기법

14장 AI로 PPT 자료 만들기 — 194
#프레젠테이션 #Canva 사용

15장 데이터 분석을 해봅시다 — 199
#CSV 파일 분석 #간단한 통계 개념

16장 엑셀 업무 속도 높이기 — 226
#엑셀의 기본 기능 #표 만들기

17장 주식 데이터 분석하기 — 246
#주식 핵심 지표 #종목 선정과 분석

18장 부동산 데이터 분석하기 — 272
#거래량과 거래금액 분석 #아파트 가격 비교

19장 블로그 콘텐츠를 만들어봅시다 — 284
#검색엔진 최적화 #블로그 글쓰기

20장 마케팅 이벤트를 기획해봅시다 — 309
#페르소나 설정 #아이디어 기법 #세부 플랜 #이벤트 예시

21장 나에게 꼭 맞춤 AI 챗봇 만들기 — 328
#GPTs #맞춤형 GPT

22장 이미지를 만들어봅시다 — 345
#이미지 생성 템플릿 #효과적인 프롬프트

23장 영상을 만들어봅시다 — 351
#Sora 활용 #기본적인 영상 용어 #영상 생성 템플릿 #스토리보드

24장 에이전트 모드로 나만의 AI 비서 만들기 — 365
#업무 수행 동료 #멀티스텝 수행 #에이전트 모드 유의점

25장 바이브 코딩으로 홈페이지 만들기 — 376
#캔버스 기능 #자동으로 코드 만들기 #웹사이트 생성 #Github

들어가며

오늘날 기술의 발전 속도는 우리의 상상력을 초월하고 있습니다. 특히 인공지능(AI)은 모든 산업과 분야에서 혁신을 이끌고 있으며, 우리의 일상과 업무 방식을 근본적으로 변화시키고 있습니다. 과거에는 AI가 전문가들의 영역이었지만, 이제는 누구나 쉽게 배우고 활용할 수 있도록 문턱이 낮아졌습니다. 과거 엑셀이나 파워포인트가 전문가의 영역을 넘어 누구나 사용하는 업무 툴이 된 것처럼, 앞으로는 AI를 업무에 활용하는 것이 자연스러운 일이 될 것입니다.

AI 시대에 뒤처지지 않고 앞서가기 위해서는 지금부터라도 AI를 배우고 활용하는 것이 중요합니다. 처음에는 낯설고 어렵게 느껴질 수 있습니다. 하지만 절대 포기하지 마세요. 조금씩 익숙해지다 보면 누구나 충분히 AI를 활용해 업무 생산성을 높일 수 있습니다. 어쩌면 인생을 더 나은 방향으로 이끌어주는 새로운 가능성이 열릴지도 모릅니다.

이 책은 AI와 챗GPT를 활용해 업무 생산성을 극대화하고 싶은 분들을 위한 실무 안내서입니다. 기본적인 챗GPT 메뉴 설명부터, AI 툴을 활용해 반복 작업을 자동화하고, 데이터를 분석해 인사이트를 얻고, 빠르게 정보를 찾고, 아이디어를 얻는 등 다양한 업무에서 생산성을 향상시킬 수 있도록 준비했습니다.

책 속의 실습을 따라가다 보면 AI가 특별한 누군가의 영역이 아님을 알게 되실 겁니다. AI는 누구나 쉽게 배우고 활용할 수 있는 도구라는 점을 금세 깨닫게 되실 겁니다.

그동안 다양한 기업에서 강의를 하고 교육을 설계한 경험을 바탕으로, AI를 가장 적게 배우면서 가장 많이 활용할 수 있도록 책을 구성했습니다. 이 책을 통해 여러분이 AI를 친근하게 느끼고, 실제 업무에서 효과적으로 활용할 수 있는 자신감을 얻었으면 좋겠습니다.

유캔코드 드림

01
부담 없이 시작해봅시다

어떤 도구든 처음부터 완벽히 사용하는 것은 어렵습니다. 챗GPT 역시 처음에는 낯설게 느껴질 수 있습니다. 이번 장에서는 챗GPT의 가입 방법, 인터페이스 살펴보기, 첫 번째 프롬프트 작성까지 차근차근 알아보겠습니다. 먼저 챗GPT 가입부터 시작해봅시다.

챗GPT 가입하기

1 먼저 "https://chat.openai.com/" 페이지로 이동한 뒤, 회원 가입 버튼을 클릭합니다.

(이전에 회원 가입을 진행한 적이 있다면 이 부분은 넘어갑시다)

2 가입에 사용할 이메일을 직접 입력하거나, 구글 계정을 이용해 계속 진행합니다.

(이후 절차는 편의상 구글 계정을 이용하는 것으로 설명합니다)

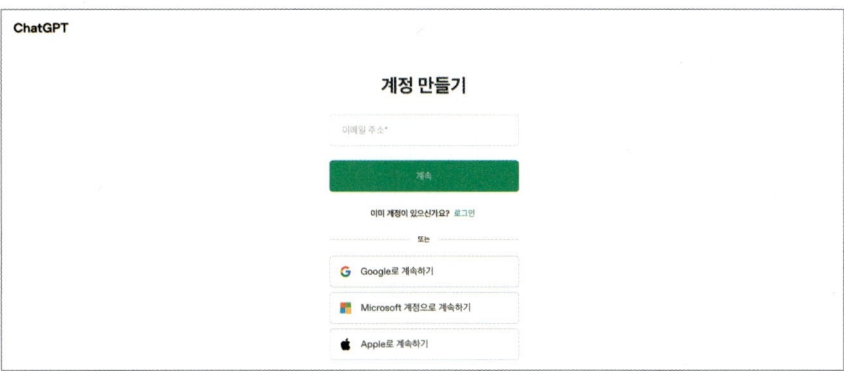

3 개인정보를 입력하고 '계속'을 누릅니다.

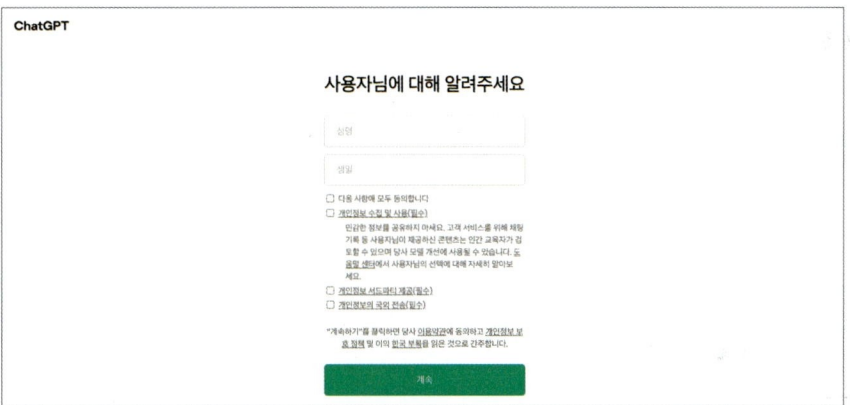

4 아래 페이지가 나오면 가입이 완료됩니다.

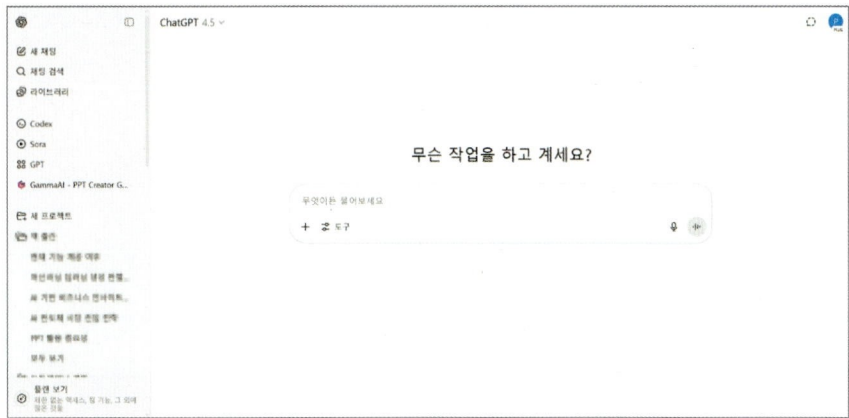

1장 부담 없이 시작해봅시다 **9**

챗GPT 인터페이스 살펴보기

(참고) 챗GPT를 비롯한 AI 서비스의 웹사이트 화면(UI, User Interface)과 기능은 매우 빠르게 업데이트됩니다. 이 책의 스크린샷과 설명은 2025년 8월 기준으로 작성되었습니다. 따라서 독자 여러분이 책을 보는 시점에서는 실제 화면의 구성이나 메뉴 위치가 일부 다를 수 있습니다. 하지만 핵심 기능의 원리는 크게 변하지 않으므로, 이 책에서 배운 내용을 충분히 응용하실 수 있습니다.

하단 인터페이스

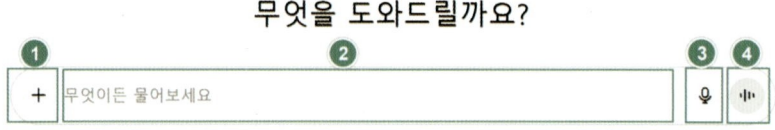

화면 하단을 보면 이미지처럼 텍스트를 입력할 수 있는 창이 있습니다. 사용자는 이 창을 이용하여 요청하고 싶은 텍스트를 입력하거나, 이미지나 파일 업로드 등을 진행할 수 있습니다.

[1] + 모양 버튼

이 버튼을 클릭하면 아래와 같이 파일 및 도구 목록이 나타납니다.

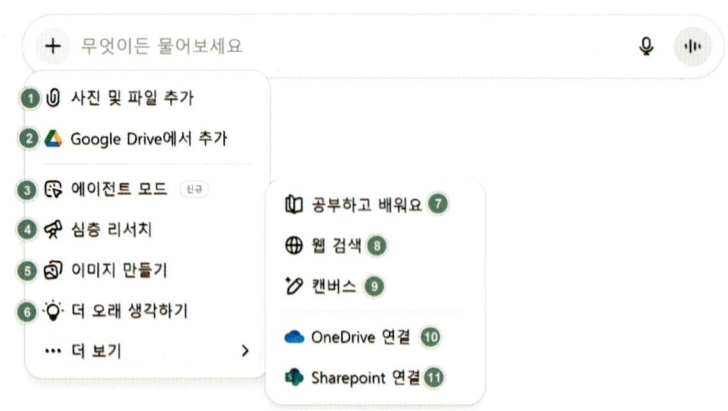

[1-1] 사진 및 파일 추가

이미지나 파일을 업로드할 수 있습니다. 사용자가 관련 파일을 첨부하면 챗GPT는 해당 자료를 참고해 더 정확하고 구체적인 답변을 제공할 수 있습니다.

[1-2] Google Drive에서 추가

Google Drive 계정과 연동해 저장된 문서, 스프레드시트, 프레젠테이션 등을 불러올 수 있습니다. 이를 통해 클라우드에 있는 자료를 직접 열어 분석하거나 요약하는 데 활용할 수 있습니다.

[1-3] 에이전트 모드

'에이전트 모드' 버튼은 챗GPT가 단순 답변을 넘어 인터넷 검색과 웹 페이지 탐색, 코드 실행 등 다양한 실제 작업을 수행하도록 지시할 수 있는 기능입니다. 이를 통해 챗GPT가 조언에 그치지 않고 온라인 정보 수집과 분석 등 여러 단계가 필요한 작업을 처음부터 끝까지 대신 처리해줄 수 있어 개인 비서처럼 사용할 수 있습니다. 다만 이 기능은 현재 Plus나 Pro 등 유료 사용자에게만 제공되며, 중요한 작업 전에 승인을 요청하는 등 몇 가지 제한사항이 있습니다.

[1-4] 심층 리서치 실행

'심층 리서치' 버튼은 챗GPT가 단순 요약을 넘어 특정 주제에 대한 심화 분석 및 자료 정리를 수행하도록 지시합니다. 이를 통해 단순 응답을 넘어선 깊이 있는 정보, 관련 사례, 데이터 기반 분석 등을 포함한 결과를 얻을 수 있습니다. 보고서나 제안서 작성 시에도 유용하게 활용될 수 있지요. 다만 무료 플랜에서는 사용량에 제한이 있습니다.

[1-5] 이미지 만들기

'이미지 만들기' 버튼을 클릭하면 챗GPT는 사용자의 텍스트를 바탕으로 이미지를 생성합니다. 다만 필수로 해당 버튼을 눌러야만 이미지가 생성되는 것은 아닙니다. 프롬프트의 내용에 따라 챗GPT가 직접 이미지를 생성하기도 합니다

[1-6] 더 오래 생각하기

보다 깊이 있고 정교한 답변을 생성하도록 시간을 들여 생각하는 모드입니다. 복잡한 문제 해결이나 창의적인 아이디어 발상에 적합합니다.

[1-7] 공부하고 배워요

'공부하고 배워요' 버튼은 챗GPT가 정답을 바로 알려주는 대신, 단계별 힌트와 유도 질문을 통해 문제 해결을 도와주는 기능입니다. 이를 통해 챗GPT는 사용자의 이해 수준에 맞춰 추가 질문과 설명을 단계적으로 제시해 단순히 정답만 얻는 것보다 깊은 이해를 키울 수 있도록 돕습니다. 숙제 풀이나 시험 준비, 새로운 개념 학습 시 유용하게 활용될 수 있지요. 다만 이 모드는 문제를 대신 풀어주기보다 사용자의 사고를 이끌어주는 데 초점이 맞춰져 있으니, 빠른 정답을 기대하기보다는 학습 과정으로 활용합시다.

[1-8] 웹 검색

실시간으로 웹에서 최신 정보를 검색하여 답변을 제공합니다. 시의성이 중요한 뉴스, 시장 동향, 이벤트 정보 등을 찾을 때 유용합니다.

[1-9] 캔버스

'캔버스(Canvas)' 도구를 사용하면 사용자의 요청에 따라 글 작성, 코드 작성 또는 포맷된 문서 생성 작업을 수행할 수 있습니다. 예를 들어 이메일 초안 작성, 보고서 초안 작성, 특정 프로그래밍 언어의 코드 작성 등이 가능합니다. 코드의 경우에는 바로 코드를 실행할 수 있는 기능이 있어 별다른 설치 없이도 프로그래밍을 할 수 있습니다.

[1-10] OneDrive 연결

Microsoft OneDrive와 연동해 저장된 파일을 불러오거나 분석할 수 있습니다.

[1-11] SharePoint 연결

Microsoft SharePoint와 연동해 팀 문서나 자료를 직접 불러와 활용할 수 있습니다.

무엇을 도와드릴까요?

[2] 대화 입력 영역

텍스트 입력창은 사용자가 질문이나 요청, 대화 메시지를 입력하는 공간입니다.

[3] 음성 입력 기능

채팅 대신 목소리를 이용해 챗GPT와 대화를 나눌 수 있는 기능입니다. 사용자가 마이크를 통해 직접 질문이나 요청을 말하면 챗GPT가 이를 텍스트로 자동 변환해 응답을 생성합니다.

[4] 음성 모드

'음성 모드 사용' 버튼을 활성화하면 음성 입력 모드가 작동합니다. 사용자는 마이크를 통해 질문이나 요청을 음성으로 전달할 수 있으며, 챗GPT는 이를 텍스트로 변환해 처리합니다.

사이드 메뉴

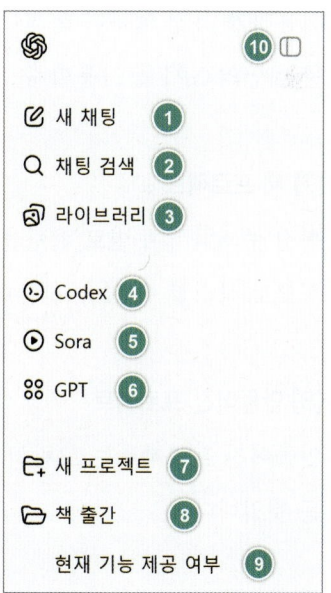

챗GPT 인터페이스의 왼쪽 사이드 메뉴에서는 주요 기능과 대화 기록, 서비스 업그레이드 옵션 등을 한눈에 확인할 수 있습니다.

[1] 새 채팅

새로운 질문이나 대화를 시작할 때 사용합니다. 주제가 바뀔 때마다 이 버튼을 눌러 깔끔하게 정리할 수 있습니다.

[2] 채팅 검색

과거의 채팅 내역을 키워드로 찾아보고 싶을 때 사용합니다. 특정 정보나 내용을 빠르게 찾을 때 유용합니다.

[3] 라이브러리

이전 대화에서 사용했던 자료, 이미지, 파일 등을 관리하고 다시 활용할 수 있는 메뉴입니다.

[4] Codex

프로그래밍과 관련된 작업을 자동화하거나 코드 생성을 도와주는 기능. 개발자나 프로그래밍 입문자들이 주로 활용합니다.

[5] Sora

영상 제작이나 편집을 AI로 쉽게 할 수 있게 도와주는 기능. 빠르게 콘텐츠 영상을 만들 때 유용합니다.

[6] GPT

사용자가 특정 업무나 목적에 맞게 나만의 GPT를 만들거나, 다른 사람들이 만들어 둔 나만의 GPT를 사용할 수 있는 기능.

[7] 새 프로젝트

특정 주제나 업무별로 채팅을 묶어서 관리할 때 사용합니다. 여러 개의 작업을 체계적으로 정리할 수 있습니다. 여러 파일을 묶어 보관하는 폴더처럼 이해하면 됩니다.

[8] 만들어진 프로젝트

만들어진 프로젝트는 그림처럼 표시됩니다. 지금은 "책 출간"이라는 프로젝트를 만든 것입니다.

[9] 대화 기록

사용자가 생성한 대화 내용이 기록되는 공간입니다. 필요에 따라 대화의 이름을 변경하거나 선별해 보관할 수 있습니다. 지금은 "책 출간" 프로젝트 안에 "현재 기능 제공 여부"라는 대화 기록이 있는 예시입니다.

[10] 사이드바 열기/닫기 버튼

인터페이스 왼쪽에 있는 메뉴(사이드바)를 숨기거나 나타낼 때 사용합니다. 화면 공간을 더 넓게 사용하고 싶거나 메뉴 사용이 필요할 때 쉽게 전환할 수 있습니다.

상단 인터페이스

[1] 모델 드롭다운 메뉴

[1-1] Auto

생각하는 시간 조절을 자동으로 설정해 질문의 난이도나 복잡성에 따라 응답 속도를 유연하게 조정하는 모드입니다. 빠른 답변과 충분한 사고 시간을 균형 있게 활용합니다.

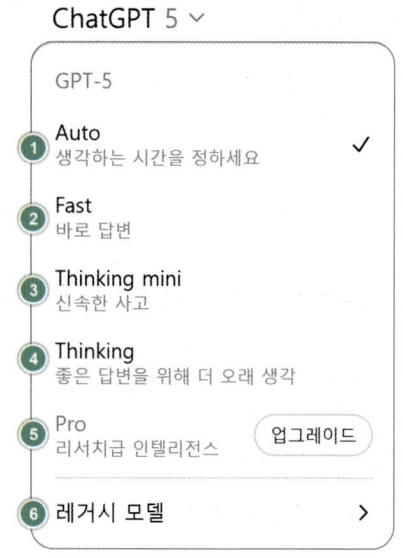

[1-2] Fast

즉시 답변을 제공하는 모드로, 간단한 질문이나 빠른 정보 확인에 적합합니다. 응답 속도를 최우선으로 합니다.

[1-3] Thinking mini

신속한 사고를 바탕으로 좀 더 깊이 있는 답변을 제공하는 모드. 빠르고 단순한 Fast보다 약간 더 꼼꼼합니다.

[1-4] Thinking

더 오래 생각한 후 꼼꼼하고 심층적인 응답을 제공하는 모드입니다. 복잡한 문제 해결, 분석, 창의적 기획 등에 유리합니다.

[1-5] Pro

박사급 지능을 제공하는 고급 모드로, 방대한 정보 분석과 전문적 조사 작업에 최적화되어 있습니다. 별도의 업그레이드가 필요합니다.

[1-6] 레거시 모델

이전 세대의 모델을 선택할 수 있는 옵션으로, 특정 프롬프트 호환성이나 비교 목적으로 활용할 수 있습니다.

[2] 임시 채팅 기능

임시 채팅은 챗GPT에서 제공하는 특별한 대화 방식으로, 기록이나 저장 없이 일회성으로 사용되는 채팅 기능입니다. 일반 채팅과 달리 대화가 끝나도 기록이 남지 않아 개인정보 보호나 민감한 정보를 다룰 때 유용합니다.

프로필 메뉴 버튼

사용자의 계정 정보를 확인하고, 다양한 설정과 기능을 관리할 수 있도록 하는 개인화 메뉴입니다. 클릭하면 챗GPT 맞춤 설정, 일반 설정, 로그아웃 등 여러 옵션이 표시됩니다. 주요 내용만 빠르게 살펴봅시다.

[1] 플랜 업그레이드
현재 사용 중인 구독 플랜을 확인하고 더 높은 플랜으로 변경하거나 추가적인 서비스를 이용할 수 있습니다.

[2] ChatGPT 맞춤 설정
개인화된 지침이나 환경설정을 통해 챗GPT를 개인이 원하는 방식으로 최적화할 수 있는 기능을 제공하는 메뉴입니다.

[3] 설정
챗GPT의 기본 설정, 알림 설정, 보안 등 앱의 세부적인 환경을 관리할 수 있습니다.

[4] 도움말
사용 방법이나 자주 묻는 질문(FAQ), 문제 해결 정보를 확인할 수 있는 메뉴로 추가 옵션이 제공됩니다.

[5] 로그아웃
현재 계정에서 로그아웃할 때 사용하는 메뉴

도움말 하위 메뉴

[6] 도움말 센터
챗GPT 사용 중 문제가 발생하거나 궁금한 사항이 있을 때 직접 해결 방법을 찾거나 고객 지원을 받을 수 있는 곳

[7] 릴리즈 노트
최신 업데이트나 기능 개선 사항을 확인할 수 있는 메뉴

[8] 이용약관 및 정책
챗GPT 이용 시 알아야 할 약관과 개인정보 처리 정책을 확인하는 곳

[9] 앱 다운로드
챗GPT의 데스크톱이나 모바일 앱을 다운로드하고 설치할 수 있도록 안내하는 메뉴

[10] 키보드 단축키
자주 사용하는 기능을 빠르게 사용할 수 있도록 지원하는 단축키 목록을 제공

첫 프롬프트 작성하기

챗GPT를 처음 사용한다면, 어떤 질문을 던져야 할지 고민이 될 수 있습니다. 어렵게 생각할 필요는 없어요. 챗GPT는 질문이나 요청을 입력하면 그에 맞게 대답을 해주는 AI이기 때문에, 먼저 간단한 문장을 입력하고 어떻게 반응하는지 보는 게 좋습니다. 사람을 처음 만나면 자기소개를 하는 것처럼 챗GPT에게 "너에 대해 설명해줘"라는 질문을 입력해봅시다. 이처럼 AI에게 어떤 작업을 요청하거나 질문을 던질 때 입력하는 문장을 '프롬프트(prompt)'라고 부릅니다.

 너에 대해 설명해줘.

 나는 OpenAI에서 개발한 AI 언어 모델이야. 텍스트 기반의 대화, 정보 제공, 문서 정리, 코드 작성 및 수정, 데이터 분석 등 다양한 작업을 도울 수 있어.

내가 할 수 있는 것:

- 텍스트 생성 및 편집: 이메일, 보고서, 블로그 글, 소설 등 다양한 글쓰기 지원
- 번역 및 요약: 여러 언어 간 번역, 긴 문서 요약
- 코드 작성 및 디버깅: 다양한 프로그래밍 언어로 코드 작성 및 문제 해결
- 데이터 분석 및 시각화: 엑셀, CSV, 데이터프레임을 분석하고 그래프로 시각화
- 웹 검색: 최신 정보를 찾아 제공
- 고객 응대 및 비즈니스 지원: 네가 운영하는 온라인 강의 관련 고객 문의 대응

네가 어떤 작업을 하든 최적의 방법으로 도와줄 수 있도록 맞춤형으로 대화할 수 있어. 필요한 게 있으면 편하게 말해줘!

> **여기서 잠깐!**
>
> Q. '프롬프트'는 뭔가요?
> A. 프롬프트는 챗GPT에게 "무엇을 해달라"고 요청하는 방식이라고 생각하면 됩니다. 질문이 짧든 길든, 프롬프트는 AI와의 대화에서 가장 기본적인 출발점입니다. 처음에는 단순한 문장으로도 충분하지만, 프롬프트를 조금 더 구체적이고 구조적으로 작성하면 훨씬 더 정교한 답변을 얻을 수 있습니다.
> 지금은 프롬프트를 직접 입력해보는 '첫 경험'을 해보는 것이 목적이니 복잡하게 생각하지 말고, 가볍게 한두 문장 정도 시도해보면 충분합니다. 본격적인 프롬프트 작성은 다음 장에서 다루겠습니다. 지금은 프롬프트가 이런 거구나 정도만 기억하고, 다양한 문장을 입력해보며 감을 익혀보세요.

챗GPT의 응답 방식 이해하기

챗GPT는 미리 정해진 답을 그대로 말하는 것이 아니라, 질문의 상황과 흐름을 파악해서 자연스럽게 답변을 만들어내는 AI입니다. 같은 질문을 여러 번 해도 매번 조금씩 다르게 답을 할 수 있고, 이전에 나눈 대화 내용을 기억해서 다음 질문에 더 자연스럽게 대답할 수도 있습니다.

예를 들어 "너에 대해 설명해줘"라고 입력하면 챗GPT는 자신이 어떤 AI이고 어떤 용도로 활용할 수 있는지 등을 설명할 겁니다. 다음으로 "실시간 정보를 검색할 수 있어?"라고 질문을 던지면, 챗GPT는 이전의 대화 내용을 기억해서 더 구체적인 설명을 해줄 겁니다.

질문의 표현 방식에 따라 답변이 달라질 수도 있는데요. 예를 들어 "챗GPT란 뭐야?" "너는 어떻게 작동해?" "너는 어떤 원리로 답변을 생성하는 거야?" 이 세 가지 질문은 모두 비슷한 정보를 묻고 있지만, 답변의 방식이나 내용은 다를 수 있습니다. 챗GPT가 질문자의 의도를 잘 이해하고 그에 맞춰 가장 적절한 답변을 주려고 노력하기 때문입니다.

대화를 더 깊고 넓게 이어가는 방법

챗GPT는 질문과 답변만 주고받는 것을 넘어 이야기를 계속해서 더 넓게 펼쳐나갈 수 있습니다. 사용자는 하나의 주제에 대해 계속 물어보거나, 새로운 정보를 추가해 이야기를 발전시킬 수 있습니다. 예를 들어 이런 식으로 질문을 이어나갈 수도 있겠죠. "너에 대해 설명해줘." - "너는 어떻게 학습했어?" - "너는 실시간으로 새로운 정보를 배울 수 있어?" - "너와 비슷한 다른 AI 모델은 어떤 게 있어?"

이렇게 차근차근 질문을 이어나가면 단순한 정보 제공에서 그치지 않고 더 많은 것을 배울 수 있습니다. 업무 환경에서도 이런 대화 방식을 활용하면 더 좋은 결과를 얻을 수 있습니다.

챗GPT로 내가 모르는 것을 학습하는 가장 쉬운 방법

챗GPT의 답변은 질문을 어떻게 하느냐에 따라 크게 달라집니다. 내가 정확히 무엇이 궁금한지 잘 모르거나, 복잡한 상황을 설명해야 할 때는 '메타 프롬프트(Meta Prompt)' 방식을 활용해보세요. 메타 프롬프트는 "무엇을 물어보면 좋을까?"라고 챗GPT에게 먼저 질문을 던지는 방식입니다.

"커피를 주제로 발표하려고 하는데, 어떤 점을 설명하면 좋을까?"
→ 그러면 챗GPT가 주제를 구성하는 데 필요한 요소를 정리해줍니다.

"아침에 마시는 커피에 대해 궁금한데, 어떤 걸 먼저 알아보는 게 좋을까?"
→ 카페인, 맛, 원두 종류 등 생각하지 못한 방향까지 제안받을 수 있습니다.

"비 오는 날 마시기 좋은 커피를 추천받고 싶은데, 먼저 어떤 걸 정해야 할까?"
→ 분위기, 향, 온도 등 취향을 구체화하는 데 도움을 줍니다.

이처럼 '무엇을 물어야 하는지'에 대해 챗GPT와 함께 정리를 시작하면 더 깊고 풍부한 대화를 나눌 수 있습니다. 아직 개념이 불분명한 주제일수록 이 방식이 효과적입니다.

원하는 답변을 얻기 위한 최고의 방법 - 구체적으로 질문하기

챗GPT의 답변은 사용자의 요청에 따라 달라질 수 있습니다. 보다 명확한 답변을 얻기 위해서는 질문을 구체적으로 작성하는 것이 중요합니다.

"커피에 대해 설명해줘."
→ 이때 챗GPT는 커피의 개념, 종류, 유래 등을 포괄적으로 설명할 가능성이 높습니다.

"아침에 마시기 좋은 커피를 추천해줘."
→ 보다 구체적인 질문이므로, 아침 시간대에 어울리는 커피 종류를 제안하게 됩니다.

"비 오는 날 마시기 좋은 커피를 추천해줘."
→ 날씨까지 고려한 맞춤형 답변을 받을 수 있습니다.

프롬프트를 어떻게 작성하느냐에 따라 챗GPT의 응답이 달라지므로 원하는 정보를 효과적으로 얻기 위해서는 질문을 보다 명확하고 구체적으로 입력하세요.

> **여기서 잠깐!**
>
> 앞에서 설명한 내용은 모두 '프롬프트 엔지니어링(Prompt Engineering)'과 관련이 있습니다. 프롬프트 엔지니어링이란, AI가 좋은 답변을 만들 수 있도록 질문을 잘 설계하는 방법입니다.
> - 한 번의 질문과 답변만 있는 방식: 싱글턴 프롬프팅(Single-turn Prompting)
> - 여러 질문을 이어가는 방식: 멀티턴 프롬프팅(Multi-turn Prompting)
> - 아무 예시 없이 질문만 던지는 방식: 제로샷 프롬프팅(Zero-shot Prompting)
> - AI가 논리적으로 생각하며 답하도록 유도하는 방식: 생각사슬 프롬프팅 (Chain-of-Thought Prompting)

> 이런 방식들은 AI를 더 잘 활용할 수 있도록 도와주지만, 처음부터 전부 알 필요는 없습니다. 이번 장의 목표는 AI와 편하게 대화를 시작하는 것입니다. 심화된 기법은 차츰 익숙해지면 됩니다.

반드시 해야 하는 설정 알아보기

챗GPT는 사용자의 편의성과 맞춤형 경험을 위해 '메모리 기능'과 '맞춤형 지침 기능'을 제공하고 있습니다. 이 두 가지 기능은 일단 설정해두는 것이 좋습니다.

메모리란?

메모리(Memory)는 AI 챗봇(챗GPT)이 사용자의 질문에 더 잘 답할 수 있도록 이전에 대화한 내용이나 사용자의 정보를 기억하는 기능입니다. 이 기능을 통해 챗봇은 더 자연스러운 개인 맞춤형 답변을 제공합니다. 메모리를 AI 챗봇의 기억력이라고 생각하면 쉽겠네요. 여러분이 친구와 이야기할 때, 친구가 이전에 했던 말을 기억하고 있다가 다음에 더 잘 대답해주는 것과 비슷한 원리입니다.

메모리를 사용하면 무엇이 좋을까?

1. 개인 맞춤형 답변 제공
이전 대화의 내용을 기억해 사용자 개인에게 꼭 필요한 맞춤형 정보를 제공할 수 있습니다.
예) 지난 대화에서 "나는 축구를 좋아해"라고 말했다면, 다음에 스포츠 추천을 요청했을 때 축구 관련 정보를 우선 제공합니다.

2. 대화의 효율성 증가

매번 같은 정보를 반복해서 말할 필요가 없습니다.

예) 이름이나 관심사를 한 번 알려주면 챗봇이 기억하기 때문에 다음에는 별도의 설명 없이 바로 원하는 정보를 받을 수 있습니다.

3. 자연스러운 대화 흐름

사람이 대화하는 것처럼 자연스러운 흐름을 유지할 수 있습니다.

예) 어제 날씨를 물어봤다면, 오늘 날씨를 물었을 때도 자동으로 위치를 기억해 쉽게 답변을 받을 수 있습니다.

메모리 설정

일반적으로 AI 챗봇은 사용자가 이전에 어떤 대화를 했는지 기억하지 않습니다. 하지만 메모리 기능을 활성화하면 챗GPT가 사용자의 선호도와 스타일, 자주 요청하는 내용 등을 기억하고, 더 개인화된 답변을 제공합니다.

1 프로필 메뉴에서 설정 버튼을 클릭

2 메모리 항목에서 다음 옵션을 설정

→ 채팅 기록 참고: 이전에 나눈 대화를 참고해 답변하도록 설정합니다.

→ 저장된 메모리 참고: 챗봇이 저장한 기억(사용자의 선호사항 등)을 활용하도록 만듭니다.

3 챗GPT가 나에 대해 무엇을 기억하고 있는지 어떻게 아나요?

→ "Manage memories > 관리 버튼"을 클릭하면 저장된 내역을 확인할 수 있습니다. 주로 사용자의 특성과 관심사, 주요 요청 패턴 같은 정보가 메모리에 저장됩니다. 불필요한 정보는 삭제할 수 있습니다.

대화 중 응답 위에 "메모리 업데이트됨"이라는 표시가 나오면 정상적으로 저장된 것입니다.

4 다시 "설정 > 개인 맞춤 설정 > Manage memories > 관리"를 클릭해보면 아래와 같이 잘 기억하고 있다는 사실을 알 수 있습니다.

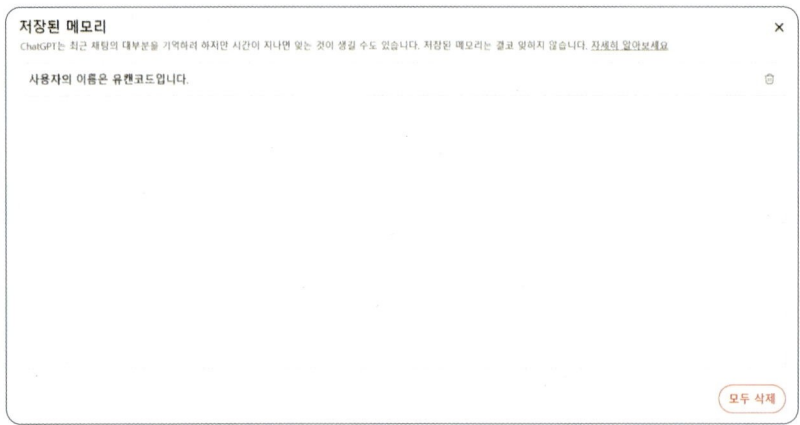

> **여기서 잠깐!**
>
> Q. "메모리 가득 참"이라는 경고 창이 나왔어요. 어떻게 하죠?
> A. 챗GPT 상단에 "메모리 가득 참"이라는 문구가 나오면, 메모리 관리에서 "메모리 지우기" 버튼을 이용해 해결할 수 있습니다.

맞춤형 지침 설정하기

챗GPT 맞춤 설정은, 챗GPT가 내가 원하는 방식으로 답변하도록 설정하는 것을 말합니다.

1 프로필 메뉴에서 "ChatGPT 맞춤 설정" 메뉴를 클릭

2 아래와 같이 맞춤 설정 창이 나옵니다. 각 입력창은 무엇인지 알아볼까요?

(1) "ChatGPT가 어떻게 불러드리면 좋을까요?"

[기능] 사용자가 원하는 호칭이나 닉네임을 기입해서 챗GPT가 답변 시 해당 호칭을 넣도록 만드는 항목입니다. 꼭 필요한 설정은 아니라 공란으로 두는 편이 많습니다.

[예시] "태웅님" "위숙님"

[효과] 챗GPT가 사용자의 이름이나 별칭을 불러줌으로써 개인 맞춤형 느낌이 강화됩니다. 대화가 보다 친근하게 느껴지고, 사용자 중심으로 진행됩니다.

(2) "어떤 일을 하고 계신가요?"

[예시] "프리랜서 디자이너" "회사원(인사 담당)" "Python AI 개발자"

[효과] 챗GPT가 사용자의 배경에 맞춰 보다 전문적인(혹은 기초적인) 용어와 설명을 제공할 수 있습니다. 특정 분야의 예시나 인사이트를 전달받을 때 유용합니다. "나는 IT 스타트업에서 마케팅을 담당 중이야"라고 적으면, 챗GPT가 최신 마케팅 트렌드나 마케팅 전략 등 더 적합한 예시를 들어줄 수 있지요.

(3) "ChatGPT가 어떤 특성을 지녔으면 하나요?"

[기능] 사용자가 원하는 챗GPT의 말투, 성격, 어조 등을 지정하는 항목입니다. 프롬프트의 '톤'이라고 생각하면 됩니다.

[예시] 수다쟁이: 말이 많고 일상적인 톤 / 재간둥이: 재치, 유머가 돋보이는 톤 / 빈말하지 않음: 직설적이고 핵심만 말함 / 지지적: 칭찬과 격려, 응원 위주 / Z세대: 유행어·신세대 감성 등을 활용 / 회의적: 여러 관점을 고려하고 의문을 제기 / 관습 중시: 전통적 가치관, 예의·격식을 중시 / 미래지향적: 첨단 기술, 트렌드, 비전을 강조 / 문학적: 은유·비유 같은 문학적 표현을 자주 활용

[효과] 사용자마다 원하는 대화 분위기가 다르므로, 이를 반영해 챗GPT의 응답 어조를 조정할 수 있습니다. 한 번에 여러 특성을 섞을 수도 있어, 예컨대 "미래지향적 + 지지적" 스타일로 대화를 이끌 수도 있습니다.

(4) "ChatGPT가 당신에 대해 알아야 할 내용이 또 있을까요?"

[기능] 의사소통 시 주의해야 할 점, 특히 피해야 할 주제나 민감한 영역, 좋아하는 토픽과 맞춤 정보 등을 적을 수 있는 항목입니다.

[예시] "나는 길고 장황한 설명을 좋아하지 않으니 핵심만 짧게 정리해줘" "나는 환경 보호와 지속 가능성 이슈에 관심이 많아."

[효과] 챗GPT가 해당 정보를 사전에 인지해 불필요한 답변은 자제하거나 관심사에 맞춘 예시를 제공할 수 있습니다.

맞춤형 지침 요약

이처럼 간단한 문항 몇 가지를 통해, 챗GPT가 사용자에 대해 미리 알고 응답할 수 있도록 설정하면 '나만의 AI 비서'처럼 활용하기가 쉬워집니다. 이를 실습 형태로 구성해 폼에 입력한 정보를 자동으로 프롬프트에 반영하게끔 만들면 실제 업무나 개인용 AI 시스템에 즉시 적용할 수 있습니다.

아무쪼록 적극적으로 시도해보고, 필요하다면 중간중간 문항을 수정하거나 추가해보길 권장합니다. 이런 맞춤형 접근은 사용자 경험을 높일 뿐 아니라, 챗GPT가 제공하는 정보와 조언의 정확성을 더 높여줍니다.

> **여기서 잠깐!**
>
> Q. 메모리와 맞춤형 지침은 뭐가 다른가요?
> A. 메모리는 "AI가 나를 기억할 수 있도록 하는 기능", 맞춤형 지침은 "AI가 어떤 방식으로 답해야 하는지를 미리 알려주는 기능"이라고 보시면 됩니다.

	주요 역할	활용 방식
메모리	사용자의 대화 이력을 기억하고 맥락을 반영	예전 대화를 기반으로 지속적인 맞춤형 경험 제공
맞춤형 지침	답변 스타일과 정보 반영 방식 설정	AI가 대답하는 톤과 내용을 사용자가 원하는 방식으로 조정

02
간단한 검색을 해봅시다

이번 장에서는 챗GPT의 웹 검색(Search) 기능을 직접 실습해봅니다. 지금까지는 모델이 학습한 지식에 기반해 답변을 생성했지만, 웹 검색 기능을 이용하면 인터넷의 최신 정보까지 반영해 보다 시의성 있고 정확한 답변을 얻을 수 있습니다.

챗GPT 검색은?

- 실시간 웹 정보 반영: 사용자가 질문하면 챗GPT가 즉시 웹에서 관련 페이지를 찾아 요약합니다.
- 시의성 높은 답변: 뉴스, 주가, 스포츠, 날씨 등 빠르게 변하는 정보를 바로 확인할 수 있습니다.
- 대화형 인터페이스: '자연어'로 물어보면 복잡한 키워드나 필터를 지정하지 않아도 원하는 정보를 종합해서 알려줍니다.

[예시]
Q. "현재 서울의 날씨 알려줘."
A. "오늘(6월 22일) 서울은 흐림, 낮 최고 27 °C, 미세먼지 '좋음'입니다."

검색 기능 이용하기

챗GPT의 검색 기능은 "도구 〉 웹에서 검색하기"를 클릭해 실행할 수 있습니다. 이 상태로 채팅을 시작하면 쉽게 검색 기능을 사용할 수 있습니다.

GPT의 검색 기능을 이해하는 가장 좋은 방법은 실제 생활 속에서 마주칠 수 있는 상황을 대입해보는 것입니다. 지금부터 여러분이 챗GPT를 처음 접한 사용자라고 가정하고, 검색 기능을 통해 어떤 문제를 어떻게 해결할 수 있는지 실습을 통해 살펴보겠습니다.

우선 아주 익숙한 상황부터 시작해볼까요? 보통 "오늘 뭐 먹지?"라는 고민을 자주 하는데요. 이때 검색 사이트에 직접 들어가 평점을 비교하고, 리뷰를 읽고, 지도를 확인하곤 하지요. 이 번거로운 과정을 챗GPT에게 통째로 맡길 수 있습니다.

내 주변 맛집 찾기

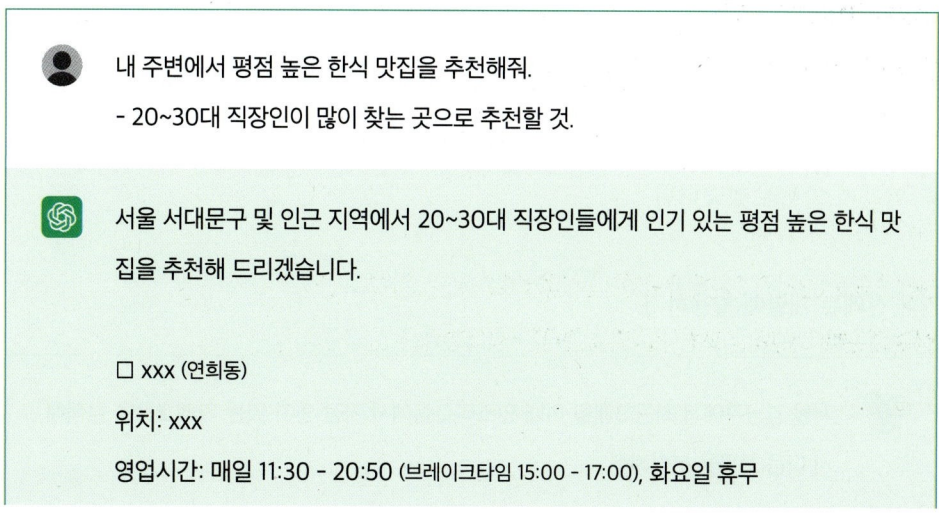

가격대: 떡갈비정식 23,000원, 보리굴비정식 28,000원, 간장게장정식 39,000원

특징: 정원이 딸린 주택을 개조한 아늑한 분위기의 한정식 전문점으로, 담백한 맛의 다양한 반찬과 메인 요리를 제공합니다. 프라이빗한 룸이 마련되어 있어 조용한 식사를 원하는 분들께 적합합니다.

☐ xxx (성수동)

위치: xxx

영업시간: 월~토 11:30 - 14:00, 일요일 휴무

가격대: 점심뷔페 1인 5,000원 (현금 결제)

특징: 가성비 뛰어난 한식 뷔페로, 제육볶음, 잡채, 나물 등 다양한 반찬을 무한리필로 즐길 수 있습니다. 간이 세지 않아 부담 없이 식사할 수 있으며, 점심시간에 직장인들로 붐비는 인기 맛집입니다.

이 외에도 서울에는 다양한 한식 맛집이 많습니다. 특히, 한정식이나 한식 뷔페를 제공하는 곳들은 점심시간에 직장인들에게 인기가 높습니다. 방문 전에는 영업시간과 휴무일을 확인하시고, 인기 있는 맛집은 예약을 고려하시는 것이 좋습니다.

실습 시나리오 살펴보기

기본적인 검색 기능 사용법을 익혔으니, 조금 더 다양한 상황에서 검색을 활용하는 방법도 살펴봅시다. 이번에는 여러분이 자영업자, 프리랜서, 마케터라는 다양한 역할을 맡았다고 가정하고, 각 상황에서 챗GPT의 검색 기능이 어떤 문제를 해결해줄 수 있는지 알아보겠습니다.

카페 신메뉴 개발에 활용하기

 서울 강남구에서 최근 3개월 이내 인스타그램에서 가장 인기 있는 카페 2곳을 검색해서 다음 항목을 분석해줘.

- 카페 이름과 간략한 소개
- 최근 가장 인기가 많은 메뉴 및 특징 (음료, 디저트 중 각각 1개 이상)
- 인스타그램에서 인기 있었던 메뉴의 공통점과 이유 분석
- 우리 카페 신메뉴 개발에 적용 가능한 아이디어 2가지 이상 추천

 서울 강남구에서 최근 3개월 이내 인스타그램에서 주목받은 인기 카페 2곳을 선정하여, 각 카페의 특징과 인기 메뉴를 분석하고, 이를 바탕으로 신메뉴 개발에 적용할 수 있는 아이디어를 제안드립니다.

1. xxx
- 위치: 강남구청역 인근
- 소개: 3년 연속 블루리본 수상에 빛나는 로스터리 카페로, 고급 원두와 정교한 로스팅으로 유명합니다.
- 인기 메뉴:
- 음료: 스페셜티 핸드드립 커피 - 다양한 원두의 풍미를 살린 정성스러운 추출이 특징입니다.
- 디저트: 정보가 부족하여 확인이 필요합니다.
- 특징: 고급 커피 애호가들을 위한 정제된 분위기와 전문성 있는 커피 제공으로 인기를 끌고 있습니다.

2. xxx
- 위치: xxx
- 소개: 이색적인 인테리어와 실험적인 커피 메뉴로 주목받는 카페입니다.
- 인기 메뉴:
- 음료: 정보가 부족하여 확인이 필요합니다.
- 디저트: 정보가 부족하여 확인이 필요합니다.
- 특징: 독특한 분위기와 창의적인 메뉴 구성으로 젊은 층의 관심을 받고 있습니다.

인기 메뉴의 공통점 및 인기 요인 분석

카페의 인기 메뉴를 종합해보면 다음과 같은 공통점이 있습니다:

1. 고급 원두 사용: 각 카페는 고급 원두를 사용하여 커피의 품질을 높이고 있습니다.
2. 정성스러운 추출: 핸드드립 등 정성스러운 추출 방법을 통해 커피의 풍미를 극대화하고 있습니다.
3. 감성적인 인테리어: 편안하고 감성적인 인테리어로 고객들에게 휴식 공간을 제공합니다.

이러한 요소들이 인스타그램 등 SNS에서 시각적으로 매력적으로 보이며, 고객들의 관심을 끌고 있습니다.

신메뉴 개발을 위한 아이디어 제안

위의 분석을 바탕으로, 다음과 같은 신메뉴 개발 아이디어를 제안드립니다:

1. 프리미엄 핸드드립 커피 라인: 고급 원두를 사용하여 다양한 풍미의 핸드드립 커피를 제공함으로써 커피 애호가들의 관심을 끌 수 있습니다.
2. 감성적인 디저트 메뉴 개발: 시각적으로 아름답고 맛있는 디저트를 개발하여 SNS에서의 공유를 유도할 수 있습니다.
3. 이색적인 인테리어 요소 도입: 카페 내부에 독특한 인테리어 요소를 도입하여 방문 고객들의 사진 촬영을 유도하고, 이를 통해 자연스러운 홍보 효과를 기대할 수 있습니다.

이러한 전략을 통해 카페의 브랜드 이미지를 강화하고, 새로운 고객층을 유치할 수 있을 것입니다.

최신 트렌드의 디자인 사례 분석하기

 올해의 웹 디자인 트렌드 중 '미니멀리즘 스타일'을 가장 잘 적용한 웹사이트 3곳을 검색하고, 다음 항목을 기준으로 정리해줘.
- 웹사이트 이름 및 링크
- 미니멀리즘을 어떻게 적용했는지 구체적인 디자인 요소 설명 (컬러 사용, 레이아웃, 타이포그래피 등)
- 사용자 반응이나 평가는 어떠한지 간단히 요약
- 이 사례들을 참고해 나의 웹 디자인 프로젝트에 적용할 수 있는 팁이나 아이디어 3가지 제안

 다음은 2025년 미니멀리즘 웹 디자인 트렌드를 가장 잘 반영한 웹사이트 3곳과 그 특징, 사용자 반응, 그리고 이를 참고하여 적용할 수 있는 팁입니다.

1. Studio Format
   - 웹사이트: https://studioformat.com(DesignRush)
   - 디자인 요소:
     - 넓은 여백과 대담한 타이포그래피로 시각적 집중도를 높임
     - 단순한 내비게이션 구조로 사용자 경험을 간결하게 유지
     - 불필요한 시각 요소를 배제하여 콘텐츠에 집중하도록 설계
   - 사용자 반응:
     - 디자인 커뮤니티에서 "미니멀리즘의 정수"로 평가받으며, 사용성과 미학의 균형을 잘 맞췄다는 긍정적인 피드백을 받음

(중략)

3. Monograph
   - 웹사이트: https://monograph.com(Colorlib)
   - 디자인 요소:

      - 그라데이션 배경과 대형 타이포그래피로 시각적 임팩트를 줌
      - 햄버거 메뉴를 활용한 슬라이드 내비게이션으로 깔끔한 인터페이스 유지
      - 이미지 없이 텍스트 중심의 레이아웃으로 콘텐츠에 집중
  - 사용자 반응:
      - "텍스트 중심의 미니멀리즘 디자인이 인상적"이라는 피드백을 받으며, 정보 전달에 효과적이라는 평가를 받음

웹 디자인 프로젝트에 적용할 수 있는 팁 3가지

1. 화이트 스페이스의 적극적 활용: 콘텐츠 간 여백을 충분히 두어 시각적 피로를 줄이고, 핵심 정보에 집중할 수 있도록 설계합니다.
2. 일관된 타이포그래피 사용: 폰트의 크기, 스타일, 간격 등을 일관되게 적용하여 브랜드 아이덴티티를 강화하고, 가독성을 높입니다.
3. 단순한 내비게이션 구조: 사용자가 원하는 정보를 빠르게 찾을 수 있도록 메뉴 구조를 단순화하고, 불필요한 링크나 버튼을 최소화합니다.

이러한 사례들을 참고하여 미니멀리즘의 핵심 원칙을 적용하면, 사용자 중심의 깔끔하고 효과적인 웹사이트를 구축할 수 있을 것입니다.

인재 이탈을 막기 위한 직원 복지 프로그램 사례 조사하기

 최근 6개월 내 IT 분야의 중소기업에서 직원 만족도를 높이기 위해 도입한 복지 프로그램 3가지를 실제 사례와 함께 검색해서 정리해줘.
- 각 기업명과 도입한 복지 프로그램 소개
- 직원 반응 및 프로그램의 효과(예: 이직률 감소, 직원 만족도 상승 등) 요약
- 중소 IT기업이 현실적으로 쉽게 도입 가능한 아이디어나 방안 2가지 추천

다음은 최근 6개월 내 국내 중소 IT 기업들이 도입한 직원 만족도 향상 복지 프로그램 사례와 그 효과를 정리한 내용입니다.

1. 아이와즈(정보통신업, 32명)
    - 도입한 복지 프로그램:
        - 집중근무시간 외 자유로운 출퇴근
        - 자녀 또는 반려동물과 동반 출퇴근 가능한 '자녀동반 출퇴근제'
        - 그룹웨어 및 업무 공유 시스템 도입으로 업무 효율성 제고
    - 직원 반응 및 효과:
        - 심리적 안정감 및 업무 집중력 향상
        - 직원 만족도 상승

(중략)

3. 씨넷(제조업, 91명)
    - 도입한 복지 프로그램:
        - 유연근무제 도입
        - 육아휴직 통합신청 프로그램 운영
        - 출산, 입학 등 이벤트에 대한 축하금 및 육아지원 정보 제공
    - 직원 반응 및 효과:
        - 시공간 제약 없는 근무 환경 조성
        - 직원 만족도 및 업무 효율성 향상

중소 IT기업이 현실적으로 쉽게 도입 가능한 복지 아이디어 2가지

1. 유연근무제 도입:
    - 직원들의 개인 일정과 업무 효율성을 고려하여 근무 시간을 유연하게 조정
    - 예: 집중근무시간 설정, 자율 출퇴근제 등

2. 소소한 복지 프로그램 운영:
- 큰 비용 없이도 직원들의 만족도를 높일 수 있는 프로그램 도입
- 예: 생일 조기퇴근, 소정의 기념일 선물 제공 등

이러한 복지 프로그램은 중소기업의 현실적인 여건을 고려하면서도 직원들의 만족도와 업무 효율성을 높이는 데 기여할 수 있습니다.

마케팅 전략을 위한 SNS 마케팅 성공 사례 분석

최근 3개월간 국내에서 SNS 마케팅으로 성공한 친환경 화장품 브랜드 사례 3개를 찾아서 아래 기준으로 분석해줘.
- 브랜드 이름 및 성공한 SNS 플랫폼 (인스타그램, 유튜브 등)
- 마케팅에 사용한 콘텐츠 유형 및 전략 (영상, 이미지, 이벤트 등 구체적 설명)
- 어떤 포인트에서 소비자들에게 호응을 얻었는지 분석 (메시지, 제품특징, 이벤트 등)
- 우리 브랜드가 이 사례들로부터 적용할 수 있는 마케팅 전략 및 아이디어 3가지 추천

다음은 최근 3개월간 국내에서 SNS 마케팅으로 성공한 친환경 화장품 브랜드 3개에 대한 분석입니다.

1. 어글리러블리(UGLY LOVELY)
- 성공한 SNS 플랫폼: 인스타그램
- 마케팅 콘텐츠 및 전략:
    1. 못난이 농산물을 활용한 업사이클링 비건 화장품 브랜드로, 식목일을 맞아 '랜선 나무 심기' 이벤트를 진행
    2. 키치한 캐릭터와 비비드한 색감의 콘텐츠로 MZ세대의 관심을 유도
- 소비자 호응 포인트:
    1. 친환경 메시지와 사회적 책임을 강조한 스토리텔링
    2. 누구나 쉽게 참여할 수 있는 온라인 이벤트로 소비자 참여를 유도

- 적용 가능한 마케팅 전략 및 아이디어:
    1. 환경 기념일에 맞춘 SNS 참여형 캠페인 기획
    2. 브랜드 가치와 연계된 캐릭터 및 색감 활용으로 시각적 차별화
    3. 사회적 메시지를 담은 스토리텔링으로 브랜드 이미지 강화

(중략)

3. 데일리스테(Dailyste)
    - 성공한 SNS 플랫폼: 인스타그램
    - 마케팅 콘텐츠 및 전략:
        1. 건국대학교 글로컬 캠퍼스와의 협업을 통해 'KU직자'들과 함께하는 콘텐츠 제작
        2. 온 가족이 함께 사용할 수 있는 친환경 화장품 브랜드로서의 이미지 강조
    - 소비자 호응 포인트:
        1. 대학생들과의 협업을 통한 신뢰도 및 친근감 형성
        2. 가족 단위 소비자들을 타겟으로 한 제품 메시지
    - 적용 가능한 마케팅 전략 및 아이디어:
        1. 지역 대학이나 단체와의 협업을 통한 콘텐츠 제작
        2. 가족 단위 소비자들을 타겟으로 한 마케팅 전략 수립
        3. 협업을 통한 브랜드 신뢰도 및 인지도 향상

우리 브랜드에 적용 가능한 마케팅 전략 및 아이디어 3가지
1. 참여형 SNS 캠페인 기획: 환경 기념일이나 브랜드 철학과 연계된 챌린지를 통해 소비자 참여를 유도하고 브랜드 이미지를 강화
2. 지역 특산물 및 자연 원료 활용: 지역성과 자연주의를 강조한 제품 개발 및 홍보를 통해 차별화된 브랜드 이미지 구축
3. 협업을 통한 콘텐츠 제작: 대학, 지역 단체 등과의 협업을 통해 신뢰도와 친근감을 높이고 새로운 소비자층을 확보

03
간단한 분석을 해봅시다

이제 챗GPT와 웹 검색 기능을 활용해 간단한 분석을 진행해보겠습니다. 데이터 분석을 진행함에 있어 취합된 데이터를 이용하는 것이 일반적이지만, 이번 실습에서는 웹 검색 기능을 이용해 간단히 데이터를 취합하고, 챗GPT를 통해 이를 분석해보겠습니다.

실습 시나리오 살펴보기

여기서는 여러분이 신규 창업을 준비하는 예비 카페 운영자라고 가정합니다. 여러분은 서울의 어느 지역에 신규 카페를 열지 고민 중이며, 최신 상권 데이터를 분석해 적합한 입지를 찾고자 합니다. 이때 챗GPT의 검색 기능을 활용해 최신 상권 데이터를 찾아보고, 그 결과를 바탕으로 어떤 상권이 가장 적합한지 분석해보겠습니다.

웹 검색 기능을 이용한 최신 상권 데이터 찾기

 서울 시내에서 최근 카페 창업이 활발하거나 유망한 상권을 3곳 검색해서 다음 항목들을 정리해줘.
- 각 상권 이름 및 간단한 특징
- 최근 1년간의 유동인구 증가율이나 트렌드
- 주요 고객층(연령대 및 특성) 분석
- 카페 및 디저트 업종의 경쟁 상황 간략 분석

서울 시내에서 최근 카페 창업이 활발하거나 유망한 상권 3곳에 대한 정보를 정리했습니다.

서교동(홍대입구역 일대)
- 상권 특징: 젊은 층의 유입이 활발한 문화·예술 중심지로, 개성 있는 독립 카페와 디저트 매장이 밀집해 있음.
- 유동인구 트렌드: 2023년 기준 하루 평균 유동인구 약 50만 명으로, 서울 내 상위권을 유지. 커피전문점 수는 4년간 20.2% 증가하여 642개로 서울에서 가장 많음.
- 주요 고객층: 20~30대의 대학생, 직장인, 관광객이 주를 이루며, SNS 감성 소비와 체험형 여가를 선호함.
- 경쟁 상황: 카페 밀집도가 매우 높아 경쟁이 치열하나, 독창적인 콘셉트와 차별화된 메뉴로 틈새시장 공략이 가능함.

(중략)

강남역·역삼1동 일대
- 상권 특징: 서울의 대표적인 비즈니스 중심지로, 유동인구와 상업시설이 밀집해 있음.
- 유동인구 트렌드: 2023년 기준 하루 평균 유동인구 약 60만 명으로, 서울에서 가장 많음. 커피전문점 수는 504개로 상위권에 위치.
- 주요 고객층: 20~40대의 직장인과 방문객이 주를 이루며, 회의나 미팅 공간으로 활용 가능한 카페를 선호함.
- 경쟁 상황: 높은 임대료와 치열한 경쟁으로 인해 진입 장벽이 높으나, 프리미엄 서비스와 차별화된 콘셉트로 성공 가능성이 있음.

이러한 상권들은 각기 다른 특성과 고객층을 보유하고 있으므로, 창업 시 타겟 고객과 상권 특성을 고려한 전략 수립이 중요합니다.

데이터 분석 기능을 활용한 상세 상권 분석

 앞에서 정리한 3개 상권(성수동, 연남동, 송리단길)을 비교 분석해서 신규 카페 창업에 가장 적합한 지역을 추천해줘. 분석은 다음 항목에 따라 진행해줘:

- 유동인구 증가율 (최근 1년 기준)

- 경쟁 정도 (카페 밀집도)

- 주요 고객층의 구매력 및 선호도 (20~30대 초점)

- 예상되는 임대료 수준 (간략한 상대적 평가)

최종적으로는 분석을 종합해 가장 창업이 유리한 상권 1곳을 추천하고, 그 이유를 설명해줘.

 성수동, 연남동, 송리단길 세 지역을 카페 창업 관점에서 비교 분석한 결과는 다음과 같습니다.

1. 유동인구 증가율 (최근 1년 기준)
- 성수동: 2020년 45,000명에서 2025년 66,000명으로 약 47% 증가. 특히 20대 여성 유동인구가 5,000명에서 11,400명으로 늘어남.(Adtype)
- 연남동: 코로나 이후 유동인구가 빠르게 회복되어 현재는 코로나 이전의 약 90% 수준까지 회복.(언폴드)
- 송리단길: 2020년 대비 생활인구가 3% 증가, 2030세대 방문자도 1% 남짓 증가.(동아일보)

2. 경쟁 정도 (카페 밀집도)
- 성수동: 팝업스토어와 브랜드 매장이 많아 경쟁이 치열하지만, 다양한 콘셉트의 카페가 공존.(한국경제)
- 연남동: 소형 평수 매물과 독특한 리테일이 많아 경쟁은 있으나 차별화된 콘셉트로 승부 가능.(언폴드)
- 송리단길: 최근 2년간 매출 정체와 소비자 연령층의 고령화로 경쟁이 다소 완화되었으나, 유사 업종의 집중으로 경쟁이 존재.(한경매거진)

3. 주요 고객층의 구매력 및 선호도 (20~30대 초점)

- 성수동: 2030세대가 전체 유동인구의 52.3%를 차지하며, 특히 30대 남성의 매출 기여도가 높음.(한경매거진)
- 연남동: 젊은 층과 관광객이 주요 고객층으로, 독특한 카페와 리테일을 선호.(언폴드)
- 송리단길: 30~40대 비중이 높으며, 시니어층의 방문도 증가 추세.(매일경제)

4. 예상되는 임대료 수준 (간략한 상대적 평가)

- 성수동: 최근 1년간 임대료가 30% 이상 상승하여 평당 약 25만원 수준.(WPL 위픽레터)
- 연남동: 임대료가 조금씩 오르고 있으나, 소형 평수 매물은 여전히 매력적인 조건을 가지고 있음.(언폴드)
- 송리단길: 1층 상가 임대료는 3.3㎡당 10만~12만원으로 주변 상권보다 상대적으로 낮음.(R114)

종합 평가 및 추천

세 지역 중 성수동이 카페 창업에 가장 적합한 지역으로 판단됩니다. 높은 유동인구 증가율과 2030세대의 높은 비중은 안정적인 고객 기반을 제공하며, 다양한 콘셉트의 카페와 브랜드 매장이 공존하는 환경은 창의적인 아이디어를 실현하기에 적합합니다. 다만, 임대료 상승과 경쟁 심화는 고려해야 할 요소입니다.

연남동은 상대적으로 낮은 임대료와 독특한 리테일 환경이 장점이나, 유동인구 회복이 완전하지 않아 주의가 필요합니다.

송리단길은 임대료가 낮고 시니어층의 방문이 증가하고 있으나, 매출 정체와 경쟁 심화로 인해 창업 시 신중한 접근이 요구됩니다.

이번 실습에서는 챗GPT의 웹 검색 기능을 통해 수집된 정보를 바탕으로 간단한 상권 분석을 진행해봤습니다. 하지만 실제 창업이나 투자 같은 중요한 의사결정을 내릴 때는 AI가 제공한 정보가 정확한지 검증하는 과정이 반드시 필요합니다. 웹 검색 결과는 시점에 따라 달라질 수 있고, 일부 데이터는 정확하지 않을 수 있기 때문이죠. AI의 분석 결과는 의사결정을 위한 참고자료로 활용하되, 실제로는 추가적인 시장조사 등을 통해 정보를 교차 검증하는 과정이 꼭 필요하다는 점을 기억해주세요.

챗GPT는 빠르고 편리한 도구이지만, 최종 판단은 늘 사용자에게 달려 있습니다. AI 시대에는 데이터를 보는 눈과 해석하는 힘을 함께 기르는 것이 더욱 중요합니다.

04
업무를 단숨에 요약해봅시다

이번 장에서는 챗GPT의 파일 업로드 및 데이터 분석 기능을 활용해 업무 문서를 효율적으로 요약하는 방법을 알아보겠습니다. PDF와 CSV 파일을 직접 업로드해 문서 요약과 데이터 분석 실습을 진행합니다.

> **여기서 잠깐!**
>
> 이번 실습에서는 예제 파일을 이용해 실습을 진행합니다. 실습용 파일이 있는 구글드라이브에 접속해 아래 두 파일을 다운로드 받으세요.
>
> 📁 폴더 이름: 4장_업무를 단숨에 요약해봅시다
> 📁 파일 이름: 4_서울시 부동산 실거래가 정보_1.csv
> 　　　　　　 4_서울시 부동산 실거래가 정보_2.csv

파일 업로드 및 데이터 분석 기능 소개

챗GPT는 업로드된 다양한 유형의 파일 속 내용을 분석하고 요약하는 기능을 제공합니다. 이를 통해 복잡한 데이터나 긴 문서를 보다 효율적으로 처리할 수 있지요.

　데이터 분석이 지원되는 파일 형식
　- Excel 파일: .xls, .xlsx 등 스프레드시트 형식의 파일

- CSV 파일: 쉼표로 구분된 값이 저장된 .csv 파일
- PDF 파일: 문서 형식의 .pdf 파일
- JSON 파일: .json 형식의 데이터 파일
- 파일 업로드 한도: 한 대화에 최대 10개 파일까지 업로드 가능
- 파일 크기: 파일당 최대 512MB (CSV나 Excel과 같은 스프레드시트의 경우 약 50MB 이하 권장)

파일 업로드 시 유의사항
- 열 제목 포함: 스프레드시트나 CSV 파일의 첫 번째 행에 각 열의 제목을 명확하게 기재해야 합니다.
- 명확한 열 제목 사용: 열 제목은 약어 또는 전문 용어를 피하고, 이해하기 쉬운 일반적 용어를 사용해야 합니다.
- 일관된 데이터 구조: 각 행이 하나의 레코드를 나타내도록 구성해야 하며, 빈 행이나 열은 포함하지 않는 것이 좋습니다.

실습 시나리오 살펴보기

여러분은 지금 부동산 중개업체에서 신규 투자 지역을 발굴하고, 지역별 실거래가 트렌드를 요약해 보고서를 작성하는 업무를 진행하려고 합니다. 나아가 부동산 계약서까지 검토해보려고 하지요. 이번에는 부동산 임대차 계약서(PDF)와 서울시 부동산 실거래가 정보(CSV) 파일을 활용해 문서 요약과 데이터 분석을 실습해보겠습니다.

서울시 부동산 실거래가 데이터 분석

제공해드린 실습 파일의 내용이 꽤 방대해서 바로 요청을 진행했을 때 오류가 발생할 여지가 있습니다. 우선 파일을 업로드한 뒤, 해당 파일을 파악하는 것부터 요청해보기로 하지요.

업로드한 파일들을 파악해줘.

[파일 첨부]
4_서울시 부동산 실거래가 정보_1.csv
4_서울시 부동산 실거래가 정보_2.csv

 파일 구조를 파악했습니다.

업로드한 두 CSV 파일 개요

항목	파일 1	파일 2
파일명	서울시 부동산 실거래가 정보_1.csv	서울시 부동산 실거래가 정보_2.csv
데이터 수	695,786행	702,530행
주요 열	접수연도, 자치구명, 법정동명, 건물명, 계약일, 물건금액(만원), 건물면적(㎡), 층, 건물용도 등	동일

주요 컬럼 (공통):

- 접수연도: 연도
- 자치구명: 구 이름 (예: 강남구, 마포구, 성동구)
- 법정동명: 동 이름
- 건물명: 단지명 또는 건물명
- 계약일: 계약일자 (예: 20240101 형식)

(중략)

데이터 특이사항:

- 일부 컬럼(지번구분, 본번, 부번, 권리구분, 취소일, 토지면적(㎡), 신고구분, 신고한 개업 공인중개사 시군구명)은 결측치가 많음. 인코딩 문제는 euc-kr로 해결됨.

원하신다면 바로 분석 작업을 진행하겠습니다. 진행할까요?

업로드한 서울시 부동산 실거래가 CSV 데이터를 강남구, 마포구, 성동구만 필터링해서 분석해줘. 전체 데이터를 로드하지 말고, 해당 3개 구만 추출 후 아래 항목을 요약해줘.

1. 최근 1년간 월별 거래량 추이
2. 평(3.3㎡당) 평균 거래가 변화 추이
3. 최고가/최저가 거래 사례 (날짜, 단지명 포함)
4. 그래프로 시각화한 지역별 가격 트렌드 비교

분석 결과를 정리하면 다음과 같습니다:

☐ 최근 1년간 강남구, 마포구, 성동구 부동산 거래 데이터 요약

1. 최근 1년간 월별 거래량 추이

월별 거래량 데이터(월별, 자치구별)는 제공된 표에서 확인 가능합니다.

2. 평(3.3㎡당) 평균 거래가 변화 추이

월별, 자치구별 평당 평균 거래가 데이터도 함께 제공했습니다.

3. 최고가/최저가 거래 사례

(중략)

4. 지역별 가격 트렌드 그래프

시각화 그래프를 참고하세요! 이 그래프는 최근 1년간 강남구, 마포구, 성동구의 평당 평균 거래가 변화 추이를 보여줍니다. 궁금하신 점이나 추가 분석이 필요하시면 알려주세요!

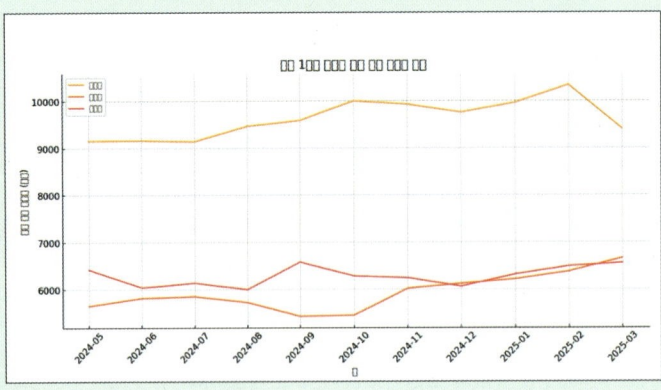

> **여기서 잠깐!**
>
> 실제로 해보면 마지막 그래프 제목에 나오는 한글이 제대로 표현되지 않는 경우가 많습니다. 이는 챗GPT가 데이터 분석에 사용하는 도구에 한글을 지원하지 않아 발생하는 문제인데요. 아래 파일을 업로드하고 프롬프트를 입력해 그래프 범례에 한글을 표현할 수 있게 만들어봅시다.
>
> 📁 폴더 이름: 4장_업무를 단숨에 요약해봅시다
> 📁 파일 이름: koreanize_matplotlib-0.1.1-py3-none-any.whl
>
>

 최근 1년간 지역별 평당 평균 거래가 추이 그래프를 내가 업로드한 파일을 이용해서 다시 그려줘.

[파일 첨부]
koreanize_matplotlib-0.1.1-py3-none-any.whl

부동산 계약서 요약

> 여기서 잠깐!
>
> 구글드라이브에서 아래 파일을 다운로드 받아 사용하세요.
>
> 📁 폴더 이름: 4장_업무를 단숨에 요약해봅시다
> 📁 파일 이름: 4_주택임대차 표준계약서_실습용.pdf
>
>

 업로드한 부동산 계약서를 다음 항목을 중심으로 요약해줘.

1. 임대 대상과 위치
2. 임대 조건 (보증금, 월세, 관리비, 계약 기간)
3. 특약 사항 요약
4. 위약금 및 조기 해지 조건

[파일 첨부]
4_주택임대차 표준계약서_실습용.pdf

 업로드해주신 주택임대차 표준계약서의 주요 내용을 요약하면 다음과 같습니다:

☐ 임대 대상과 위치
- 주소: 서울특별시 마포구 월드컵북로 마포래미안푸르지오 45동 1203호
- 면적:
    - 대지지분: 36.78㎡
    - 전용면적: 84.95㎡
    - 공급면적: 114.32㎡
- 용도: 공동주택(아파트)

☐ 임대 조건
- 보증금: 5억 원

- 월세: 없음 (전세 계약)
- 관리비: 25만 원(정액제)
- 계약 기간: 2050년 4월 15일 ~ 2052년 4월 15일 (2년)
- 수리 내역: 입주 전 욕실 배수구, 배관 누수 보수, 에어컨 냉매 충전, 전등 교체 (LED)

☐ 특약 사항 요약
- 임차인은 2050년 4월 20일까지 주민등록 전입신고와 확정일자 완료
- 임대인은 위 약정일 다음날까지 주택에 저당권 등 담보권을 설정할 수 없음
- 임대인이 위반 시:
  ○ 임차인은 계약 해제/해지 가능
  ○ 보증금 전액과 위약금 5% 반환해야 함
- 임차인은 계약 체결 시점 기준, 고지되지 않은 선순위 임대차(1천만 원 초과)나 체납된 국세/지방세 발견 시 계약 해제 가능
- 임차인은 벽지 교체 및 붙박이장 철거 요청, 임대인은 수용 후 입주 전까지 완료

(중략)

☐ 위약금 및 조기 해지 조건
- 계약 해제 가능 조건:
  ○ 임대인: 중도금(또는 잔금) 지급 전까지 계약금 배액 반환 후 해제 가능
  ○ 임차인: 계약금 포기 후 해제 가능
- 조기 해지 사유:
  ○ 임차주택의 일부가 멸실되거나 목적 사용 불가 시 임차인은 계약 해지 가능
  ○ 임차인이 2회 이상 월세 연체 시 임대인은 계약 해지 가능
  ○ 임대인이 실거주 목적, 주택 멸실, 전대, 고의 또는 중대한 과실로 파손 등 사유 발생 시 계약 해지 가능

필요하신 부분이나 추가 요약이 필요하다면 알려주세요!

이처럼 챗GPT는 단순한 문서 요약을 넘어, PDF 계약서나 거래 데이터 같은 실무 문서를 빠르게 분석하고 이해하는 데 도움을 줄 수 있습니다. 단, AI의 분석 결과가 항상 완벽하거나 절대적인 것은 아닙니다. 중요한 결정을 내리기 전에는 반드시 사람이 직접 내용을 검토하고 교차 확인하는 과정을 진행하세요.

05
자동으로 뉴스레터를 보냅시다

이번 장에서는 챗GPT의 Task 기능을 소개하고, 이 기능을 활용해 실습해보겠습니다. Task 기능은 챗GPT가 단순히 질문과 답변을 주고받는 수준을 넘어, 지정된 업무를 자동으로 정기 수행하도록 설정하는 기능입니다. 덕분에 반복 업무를 효율적으로 자동화할 수 있지요.

Task 기능이란?

Task 기능은 특정 작업을 챗GPT에게 미리 지시해 정해진 일정과 시간에 자동으로 실행하도록 설정하는 기능입니다. 예를 들어 "매일 아침 뉴스를 요약해 보내기" "매주 금요일 주간보고서 초안 작성하기"와 같은 반복 업무를 챗GPT가 알아서 처리할 수 있지요. 다만 이 기능은 유료 플랜 가입자에게만 제공됩니다.

간단하게 Task 기능 살펴보기

실습 1: 매일 아침 뉴스레터 자동 발송

1 아래와 같은 프롬프트를 이용해 Task 기능을 활성화합니다.

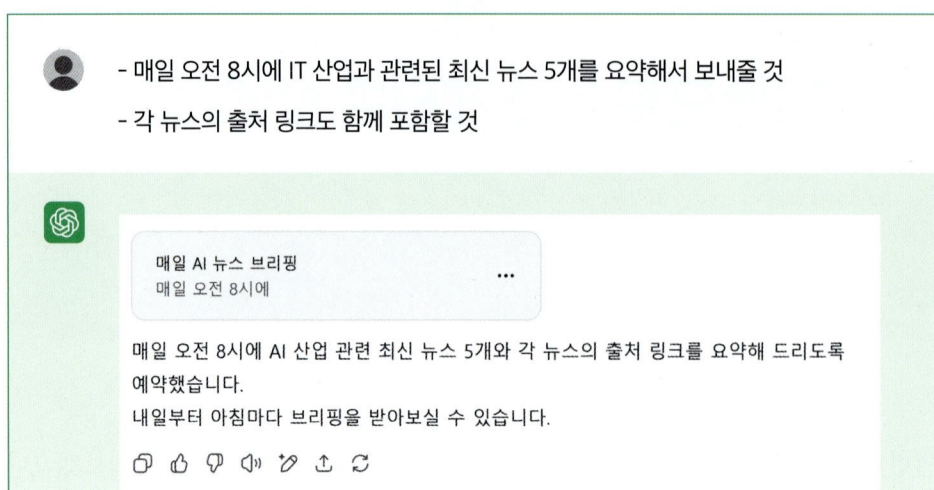

- 매일 오전 8시에 IT 산업과 관련된 최신 뉴스 5개를 요약해서 보내줄 것
- 각 뉴스의 출처 링크도 함께 포함할 것

2 결과물을 이메일이나 푸시 알림으로 받아보고, 필요 시 내용을 보완해 발송합니다.

- IT 산업의 최신 뉴스를 매일 아침 8시에 요약해 이메일로 받을 수 있도록 설정할 것
- 주요 뉴스 5개와 각 뉴스의 출처 링크를 포함할 것

실습 2: 주간업무보고서 초안 작성 자동화

1 매주 금요일 오후에 주간의 업무 내용을 바탕으로 보고서 초안을 작성하도록 설정합니다.

- 매주 금요일 오후 4시에 이번 주 진행한 주요 업무를 정리하여 보고서 형식으로 초안을 작성할 것
- 업무의 성과, 문제점 및 다음 주 계획을 포함할 것

2 Task 결과를 받아보고, 필요에 따라 보완하여 최종 보고서를 완성합니다.

> - 매주 금요일 오후 4시에 이번 주 업무 내용을 기반으로 주간 보고서 초안을 작성하여 이메일로 받을 수 있도록 설정할 것
> - 주요 업무 성과, 문제점 및 다음 주 계획을 포함할 것

Task 기능을 활용하면 반복적이고 번거로운 업무를 효과적으로 관리하고, 중요한 업무에 더욱 집중할 수 있습니다.

실행 중인 Task 관리하기

1 프로필 메뉴에서 설정을 선택합니다.

2 알림>작업 관리를 선택합니다.

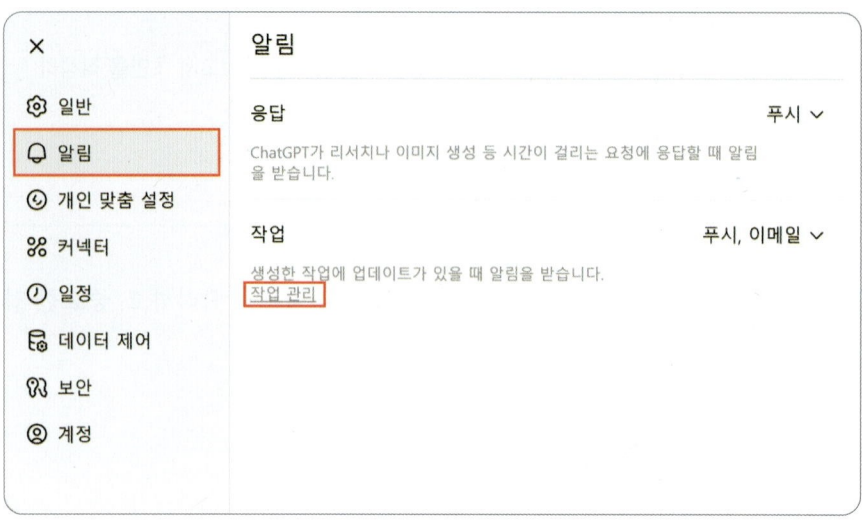

3 기존에 설정한 일에 대해서 일시 정지하거나 작업 내역을 변경하는 등 원하는 작업을 할 수 있습니다.

Task 기능, 언제 사용하면 좋을까?

Task 기능은 반복적으로 수행하는 업무나 정기적으로 필요한 콘텐츠 작성 시 유용하게 사용할 수 있습니다. 예를 들어, 매일 업무 시작 전에 뉴스나 산업 동향을 빠르게 파악해야 할 때 "매일 아침 9시에 주요 뉴스를 요약"하는 Task를 설정하면 효율적이겠지요. 또 매주 팀 회의를 준비할 때마다 일정한 형식의 보고서를 작성해야 하는 경우 "매주 금요일 오후 4시에 주간업무 성과를 정리한 보고서 초안 작성" 같은 Task를 설정하면 시간을 크게 절약할 수 있습니다. 이를 통해 업무 준비 시간을 최소화하고, 중요한 의사 결정이나 창의적인 업무에 집중할 수 있는 여유를 확보할 수 있습니다.

Task 기능의 한계

Task 기능에는 다음과 같은 제약 사항이 있습니다. 설정 전에 기능의 한계를 정확히 이해해야 기대하는 결과를 얻을 수 있지요.

1. 알림 방식 제한

Task 실행 후 결과는 챗GPT 앱 내 알림 또는 이메일로만 제공됩니다. 현재 SMS, 슬랙(Slack), 마이크로소프트 팀즈(Microsoft Teams) 등의 외부 채널 연동은 지원되지 않습니다.

2. 결과물 확인 경로

알림에는 Task가 수행된 대화창으로 연결되는 링크만 포함됩니다. 알림 메시지 자체에 보고서나 요약 내용이 전부 표시되지 않으므로, 링크를 눌러 별도의 창에서 결과물을 확인해야 합니다.

3. 파일 첨부 미지원

Task 결과에 PDF·이미지·스프레드시트 파일 등의 첨부 파일을 자동 생성하거나 전송하는 기능은 제공되지 않습니다. 텍스트 형태로만 결과물을 받아볼 수 있습니다.

4. 최종 검수 필요

해당 기능을 통해 생성한 결과물을 무조건 신뢰하긴 힘듭니다. 검토 과정을 거쳐 주요 내용에 문제가 없는지를 사람이 직접 확인하는 과정이 필요합니다.

06
챗GPT로 영어회화 학습하기

챗GPT를 활용한 영어 학습은 더 이상 텍스트 입력에만 머물지 않습니다. 이 장에서는 음성 기능을 활용해 직접 말하고, 대답하고, 피드백을 받는 실전형 영어회화 실습을 진행해보겠습니다. 모바일 앱을 기준으로 실습을 진행하며, 회화 플랜 생성부터 발음 교정, 실제 상황 시뮬레이션까지 음성 중심으로 구성합니다. 먼저 구글 플레이 스토어나 애플 앱스토어를 통해 챗GPT 공식 앱을 설치하세요.

음성 모드 활성화하기

앱 설치 후 멀티모달 기능은 다음과 같이 간단히 사용할 수 있습니다.

1. 이미지 입력

채팅 입력란 옆의 "+" 아이콘을 눌러 사진을 직접 촬영하거나 이미지를 선택해 업로드합니다.

2. 음성 입력

채팅 입력란 하단의 "마이크" 아이콘을 눌러 음성 입력 모드를 활성화한 뒤, 말을 하면 텍스트로 자동 전환됩니다. 그 옆의 오디오 파형 아이콘을 클릭하면 챗GPT와 실시간으로 응답을 주고받는 것도 가능하니 참고하세요.

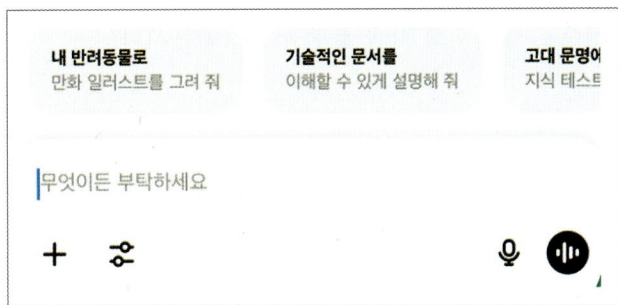

(실시간 음성 채팅이 활성화된 모습)

챗GPT로 맞춤형 영어회화 학습하기

이제 AI와 함께 영어회화를 연습하는 단계로 들어가보겠습니다. 단순히 "Hello"라고 말해보는 수준을 넘어 AI가 직접 회화 플랜을 설계해주고, 내가 따라 연습할 수 있도록 구성하는 것을 목표로 해보겠습니다.

나에게 맞는 영어회화 플랜 요청하기

챗GPT 앱에서 텍스트 또는 음성으로 영어회화 학습 플랜을 요청해봅시다.

 나는 영업을 하는 직장인이고 영어는 기초 수준이야. 매일 10분씩 출퇴근 시간에 영어회화를 연습하고 싶어. 나에게 맞는 일일 회화 학습 계획을 만들어줘. 계획에는 매일 어떤 상황을 연습하고 어떤 표현을 익히면 좋을지도 포함되어야 해.

 물론입니다! 매일 10분씩 연습할 수 있는 영어회화 훈련 계획을 아래와 같이 제안합니다.

1일차: 카페에서 주문하기 - "Can I get a..." / "I'd like a..."
2일차: 길 물어보기 - "How do I get to..." / "Is it far from here?"
3일차: 회사 소개하기 - "I work in..." / "I'm in charge of..."
…

각 날마다 표현 2~3개, 예시 문장, 그리고 대화 스크립트까지 함께 제공해드리겠습니다.

실시간 음성 대화로 회화 연습 시작하기

회화 훈련 계획을 받았다면, 이제 그 내용을 바탕으로 새 채팅을 열고 실제로 음성 대화 연습을 시작해보겠습니다. 이 과정에서는 AI가 실시간으로 영어 대화를 건네오고, 나 역시 말로 대답하면서 학습할 수 있습니다. 이 단계에서는 단순히 말을 주고받는 데서 멈추지 말고, 발음이나 문법에 대한 피드백을 받아보는 것이 좋습니다. 음성 대화를 시작하기 전에 챗GPT에게 먼저 다음과 같이 학습 목적과 피드백 방식을 설명해주는 것이 좋습니다. 그래야 AI도 학습이라는 목적을 갖고 응답해주게 됩니다.

이제부터 실시간으로 영어 대화 연습을 해보자.
너는 영어 선생님처럼 대화 상대가 되어줘.
내가 대답을 잘 했는지, 발음이나 문법 오류가 있었는지 대화 시나리오가 끝난 후에 한국어로 자세히 피드백도 해줘.
오늘 연습할 주제는 [카페에서 주문하기]야.
내가 말할 차례일 때는 기다려줘. 이제 시작할게.

ChatGPT: Hello! Welcome to our coffee shop. What would you like to order today?
나: I'd like a cup of Americano, please.
ChatGPT: Great choice! Would you like it hot or iced?
나: Hot, please.
ChatGPT: Got it. Anything else?
…

챗GPT를 발음 연습 도구로 활용하기

문장은 알겠는데, 어떻게 발음해야 할지 헷갈릴 때가 종종 있습니다. 이럴 때 AI의 발음을 들어보고 따라 할 수 있습니다. 무엇을 어떻게 도와줘야 하는지 AI에게 명확히 인식시키기 위해 아래와 같은 프롬프트를 음성으로 전달해주겠습니다.

이제부터 내가 영어 문장을 이야기하면, 그 문장의 정확한 발음을 음성으로 들려줘.
그리고 단어별 강세와 억양도 자세히 설명해줘.
내가 말한 뒤에는 발음이 어색했던 부분도 바로 한국어로만 피드백해줘.

네, 완전히 이해했어요! 앞으로 영어 문장을 말씀하시면 제가 정확하게 음성으로 발음해드리고, 강세나 억양도 설명한 뒤에, 여러분이 따라 하신 부분 중 어색한 부분이 있으면 바로 한국어로 피드백만 드리겠습니다.

위와 같은 상황 설정이 되었다면 원하는 영어 문장을 읽고, 피드백을 받아봅시다. 구체적으로 떠오르는 문장이 없다면 아래와 같은 문장을 시작으로 천천히 발음 연습을 시작하는 것도 좋습니다.

- "Could you help me find this address?"
- "I'm looking for a place to eat nearby."
- "How long does it take to get there by subway?"

> **여기서 잠깐!**
>
> **Q. 멀티모달이란?**
> A. 챗GPT처럼 텍스트뿐 아니라 이미지, 음성 등 다양한 형태의 데이터를 동시에 입력받아 이해하고 처리하는 AI를 '멀티모달'이라고 부릅니다. 기존의 AI 기술이 주로 텍스트, 이미지, 음성 중 하나의 데이터 형태만을 다뤘다면, 멀티모달 AI는 이 모든 데이터를 함께 처리할 수 있어 보다 폭넓은 활용성을 가집니다. 챗GPT에게 눈과 귀가 생긴 것이라고 이해하면 쉽겠네요. 멀티모달을 활용한 예시는 아래와 같습니다.
> - 사진 속 텍스트를 읽어 문서화할 수 있다.
> - 텍스트로 작성된 아이디어를 실제 이미지로 만들어 볼 수 있다.
> - 사용자의 음성 명령을 듣고 텍스트로 전환하여 정리할 수 있다.

멀티모달 기능 사용해보기

실습 1: 해외 표지판 번역하기

실습 참고용 파일이 구글 드라이브에 공유되어 있습니다.

📁 폴더 이름: 6_챗GPT로 영어회화 학습하기
📂 파일 이름: 6_여행지 표지판 예시

해외에 나갔을 때 메뉴판이나 이정표가 외국어라 이해하기 힘든 경우가 있지요. 이럴 때 챗GPT의 비전 기능을 활용하면 됩니다. 챗GPT 앱에서 맨 왼쪽 카메라 버튼을 클릭하고 해외 표지판 이미지를 비춘 뒤에 아래 프롬프트를 말해봅시다. (여기서는 공유된 '여행지 표지판 예시'를 모니터에 띄워 놓고 실습해봅시다. 예시 이미지이므로 다른 외국어 간판을 이용해도 됩니다)

> 지금 이 표지판이 무슨 뜻인지 알려줘.
>
> [파일 첨부]
> 6_여행지 표시판 예시.png

> 왼쪽은 "NO STOPPING ANY TIME" 언제든 주정차 금지
> 오른쪽은 "3 HR PARKING 10AM - 6PM MON-FRI ONLY" → 오른쪽 방향은 월금 오전 10시에서 오후 6시 사이 3시간 허용한다는 뜻이야. 단 "PERMIT CH EXEMPT"라고 되어 있어 특정 허가증이 있으면 시간 제한이 없다는 뜻이야. 즉, 표지판은 한 지점을 기준으로 왼쪽은 전면 정차 금지, 오른쪽은 조건부 주차 허용을 나타내고 있어.

실습 2: 촬영한 이미지에서 중요한 정보 추출하기

미팅이나 컨퍼런스에서 화이트보드 또는 발표 슬라이드를 사진으로 촬영한 후 텍스트로 정리할 때 유용한 기능입니다. 방법은 의외로 간단합니다.

챗GPT 앱을 실행하고 채팅 입력란 옆의 "+" 버튼을 눌러 촬영한 사진을 업로드합니다. 그리고 프롬프트를 입력합니다.

(※아래 프롬프트는 예시입니다. 실습 2~3은 각자 직접 촬영한 이미지로 실습해보세요.)

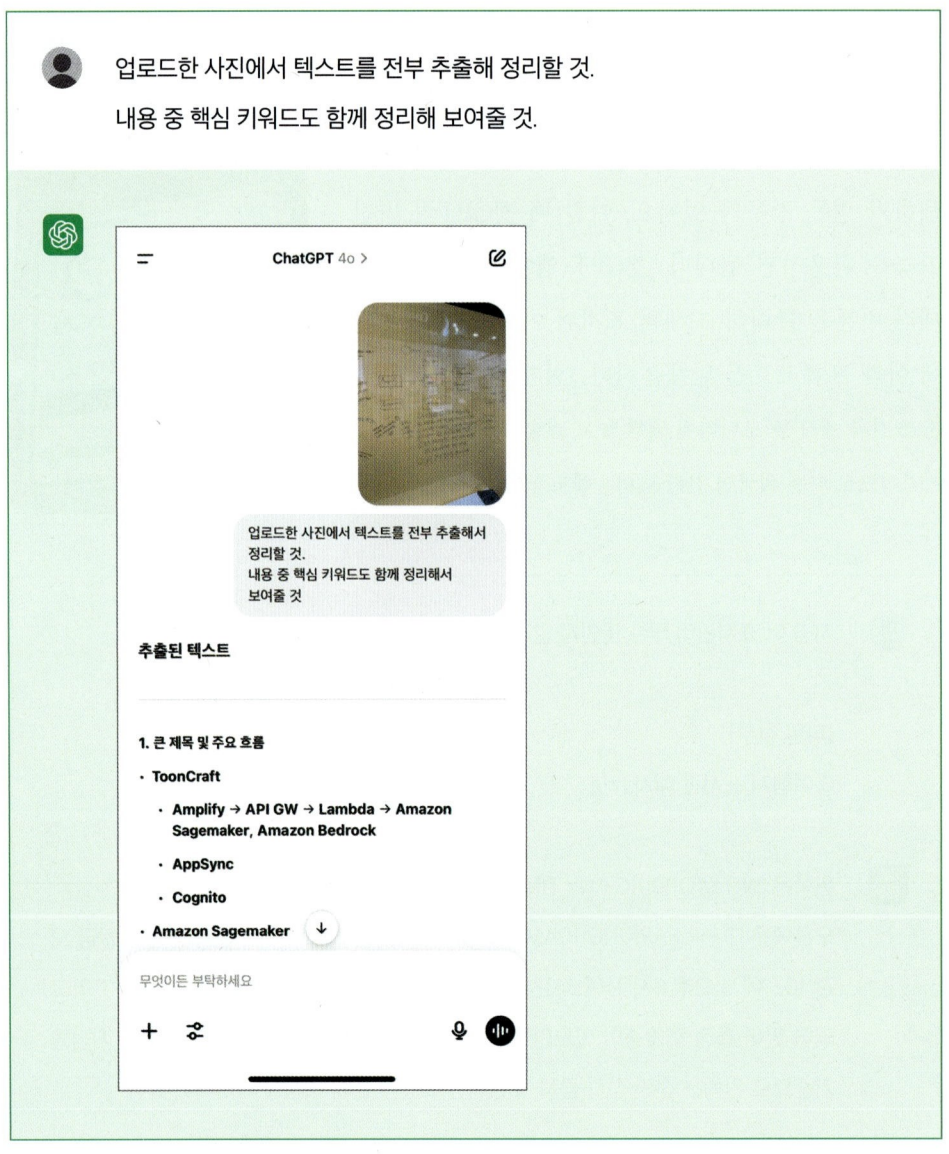

실습 3: 이미지 분석을 통해 제품 정보 확인하기

매장에서 제품을 구매하기 전에 제품 포장이나 영양 정보의 사진을 찍어 알레르기 유발 등 주의해야 할 성분을 빠르게 확인할 수 있습니다. 먼저 제품 성분표 이미지를 챗GPT 앱에 업로드하고, 프롬프트를 입력합니다.

07
프롬프트 마스터하기

프롬프트란?

프롬프트는 챗GPT 같은 인공지능에게 하는 '질문' 혹은 '요청사항'을 나타내는 텍스트입니다. 최근에는 텍스트 이외에 이미지나 음성 같은 형태로도 사용되고 있습니다.

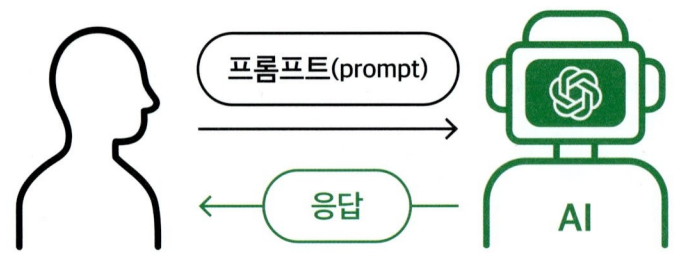

그럼 '프롬프트 엔지니어링'이란?

프롬프트 엔지니어링(Prompt Engineering)은 언어 모델(예: 챗GPT)이 더 좋은 답변을 생성하도록 입력 텍스트(프롬프트)를 설계하고 최적화하는 과정입니다. 쉽게 말해, 인공지능으로부터 정확하고 유용한 응답을 얻기 위해 질문이나 요청 방법을 정교하게 다듬는 기술이라고 이해하면 됩니다.

프롬프트 엔지니어링이 중요한 이유

모호한 프롬프트를 입력하면 AI가 불완전하고 끊기는 답변을 내놓지만, 구체적이고 목적이 분명한 프롬프트를 제시하면 맞춤형으로 실무에 바로 활용할 수 있는 고품질 결과를 얻을 수 있습니다. 그래서 재작업 시간이 줄어들고, 보고서 작성·이메일 초안·데이터 분석 등 다양한 업무에서 업무 효율이 향상되지요. 또 반복 설계 과정을 거치면서 AI의 강점과 한계를 파악할 수 있어, 이후에는 AI를 더 똑똑하고 전략적으로 활용할 수 있습니다.

 잘못된 프롬프트 예시

> 거래처에 보낼 이메일 써줘.

 잘 작성된 프롬프트 예시

> "우리 회사 제품 소개 미팅 일정을 협의하기 위해 거래처(OO전자 영업팀 김팀장)에게 정중하고 짧은 이메일을 써줘. 날짜 후보는 다음 주 화요일 또는 수요일이며, 편한 일정을 선택해달라는 내용을 포함해줘"

첫 번째 프롬프트는 너무 모호해서 원하는 정보를 얻기 어렵지만, 두 번째 프롬프트는 구체적인 정보를 명확히 요청하고 있어 원하는 답변을 얻을 가능성이 높아집니다. 프롬프트를 명확하게 설계하면 AI의 성능을 극대화할 수 있고, 업무 효율성도 함께 향상됩니다.

1시간 만에 프롬프트 마스터하기

(1) Action(명확한 지시)

Action은 프롬프트를 작성할 때 AI가 수행해야 하는 구체적 작업을 명확히 지시하는 것을 말합니다. 이를 위해서는 명확하고 구체적인 '행동 동사'를 사용하는 것이 중요합니다. 대표적인 행동 동사는 다음과 같습니다.

- 작성하기(Write)
- 요약하기(Summarize)
- 분석하기(Analyze)
- 비교하기(Compare)
- 평가하기(Evaluate)
- 제안하기(Suggest)
- 번역하기(Translate)

 명확한 지시를 포함한 프롬프트 예시

> - "작성하기: 고객에게 보낼 감사 이메일을 정중하고 간결한 표현으로 작성하세요."
> - "요약하기: 다음 보고서를 핵심 메시지 3개로 짧게 요약하세요."
> - "분석하기: 제공된 판매 데이터를 분석하고, 가장 많이 팔린 상품과 그 이유를 설명하세요."

(2) Context(맥락)

Context는 작업을 정확하게 이해하고 수행하기 위해 필요한 배경 정보를 말합니다. AI가 사용자의 의도를 정확히 파악해 적절한 결과물을 생성하려면 상황, 세부사항, 목표를 구체적으로 제공하는 것이 중요합니다.

 맥락을 제공하는 좋은 프롬프트 예시

> [Context]
> "상황: 내일 투자자를 대상으로 우리 회사의 신제품 발표가 있습니다."
> "세부 사항: 제품의 주요 기능은 인공지능을 활용한 고객 데이터 분석이며, 경쟁 제품 대비 더 빠르고 정확한 분석이 가능합니다."
> "목표: 제품의 경쟁력과 차별성을 명확히 전달하여 투자자의 관심을 끌고자 합니다."

이처럼 맥락을 제공하면 AI는 주어진 정보를 기반으로 더 효과적이고 정확한 결과물을 생성합니다.

(3) Example(예시)

Example은 하나 혹은 여러 개의 예시를 제공하는 방식을 통해 챗GPT가 더 정확하게 원하는 답변을 생성하도록 유도하는 방법입니다. 이 방식은 프롬프트를 통해 모델이 원하는 패턴, 스타일, 또는 유형을 쉽게 파악하도록 돕습니다. 챗GPT는 제시된 예시를 통해 작업의 의도를 더 명확히 이해하고 정확한 응답을 생성할 수 있습니다. 이처럼 단계별 지시를 제공하면 챗GPT가 각 단계를 명확하게 수행하면서 사용자가 원하는 결과물을 더 높은 품질로 제공할 수 있습니다.

> 다음 글의 주제와 분위기를 요약하세요.
> "분자는 상상하기 어려울 정도로 아주 작아서 맨눈으로는 보이지 않는 존재다! 하지만 놀랍게도 모든 존재의 근본적인 구성 요소. 이 작은 입자들이 모여서 물, 공기, 심지

어 우리 자신까지 모든 것을 만들어낸다!"

주제:
모든 존재의 근본이 되는 분자의 중요성과 역할.

분위기:
신기하고 경이로운 과학적 사실에 대한 흥미롭고 감탄 어린 분위기.

위와 같은 결과 대신 한 단어로 요약하고 싶은 경우에는 아래와 같이 하면 됩니다.

다음 글의 주제와 분위기를 [예시]와 같이 요약하세요.

[예시] "2024년 3월에 발표된 새로운 OpenAI Custom GPT 공유 기능은 정말 멋지다. 앞으로 나만의 GPT를 원하는 사람들과 맞춤형으로 공유할 수 있게 될 거라서 기대가 된다!"
주제(Topic): OpenAI의 새로운 기능 출시 / 분위기(Mood): 기대감(Excitement)

―――――――――――――――――――――――

"분자는 상상하기 어려울 정도로 아주 작아서 맨눈으로는 보이지 않는 존재다! 하지만 놀랍게도 모든 존재의 근본적인 구성 요소다. 이 작은 입자들이 모여서 물, 공기, 심지어 우리 자신까지 모든 것을 만들어낸다!"
주제(Topic): 분위기(Mood):

심화 기법(Example 꿀팁)

다음은 챗GPT를 활용해 원하는 결과를 얻기 위해 권장되는 단계적 접근법입니다. 처음부터 복잡한 방법을 쓰는 대신 간단한 방법(Zero-shot)에서 시작해 점진적으로 예시를 추가한(Few-shot) 뒤, 최종적으로 미세조정(Fine-tuning)까지 접근하는 방법입니다.

프롬프팅은 다음의 세 단계를 통해 점진적으로 진행하면 가장 효율적입니다. 우선 제로샷(Zero-shot) 방식으로 빠르게 결과를 확인해봅니다. 결과가 충분히 좋지 않다면 퓨샷(Few-shot) 방식으로 몇 가지 예시를 추가해 다시 시도해보세요. 그래도 충분히 좋은 결과를 얻지 못했다면, 마지막으로 미세조정(Fine-tuning)을 고려해 모델을 최적화해보세요. 각 단계의 특징과 예시를 정리해보겠습니다.

 1단계: 제로샷

제로샷은 예시 없이 단순 지시사항만으로 결과를 얻는 방법입니다.

> 아래 텍스트에서 키워드를 추출하세요.
>
> 텍스트: {text}
> 키워드:

- 장점: 간단하고 빠른 적용
- 단점: 결과가 정확하지 않을 수 있다.
  → 만족스럽지 않다면 예시를 추가해봅시다.

 2단계: 퓨샷

퓨샷은 원하는 결과의 스타일과 형식을 학습시키기 위해 AI에게 몇 가지 예시를 추가해 제공하는 방식입니다.

> 아래의 텍스트에서 해당하는 키워드를 추출하세요.
>
> 텍스트 1: Stripe는 웹 개발자가 웹사이트 및 모바일 애플리케이션에 결제 처리를 통합할 수 있도록 API를 제공합니다.
> 키워드 1: Stripe, 결제 처리, API, 웹 개발자, 웹사이트, 모바일 애플리케이션

> 텍스트 2: OpenAI는 텍스트를 이해하고 생성하는 데 뛰어난 최첨단 언어 모델을 훈련했습니다. 우리의 API는 이러한 모델에 접근할 수 있게 해주며, 언어 처리가 필요한 거의 모든 작업에 활용할 수 있습니다.
> 키워드 2: OpenAI, 언어 모델, 텍스트 처리, API
>
> 텍스트 3: Amazon Web Services(AWS)는 기업과 개발자가 인프라 관리, 데이터 저장 및 애플리케이션 배포에 사용하는 클라우드 컴퓨팅 플랫폼과 서비스를 제공합니다.
> 키워드 3:

- 장점: AI가 예시를 통해 원하는 결과의 패턴을 쉽게 파악합니다.
- 단점: 복잡한 작업일 경우 충분한 성능이 나오지 않을 수 있습니다.
  → 결과가 충분하지 않다면 다음 단계로 넘어갑시다.

✅ 3단계: 미세 조정

미세 조정은 모델 자체를 사용자가 직접 준비한 데이터로 추가 학습시켜, 특정 작업을 수행하도록 성능을 최적화하는 방법입니다. 앞의 두 단계로 원하는 결과가 만족스럽지 않을 때, 대량의 반복적이고 특정한 작업이 필요할 때 사용하면 좋습니다.

- 이 방법은 대량의 예시 데이터를 모델에 추가적으로 학습시키는 방식입니다.
- 특정 작업이나 전문 분야에서 최고의 성능을 낼 수 있습니다.
- 더 많은 시간과 비용이 들지만, 결과물이 매우 정확하고 일관됩니다.
- 보통 전문 개발자들이 진행하는 단계이지만, 참고로 알아두면 좋습니다.

☐ 단계별 선택 방법 정리

접근법	활용 시기	예시 필요 여부	시간과 비용	정확성
제로샷	빠르고 간단한 작업 시	없음	빠름, 비용 낮음	중간
퓨샷	약간 복잡한 작업 시	약간 필요	중간, 비용 보통	높음
미세 조정	반복적이고 전문적인 작업 시	매우 많은 예시 필요	느림, 비용 높음	매우 높음

(4) Steps(단계별 지시)

단계별 지시는 복잡한 문제나 여러 단계의 사고가 필요한 업무를 챗GPT가 효과적으로 수행하도록 돕는 프롬프트 작성법입니다. 일명 '생각 사슬 프롬프팅(chain-of-thought prompting)'이라고도 하는데요. AI가 답변을 바로 내기보다는 중간 과정과 논리적 사고를 차근차근 제시하도록 유도합니다.

예를 들어, 텍스트 수정이나 번역처럼 여러 단계를 거쳐야 하는 작업을 요청할 때 이 방식을 쓰면 정확도와 품질이 크게 향상됩니다. 다음은 실제로 적용할 수 있는 단계별 지시를 활용한 프롬프트 예시입니다.

"최근 몇 년간 급속히 발전한 인공지능(AI) 기술은 다양한 산업 분야에서 혁신을 일으키고 있다. 특히 금융권에서는 고객 상담 챗봇이나 거래 위험 탐지 시스템과 같은 AI 솔루션 도입이 활발히 이루어지고 있으며, 그 결과 고객 응대 시간 감소와 금융 사기 사건의 예방률 증가 등 긍정적인 성과가 나타나고 있다. 하지만 AI 기술이 가져오는 장점에도 불구하고, 기술 도입과정에서 발생하는 문제들도 간과할 수 없다. 예를 들어, AI 기반의 자동화 기술이 증가하면서 일부 직무는 자동화되어 사라질 가능성이 높아졌고, 이로 인해 일자리 감소와 같은 사회적 이슈가 부각되고 있다. 또한, 인공지능 알고리즘의 작동 원리를 명확히 이해하지 못한 상태에서 시스템을 도입하게 될 경우, 편향된 데이터로 인해 결과의 공정성 문제가 발생할 수 있다. 실제로 몇몇 사례에서 인공지능 알고리즘이 특정 인종이나 성별을 차별적으로 다루는 편향성을 보였다는 논란이 제기되기도 했다.

이에 따라 최근 국내외 기업들과 정부 기관들은 AI 윤리 가이드라인을 수립하고, 기술의 투명성 및 신뢰성을 높이기 위한 제도적 장치를 마련하기 시작했다. 예를 들어, 유럽연합(EU)은 인공지능의 신뢰성을 높이기 위해 2021년에 AI 윤리 지침을 발표했으며, 한국 정부 역시 인공지능 윤리 기준을 제정하고 산업 현장에 적용하기 위한 다양한 노력을 기울이고 있다. 또한, 인공지능 기술을 개발하는 기업들 역시 데이터 편향성을 줄이고 공정성을 보장하기 위해 자체적인 윤리적 평가 프로세스를 도입하고 있다.

결과적으로 인공지능 기술의 발전은 앞으로 더 많은 기회와 도전을 동시에 제공할 것으로 예상된다. 기업과 정부가 지속 가능한 성장을 이루기 위해서는 기술 개발뿐만 아니라 윤리적, 사회적 책임을 다하는 균형 있는 접근이 필수적이다."

Step 1.
보고서를 읽고 중요한 핵심 포인트만 간략히 요약하세요.

Step 2.
요약된 내용을 자연스럽고 명확한 문장으로 수정하세요.

Step 3.
수정된 내용을 영어로 번역하세요.

- Step 1 (핵심 내용 요약)

    "최근 조사 결과 응답자의 75%는 AI 자동화 기술이 업무 효율을 높인다고 생각하며, 실제 직장 내 도입 비율 또한 지속적으로 증가하고 있다. 하지만 윤리적 문제와 보안 문제 등 해결해야 할 과제들도 여전히 존재한다."

- Step 2 (문법 및 표현 수정)

    "최근 조사에 따르면 응답자의 75%가 인공지능 기반의 자동화 기술이 업무 효율성을 크게 향상시킨다고 응답했으며, 실제로 이러한 기술을 적극적으로 도입하려는 기업도 증가 추세에 있다. 다만 인공지능 기술을 도입하는 과정에서 윤리적 문제와 보안 문제와 같은 과제들이 여전히 남아 있다."

- Step 3 (영어로 번역)

    "According to a recent survey, 75% of respondents believe AI-based automation technology significantly improves workplace productivity, and the number of companies actively adopting such technologies is steadily increasing. However, challenges such as ethical concerns and security issues still remain."

[참고] 생각사슬 프롬프트

생각사슬(Chain-of-Thought)이란, AI가 답을 도출할 때 중간 과정을 논리적으로 단계별 추론하도록 유도하는 프롬프팅 기법입니다. 복잡한 문제 해결에 효과적으로 활용할 수 있습니다.

- 기존 방법: 답만 요청 → 종종 오류 발생
- 생각사슬: 중간 추론 과정을 요청 → 정확한 결과를 도출할 가능성 증가

☐ **일반 프롬프팅 예시**

 Q: 카페테리아에 사과 23개가 있었습니다. 점심 준비로 20개를 사용하고 6개를 더 샀다면, 총 몇 개의 사과가 있을까요?

 A: 답은 27개입니다. (오답)

일반 프롬프팅의 문제점은 AI가 추론 단계를 생략하고 즉시 답을 제시해 오류가 발생할 가능성이 높다는 것입니다.

☐ **생각 사슬 프롬프트 사용법**

아래의 방법으로 AI가 생각사슬을 활용하도록 유도할 수 있습니다.

- "Step-by-Step으로 계산 과정을 설명한 후 최종 답을 제시해주세요."
- "먼저 이유를 논리적으로 설명하고 그다음 답을 알려주세요."
- "답을 도출하기 위한 추론 과정을 자세히 보여주세요."

☐ **생각사슬 프롬프팅 예시**

 Q: 카페테리아에 사과 23개가 있었습니다. 점심 준비로 20개를 사용하고 6개를 더 샀다면, 총 몇 개의 사과가 있을까요?

> A: 카페테리아에는 원래 23개의 사과가 있었습니다. 점심 준비로 20개를 사용했으니 남은 사과는 23-20=3개입니다. 그리고 사과를 6개 더 샀으니 총 3+6=9개입니다. 따라서 정답은 9개입니다.
>
> Q: 나는 시장에 가서 사과 10개를 샀어. 사과 2개를 이웃에게 주고, 2개를 수리공에게 주었어. 그리고 사과 5개를 더 사서 1개는 내가 먹었어. 현재 나는 몇 개의 사과를 가지고 있니?
>
> A: 10개입니다.

AI가 스스로 중간 단계의 논리를 설명하며 답을 계산할 수 있도록 과정을 알려주면, 오류 가능성이 줄어들고 정확도가 올라갑니다.

(5) 역할(role)

프롬프트를 잘 작성하려면 챗GPT에게 명확한 역할을 부여하는 것이 좋습니다. 역할을 설정하면 챗GPT가 특정 관점이나 입장에서 응답을 생성하게 되어 더 적합하고 전문적인 답변을 얻을 수 있습니다. 예시를 보면서 직접 실습해봅시다.

✅ 역할을 지정한 프롬프트 예시

> "당신은 마케팅 팀의 데이터 분석가입니다. 지난 분기 캠페인의 성과를 분석하여 요약해주세요. 특히 다음 캠페인 계획에 참고할 수 있는 중요한 지표들을 중심으로 설명해주세요."

이렇게 명확한 역할을 주면, 챗GPT는 실제 데이터 분석가처럼 중요한 성과 지표들을 체계적으로 강조해줍니다.

(6) Hyperparameter(하이퍼파라미터)

하이퍼파라미터는 언어 모델이 어떻게 답변을 생성할지 결정하는 '설정값'입니다. 챗GPT를 사용할 때 이 값들을 조정하면 모델이 제공하는 답변의 특성이나 품질을 사용자의 필요에 맞게 최적화할 수 있습니다.

> **여기서 잠깐!**
>
> '하이퍼파라미터'는 AI 모델의 출력 스타일을 결정짓는 튜닝이라고 볼 수 있습니다. 같은 연주를 하더라도 기타의 튜닝을 어떻게 하느냐에 따라 전혀 다른 분위기의 사운드가 나오는 것처럼, 같은 프롬프트를 입력해도 하이퍼파라미터 값을 어떻게 조정하느냐에 따라 AI가 만들어내는 결과는 달라집니다. 같은 프롬프트라도 AI가 어떤 톤으로 말하게 할지, 얼마나 창의적으로 뻗어 나갈게 만들지, 얼마나 새로운 내용을 시도할지를 각각 다르게 조절할 수 있지요. 일종의 조절 장치라고 보시면 됩니다.

다음은 챗GPT에서 가장 많이 활용하는 네 가지 하이퍼파라미터입니다.

1) 온도(Temperature)

- 의미: 모델이 얼마나 예측 불가능한(무작위적이고 창의적인) 결과를 생성할지 결정하는 값입니다. 범위는 0(정확함)~2(창의적임) 사이의 숫자를 설정해주면 됩니다.
- 효과:
  - 높은 값(예: 1.5~2.0) → 창의적이고 다양한 결과(이야기 생성, 아이디어 제안에 적합)
  - 낮은 값(예: 0.0~0.5) → 예측 가능하고 일관성 있는 결과(사실 기반의 Q&A, 데이터 추출에 적합)

실습을 할 때 정확성이 중요한 업무는 온도를 0으로 설정하고, 창의적인 작업은 온도를 높게 설정해 그 차이를 체험해봅시다.

2) 최대 토큰 수(Max_tokens)

- 의미: 모델이 생성할 수 있는 최대 텍스트 길이를 제한하는 값입니다.

- 효과:
    - 실제 출력 텍스트의 길이를 정밀하게 제어하지는 않고, 모델이 생성할 수 있는 최대 한계를 정합니다.
    - 설정된 최대값에 도달하면 생성이 강제로 멈춥니다.
- 활용팁:
    - 대부분의 경우, 모델이 스스로 종료 지점을 판단하거나 사용자가 지정한 종료 시퀀스에서 멈추기 때문에 최대 토큰 수 값에 도달할 일은 적습니다.
    - 긴 문서 요약 같은 작업에서는 제한을 조금 더 높게 설정할 필요가 있습니다.

보통의 짧은 업무용 답변은 최대 토큰 수를 500 이하로 설정하는 것이 적당합니다.

3) 종료 시퀀스(Stop)

- 의미: 생성 중인 텍스트가 특정 문자 또는 단어(시퀀스)에 도달하면 자동으로 생성을 멈추도록 설정하는 값입니다.
- 효과: 불필요한 내용을 방지하거나 특정 형식(예: 대화나 질문-답변 형식)을 유지하는 데 유용합니다.
- 예시: 이메일 생성 시 종료 시퀀스를 "\n\n감사합니다."로 지정하면 인사말 이후 더 이상의 텍스트가 생성되지 않습니다.

특정 형식을 자주 사용하는 업무에서 유용하며, 반복적인 텍스트 생성 시 매우 효과적입니다.

4) 톤(Tone)

- 의미: 톤은 글이 전달하는 분위기나 느낌을 말하며, 작성 목적과 독자 대상에 따라 알맞게 설정하면 AI가 원하는 느낌과 분위기의 글을 작성해줍니다.

□ 자주 사용되는 톤의 종류와 예시

용어	설명	주요 활용 사례
Formal (공식적인)	예의 바르고 격식 있는 어조	보고서, 공식 이메일, 비즈니스 문서

용어	설명	주요 활용 사례
Informal (비공식적인)	편안하고 격식 없는 어조	블로그, SNS, 개인 이메일
Professional (전문적인)	신뢰감을 주는 객관적이고 전문적인 어조	비즈니스 이메일, 발표, 제안서
Friendly (친근한)	따뜻하고 친밀한 느낌의 어조	뉴스레터, 고객 소통, 친근한 안내문
Optimistic (낙관적인)	희망적이고 긍정적인 분위기	동기부여 글, 자기계발 콘텐츠
Encouraging (격려적인)	용기와 자신감을 주는 어조	교육 콘텐츠, 피드백, 코칭 글
Humorous (유머러스한)	재미있고 가벼운 분위기	블로그 글, 광고, SNS 콘텐츠
Neutral (중립적인)	감정 표현 없이 객관적인 어조	뉴스기사, 기술 문서, 연구 보고서
Critical (비판적인)	분석적이며 비판적 관점에서 평가	리뷰, 논평, 비평
Serious (진지한)	무게감 있고 진중한 분위기	공식적인 발표, 중요 공지사항
Empathetic (공감적인)	독자의 감정에 공감하고 이해하는 어조	위로 메시지, 상담 글, 고객응대
Persuasive (설득적인)	논리와 감정을 활용해 설득력 있게 전달	광고, 제안서, 스피치
Passionate (열정적인)	강한 열정과 확신을 보여주는 어조	연설, 프레젠테이션, 동기부여 콘텐츠
Cautious (신중한)	주의 깊고 조심스럽게 접근하는 어조	법률 문서, 경고문, 의학적 권고
Assertive (단호한)	명확하고 자신감 있는 어조	지침, 리더십 메시지, 강력한 요청
Inspirational (영감을 주는)	사람들에게 동기와 영감을 주는 어조	연설, 자기계발, 동기부여 콘텐츠
Calm (차분한)	평온하고 침착한 느낌의 어조	고객지원 응대, 명상 콘텐츠

5) 글쓰기 스타일(Writing Style)이란?

- 의미: 글쓰기 스타일은 글을 전달하는 방식과 구조를 결정하는 것입니다. 독자가 내용을 가장 잘 이해할 수 있도록 프롬프트에 명시하면 AI가 원하는 구조로 글을 작성합니다.

☐ 자주 사용되는 글쓰기 스타일의 종류와 예시

글쓰기 스타일	설명	주요 활용 사례
Default (기본)	특징 없는 표준 스타일	제한 없음
Academic (학문적인)	형식적이며 인용과 참조가 포함된 학술적 스타일	논문, 에세이, 연구제안서, 실험보고서
Analytical (분석적인)	논리적이고 체계적으로 주제 분석 및 평가	영화 리뷰, 사례 연구, 작품 분석, 시장 분석 보고서
Argumentative (논쟁적인)	주장과 근거를 통해 논리적으로 설득	논설문, 토론, 논문
Conversational (회화체)	친근하고 자연스러운 구어체 표현	블로그, SNS 게시물, 편안한 글
Creative (창의적인)	독창적이고 상상력 풍부한 표현	소설, 이야기, 창작 글
Critical (비평적인)	강약점을 비판적 시각에서 분석하고 평가	서평, 영화평, 작품평
Descriptive (묘사적인)	사물, 장소, 인물에 대한 생생한 묘사	여행기, 소설, 에세이
Epigrammatic (에피그램)	재치 있고 간결하며 함축적인 표현	명언, 속담, 간결한 경구
Epistolary (편지체/서간체)	편지나 일기 형식으로 작성	편지, 일기, 서간문
Expository (해설적인)	사실이나 정보를 명확히 전달하는 설명적 스타일	설명서, 교과서, 기술 문서
Informative (정보전달적인)	정보 제공을 목적으로 명확하고 간결히 전달	뉴스 기사, 안내서, 브로슈어

글쓰기 스타일	설명	주요 활용 사례
Instructive (지시적)	명확한 지침이나 단계를 안내	매뉴얼, 레시피, 튜토리얼
Journalistic (저널리즘적)	객관적이고 사실 전달 중심의 기사체	뉴스, 사설, 칼럼
Metaphorical (은유적)	비유나 상징을 활용한 스타일	시, 소설, 문학적 표현
Narrative (서술적)	이야기를 통해 생생하게 전달	단편소설, 자서전, 여행기
Persuasive (설득적)	논리와 감정을 활용해 설득력 있게 전달	광고, 스피치, 설득형 에세이
Poetic (시적)	시적인 운율과 아름다운 표현 중심	시, 운문, 노랫말
Satirical (풍자적)	풍자나 비꼬는 표현을 통해 비판	풍자 소설, 풍자 만화, 풍자 시
Technical (기술적)	전문 분야의 정확하고 명확한 용어를 사용하는 스타일	기술 문서, 논문, 전문 보고서

톤 & 글쓰기 스타일 실습 예시

다음은 프롬프트 작성 시 톤과 스타일을 명확히 지시하는 예시입니다.

• 예시 1)

 "공식적인(Formal) 톤과 설명적(Expository) 스타일로 회사 소개서를 작성해주세요."

• 예시 2)

 "유머러스한(Humorous) 톤과 서사적(Narrative) 스타일로 일상 속의 웃긴 에피소드를 이야기로 작성해주세요."

직접 실습해보기

아래 빈칸을 채워 프롬프트를 넣어보고, 직접 AI의 결과를 확인해봅시다.

> "(   ) 톤과 (   ) 스타일로, (   )을 작성해주세요."

프롬프트를 이해하는 챗GPT의 대화 방식

챗GPT는 프롬프트를 어떻게 이해하는 걸까요? 챗GPT가 사용자가 입력한 프롬프트를 이해하기 위해서는 문맥이 필요합니다. 예를 들어 "이걸 다시 설명해줘"라는 요청이 있으려면, 앞서 '이걸'이 무엇인지 문맥에서 파악해야겠죠?

Q: 그렇다면 문맥은 필수인가요?
A: 문맥이 항상 필수적인 것은 아닙니다. 문맥의 필요 여부는 대화의 목적과 요청의 성격에 따라 달라집니다.

• **문맥이 필수적이지 않은 경우 - 싱글턴**

문맥이 없어도 되는 경우는 한 번의 질문만으로도 명확한 답을 얻을 수 있을 때입니다. 이런 경우에는 AI가 추가적인 문맥 없이도 올바른 답을 제공합니다.

(예시)

 점심 메뉴 추천해줘.

 스파게티를 추천합니다. (대화 종료)

이렇게 AI에 단일 요청을 보내는 프롬프트 구조를 '싱글턴'이라고 합니다. 싱글턴은 대화형 AI에서 가장 기본적인 텍스트 구조로, 한 번의 입력과 한 번의 출력으로 대화가 끝나는 형태입니다. 싱글턴 대화에서는 AI가 매번 새로운 요청을 받고 과거 대화를 기억하지 않은 상태에서 해당 요청에 대한 응답을 제공합니다.

싱글턴의 특징
1. 독립성: 각 요청은 다른 요청과 독립적으로 처리됩니다. 이전 대화 내용이 저장되거나 활용되지 않습니다.
2. 문맥 불필요: 입력 자체에 필요한 모든 정보가 포함되어야 합니다.
3. 단순성: 대화의 흐름이 단순하고 명확합니다.

싱글턴의 한계
1. 연속 대화에 부적합: 이전 대화 내용이 기억되지 않으므로 연속적인 대화 흐름을 유지할 수 없습니다.
  예: "오늘 날씨 알려줘." → "내일은?" (문맥이 없으면 "내일은?"이라는 질문의 의미를 이해하지 못함)
2. 복잡한 요청 처리 어려움: 여러 단계로 이어지는 작업을 수행하려면 사용자가 매번 모든 정보를 다시 입력해야 합니다.
  예: "채식 메뉴 추천해줘." → "해당 메뉴의 레시피를 알려줘." (문맥을 기억하지 않으면 AI는 이전 응답과 연결하지 못함)

싱글턴은 단일 요청-응답 구조로, 문맥이 필요하지 않은 간단한 대화에 적합합니다. 연속적인 대화 흐름이 필요한 경우에는 문맥을 유지하는 멀티턴 구조가 필요합니다.

• 문맥이 있는 프롬프트 구조 - 멀티턴

멀티턴은 연속적인 요청과 응답으로 이루어진 대화 구조로 AI가 이전 대화의 문맥을 기억하고, 이를 바탕으로 적절한 응답을 생성합니다. 대화가 여러 턴으로 이어지며, 각 턴에서 AI는 대화 상태를 업데이트해 문맥을 유지합니다.

(예시)

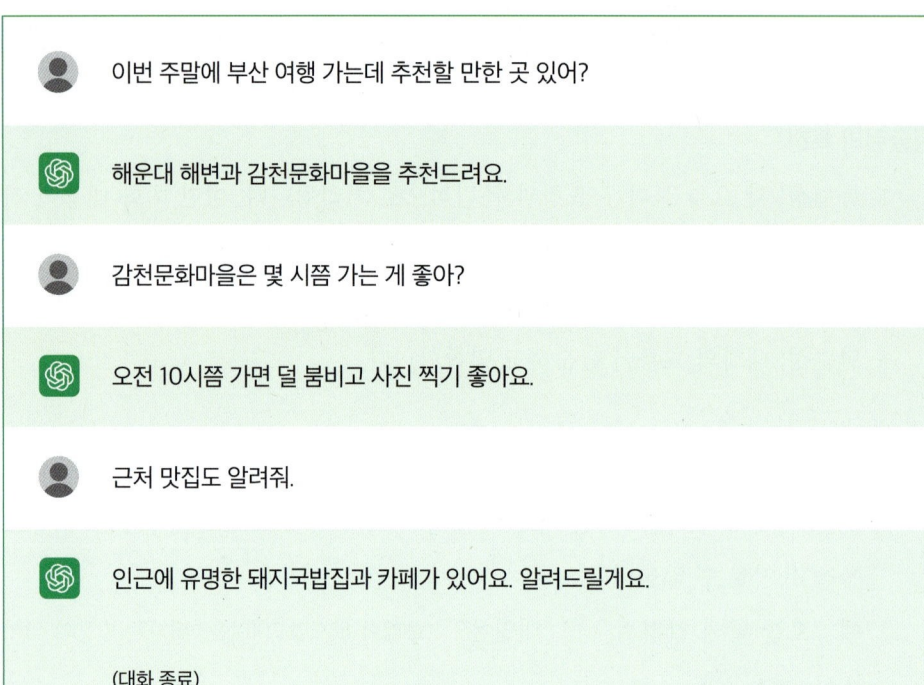

멀티턴의 작동 방식
1. 첫 번째 입력: 사용자가 질문 또는 요청을 입력
2. 문맥 저장: AI가 입력된 정보를 대화 상태에 저장
3. 연속 대화: 사용자가 추가 요청을 입력하면 AI는 이전 대화의 문맥을 참조해 응답을 생성
4. 상태 업데이트: 새로운 요청을 처리하며 상태(state)가 지속적으로 갱신

여기에서 말하는 대화 '상태'는 무엇일까요? '상태'는 대화 중 AI가 기억하고 있는 현재까지의 문맥 정보를 말합니다. 즉, 현재까지의 대화에서 AI가 알고 있는 모든 정보의 집합이라고 얘기할 수 있어요.

상태의 역할
- AI가 이전 대화의 내용을 기억하여 적절한 응답을 생성
- 사용자가 추가 정보를 요청하거나 대화를 이어갈 때 문맥을 유지하도록 도움

상태의 예시
1. 첫 질문: "오늘 서울 날씨 알려줘." 상태: {주제: 날씨, 위치: 서울}
2. 추가 질문: "내일은?" 상태 업데이트: {주제: 날씨, 위치: 서울, 날짜: 내일}

멀티턴의 특징
1. 문맥 유지: AI가 대화의 흐름을 이해하고, 이전 응답을 기반으로 다음 응답을 생성합니다.
   (예시) "서울 날씨 알려줘." → "내일은 어때?"
   → AI가 '서울'을 문맥으로 기억하고 "내일 서울 날씨는…"으로 응답
2. 연속성과 자연스러움: 대화가 인간적인 흐름으로 이어질 수 있습니다.
   (예시) "저녁 메뉴 추천해줘." → "한식으로 추천해줘." → "그럼 갈비찜 레시피 알려줘."
3. 복잡한 대화 처리 가능: 여러 단계로 이어지는 요청을 효율적으로 처리할 수 있습니다.
   (예시) "파리 여행지 추천해줘." → "에펠탑 정보도 알려줘." → "가까운 맛집도 추천해줘."

이렇게 멀티턴 대화를 가능하게 하는 것이 바로 '세션'입니다.

- **세션(Session)이란?**

세션은 대화를 구성하는 전체 흐름의 단위를 의미합니다. 대화 중 사용자의 요청과 AI의 응답이 이어지는 모든 과정이 하나의 세션으로 정의됩니다.

세션의 역할
- 대화의 시작부터 종료까지 상태를 관리
- 세션이 종료되면 상태도 함께 초기화되며 문맥이 사라짐

상태와 세션의 관계

상태는 세션 안에서 관리됩니다.
- 세션은 대화가 진행되는 큰 틀이며, 상태는 세션 안에서 지속적으로 업데이트됩니다.
- 세션이 종료되면 상태도 초기화됩니다.
- 상태는 세션에서 저장소 역할을 합니다.
- 상태에는 사용자가 언급한 정보, 대화의 주제 그리고 AI가 추론한 내용이 포함됩니다.
- 세션 동안 상태가 유지되므로 연속적인 대화가 가능합니다.

대화 전체가 하나의 세션으로 묶이며, 모든 상태는 세션에서 관리됩니다.

상태와 세션을 활용한 멀티턴의 구현

- AI는 각 턴마다 상태를 업데이트하고, 세션 안에서 상태를 참조합니다.
- 세션은 대화를 한정된 범위로 관리하며, 필요할 때 문맥을 초기화해 새로운 대화를 시작할 수 있습니다.

싱글턴과 멀티턴 비교

구분	싱글턴	멀티턴
정의	한 번의 대화(입력-출력)으로 상호작용이 이루어지는 방식	여러 번의 대화(입력-출력)의 흐름을 기반으로 상호 작용이 이루어지는 방식
대화 흐름	한 번의 대화로 종료되며 이전 대화 내용은 기억하지 않음	연속적인 대화를 유지하며 이전 대화 내용을 기억하고 반영
상호작용 깊이	단순한 상호작용에 적합, 명료한 요청 처리	심층적인 상호작용 가능, 복잡한 요청 처리 가능
문맥 사용	이전 대화 문맥 유지하지 않음	이전 대화 문맥을 유지하고 활용

실제로 이렇게 결과를 얻어내는 과정에서 모델은 프롬프트에 굉장히 민감하게 반응하기 때문에 프롬프트는 굉장히 중요한 부분이라고 할 수 있습니다. 따라서 원하는 답변을 얻기 위해 효과적으로 프롬프트를 설계하는 과정, 즉 프롬프트 엔지니어링이 필수적입니다.

효율적인 프롬프트 작성 4원칙

1. 명확성

프롬프트는 AI가 해야 할 작업을 명확하게 정의해야 합니다. 모호하거나 추상적인 표현을 피하고, 요청을 구체적으로 서술합니다.

 좋지 않은 프롬프트

> "개에 대해 말해줘."

 좋은 프롬프트

> "반려견의 특징, 행동 습성, 돌보는 방법을 자세히 설명해줘."

2. 정확성

원하는 출력 형태나 포맷을 명시적으로 지정하면 정확한 응답을 얻을 수 있습니다.

 좋지 않은 프롬프트

> "인구가 많은 나라에 대해 알려줘."

좋은 프롬프트

> "2024년 기준, 인구가 가장 많은 상위 10개국을 순위별로 나열해줘."

3. 구조화

지시와 입력 내용을 구분해 프롬프트를 구조적으로 구성하면 이해도와 응답 품질이 향상됩니다. """ 또는 ### 구분자를 활용하세요.

 좋지 않은 프롬프트

> 아래 내용을 요약해줘. {본문 입력}

 좋은 프롬프트

> 아래 본문을 핵심내용 중심으로 3줄 이내로 요약해줘.
> ###본문
> 최근 전 세계적으로 인공지능 기술이 빠르게 발전하고 있으며, 특히 자연어 처리 분야에서 큰 진보를 이루고 있다.
> ###

4. 반복적 개선

프롬프트는 처음부터 완벽하기 힘듭니다. 결과를 보고 프롬프트를 반복 수정해 원하는 결과에 가깝게 조정하세요.

- 1차: "이 글 요약해줘."
- 2차: "요약한 내용에서 핵심 키워드를 따로 뽑아줘."

08
혹시 모를 오류를 잡아봅시다

챗GPT를 잘 활용하려면, 이 모델이 어떤 한계를 가지고 있는지 정확히 이해하는 것이 매우 중요합니다. 그중에서 대표적인 문제가 바로 할루시네이션(hallucination)입니다. 할루시네이션이란, AI가 실제로 존재하지 않거나 틀린 정보를 마치 사실인 것처럼 만들어내는 현상을 말합니다.

예를 들어, 문서에 없는 정보를 근거 없이 '지어내서' 말하거나, 간단한 숫자 비교를 틀리게 하는 경우 등이 이에 해당합니다. 특히 할루시네이션은 수학 계산, 숫자 처리, 사실 기반 지식 생성에서 자주 발생하는데요. 대표적으로 다섯 가지 종류로 나눌 수 있습니다.

(1) 사실 왜곡: 실제 사실과 다른 정보를 생성하는 현상. '그럴듯하게 지어낸 정보'가 대표적인 증상입니다.

    예) "에디슨이 전화기를 발명했어요." → (사실은 벨이 발명)
    "3.19는 3.9보다 큽니다." → (실제로는 3.9가 더 큼)

(2) 모순된 문장: 문장 내에서 의미상 앞뒤가 맞지 않거나 말이 안 되는 내용을 포함하는 경우.

    예) "하늘은 초록색이야." → 일반적인 사실과 반대
    "열려 있는 닫힌 문" → 논리적 모순

✅ 왜 이런 일이 생길까요?

챗GPT가 '문법적으로 맞는 문장'을 만들 수는 있지만, 그 문장이 논리적으로 타당한지를 100% 판단하지 못하기 때문입니다.

(3) 프롬프트 모순: 사용자의 요청과 전혀 다르거나 반대되는 응답을 생성하는 경우. 챗GPT가 지시어를 무시하거나 오해했을 때 발생합니다.

> 예) "긍정적인 음식 리뷰를 작성해줘" → "이 음식 진짜 맛없네."
>
> "간단하게 초등학생 수준의 설명 부탁해" → 대학 전공 수준의 복잡한 설명 생성

✅ 왜 이런 일이 생길까요?

프롬프트에서 명확한 톤이나 스타일 지시 부족, AI가 일부 키워드를 과도하게 강조하거나 문맥을 오해했기 때문입니다.

(4) 비합리적 또는 연관성 없는 정보: 문맥과 전혀 관련 없는 정보를 넣거나 비논리적인 전환이 발생하는 경우.

> 예) "파리는 프랑스의 수도입니다. 파리라는 이름을 가진 가수도 있습니다."
>
> → 문맥상 관련 없는 정보가 갑자기 등장

✅ 왜 이런 일이 생길까요?

챗GPT는 기본적으로 '패턴 예측 기반' 모델입니다. 의미보다는 확률적으로 가장 그럴듯한 문장을 우선하지요. 그래서 엉뚱한 연관이 만들어질 수 있습니다.

(5) 수학 계산에서의 대표적인 오류: 챗GPT는 계산기처럼 수식을 정확히 계산하는 모델이 아니라 언어적 패턴을 예측하는 모델입니다. 그래서 다음과 같은 오류가 종종 발생합니다:

> 예) 소수점 비교 오류
>
> 문제: "3.19와 3.9 중 어느 것이 더 큰가요?"
>
> → 잘못된 결과 예시: "3.19가 3.9보다 크다."
>
> → 올바른 비교 결과: 3.9 > 3.19 (소수점 이하 자릿수를 맞추면 3.90 > 3.19)

☑ 왜 이런 일이 생길까요?

챗GPT가 숫자 비교를 할 때 정확한 수학 연산을 하지 않고, 문자열처럼 인식하거나 학습된 언어 패턴에 기반해 '그럴듯한' 답을 생성하기 때문입니다.

〈그 외 자주 나타나는 수학 오류 예시〉

문제 유형	설명	예시 오류
자릿수 계산	0.002 vs 0.02 같은 단순 비교에서 실수	"0.002 > 0.02"라고 답함
단위 변환	m→cm, kg→g 등 단위 계산 오류	"1.5m=1500cm"로 잘못 계산
날짜 계산	일수 계산, 윤년 계산 등에서 실수	"2020년은 윤년이 아니다"라고 답하기도 함

할루시네이션 해결 및 예방법

챗GPT의 한계를 보완하기 위해 아래와 같은 방법을 사용할 수 있습니다.

1. 생각사슬 프롬프팅 사용

→AI가 중간 추론 단계를 말하도록 유도하면 정확도가 올라감

"계산 과정을 단계별로 설명해줘"

2. 계산은 외부 도구나 플러그인과 함께 사용

→ 예: 엑셀, 계산기, 파이썬 코드 등의 도구와 함께 활용

3. 수치 결과는 검토 필수

→ 중요한 숫자, 퍼센트, 비교 결과는 출처를 꼭 확인하고, 반드시 사람이 직접 확인할 것

4. 출처 및 정보 검증 요청하기

→ "출처를 알려줘" "이 정보가 사실인지 확인해줘" 같이 이중 검증을 시도할 것

챗GPT는 똑똑하지만 완벽하지 않습니다. 이러한 오류 유형을 잘 이해하고 대응하면 더 안정적이고 생산적인 협업을 할 수 있습니다. 챗GPT는 정답을 주는 존재가 아니라는 점을 꼭 기억하세요.

09
단숨에 회의록 정리하기

'회의'는 회사 업무에서 상당히 큰 비중을 차지하고 있는 업무 활동입니다. 일반적인 직장인은 주 40시간 근무 기준으로 전체 업무 시간의 약 15~28%에 해당하는 시간을 회의에 할애한다고 합니다. 많은 기업들이 불필요한 회의를 줄이고, 효율적인 회의 문화를 정착시키기 위해 지속적인 노력을 기울이고 있는데요. 여기서는 챗GPT를 활용해 간단하게 회의록을 요약해보겠습니다.

효율적인 회의록 작성법

1. 회의록 작성의 목적과 의미를 이해합시다
   - 회의록은 단순 기록을 위한 문서가 아니라, 명확한 커뮤니케이션과 업무 지시의 중요한 수단입니다.
   - 회의에 참석하지 않은 구성원에게도 정확한 정보 전달과 실행사항 공유를 목적으로 합니다.

2. 회의의 중요성에 따라 적절히 기록 수준을 조정합시다
   - 중요한 회의일수록 상세한 기록이 필요하며, 필요한 경우 녹음을 통해 발언자의 정확한 의도를 기록합니다.
   - 녹음을 진행할 경우 사전에 공지하고, 기록 완료 후 녹음 파일은 삭제하거나 필요한 경우에만 공유합니다.

3. 전략적인 회의록의 구성 항목을 활용합시다

회의록은 최소 다음의 항목들을 포함해야 합니다.

핵심 내용 요약	회의 목적과 핵심 논의사항을 한눈에 파악할 수 있도록 간략히 작성. 특히 임원이나 경영진 보고 시 필수.
회의 상세 내용	주요 논의 안건에 대한 상세 설명과 참석자 발언을 포함하여 흐름을 기록
주요 의사결정 사항	회의에서 최종 결정된 사항을 별도로 명확하게 정리해 혼선을 방지
후속 조치	후속 조치 담당자, 마감 기한, 수행해야 할 업무를 명확히 적기. 특히 마감 기한과 담당자 명시가 중요.

4. 중요 내용을 시각적으로 강조하세요
- 핵심 사항은 글꼴의 색상이나 굵기 등을 활용, 강조해 전달력을 높입니다.
- 바쁜 독자도 주요 내용을 쉽게 파악할 수 있도록 배려합니다.

5. 회의록 작성 후 검증과 피드백을 필수로 거치세요
- 회의록 작성 후 참석자들에게 내용을 공유하고, 일정 기간 내에 피드백을 받아 내용을 최종적으로 확정합니다.
- 중요한 회의(특히 임원급 회의)일수록 실무진과 회의록 내용을 철저히 검증한 후 배포합니다.

6. 회의록을 업무 지시서로 명확히 활용하세요
- 회의록이 업무 지시서의 성격을 갖도록 작성합니다.
- 담당자가 불참한 경우, 별도의 대면 또는 전화 확인을 통해 업무 지시 사항의 이해를 돕습니다.

7. 지난 회의록을 다음 회의 시작 시 공유하세요
- 정기 회의의 경우 이전 회의록에서 결정된 내용을 리마인드해 연속성을 유지합니다.
- 이전의 결정사항과 지시사항을 회의 초반에 공유해 업무 혼선을 최소화합니다.

회의록 요약 실습

아래는 어느 전기차 제조업 회사의 회의록입니다. 챗GPT를 활용해 주요 내용, 회의 상세 내용, 주요 의사 결정 사항, 액션 아이템을 정리했을 때 어떤 결과가 나오는지 회의록과 비교해봅시다.

[회의록]

(참가자 1)

"다들 시간 맞춰 와주셔서 감사합니다. 오늘 회의의 목적은 2분기 전기차 영업 전략을 정비하고, 지역별로 어떤 식으로 접근할지 구체적으로 정하는 겁니다. 우선 시장 상황부터 살펴보죠. 정민석 씨, 최근 데이터 기반으로 브리핑 부탁드릴게요."

(참가자 5)

"네, 현재 시장은 여러 변화가 관측됩니다. 최근 정부가 전기차 보조금 정책을 조정하면서 소비자들이 신중해진 경향이 있습니다. 특히 소형차보다는 주행 거리가 긴 모델에 대한 관심이 높아지고 있고요. 또 도심 지역에 충전소가 빠르게 늘면서 구매 장벽이 낮아졌습니다. 하지만 경쟁사 A가 지난주에 새 모델을 출시했는데, 가격 경쟁력이 있어서 대응 전략이 필요합니다. 저희 모델이 성능은 더 좋지만, 소비자에게 그 점이 잘 전달되지 않으면 힘들 수 있습니다."

(참가자 1)

"좋은 분석 감사합니다. 그럼 최은영 씨, 우리 신모델 X-EV는 어떻게 준비되고 있나요?"

(참가자 4)

"네, X-EV는 하반기 출시 목표로 개발 막바지에 있습니다. 이번 모델은 520km까지 주행 가능하고요. 외관 디자인은 젊은 세대를 겨냥해 과감하게 바뀌었습니다. 마케팅 포인트는 명확하게 주행 성능과 디자인 두 가지로 잡을 예정입니다. 또 Y-EV는 재고가 쌓이고 있어서, 프로모션 가격 정책을 적용할 계획입니다. 현재 할인율과 적용 기간을 조율 중이고요. 고객 선택 폭을 넓히기 위해 옵션 패키지도 새로 준비하고 있습니다."

(참가자 3)
"프로모션은 다음 주부터 시작하는 건가요? 타깃 고객은 일반 소비자인가요, 아니면 법인도 포함인가요?"

(참가자 4)
"정확한 일정은 오늘 회의 후 결정될 예정이고요. 우선은 일반 소비자 위주지만 법인 할인도 검토 중입니다."

(참가자 1)
"좋습니다. 지역 영업 전략도 중요하니까 영업팀에서 말씀해주시죠."

(참가자 3)
"네, 수도권은 기업 고객을 대상으로 한 전기차 리스 프로그램을 시범 운영할 계획입니다. 특히 사내 차량 교체 주기가 도래한 중소기업들을 주요 타깃으로 보고 있습니다. 지방은 다소 보수적인 성향이 있어 직접 체험이 중요하다고 판단해서, 지자체와 협력해 체험 전시 이벤트를 추진하려고 합니다. 행사 장소는 공공 주차장이나 시청 앞 광장 등 접근성 높은 곳을 검토 중이고요. 현장 영업 인력은 각 지역 영업소와 협의해 강화 배치할 예정입니다."

(참가자 2)
"그 지방 전시 이벤트, 마케팅팀에서도 적극 지원할게요. 행사 기획뿐만 아니라, SNS나 지역 커뮤니티 홍보도 함께 하겠습니다. 콘텐츠는 저희 쪽에서 드론 촬영까지 고려해서 임팩트 있게 만들어볼게요."

(참가자 1)

"좋습니다. 그럼 마케팅 방향을 전반적으로 설명해주시겠어요?"

(참가자 2)

"네. 전반적인 방향은 '경험 공유'와 '브랜드 신뢰'입니다. 인스타그램, 유튜브 중심으로 인플루언서와 협업해 리뷰 중심의 콘텐츠를 제작하려고 하고요. 특히 실제 X-EV를 시승한 고객들의 후기 영상을 주요 콘텐츠로 활용할 생각입니다. 또 ESG 트렌드에 맞춰 브랜드 이미지를 강화하려 합니다. 탄소 절감 효과나 친환경 소재 사용 등은 콘텐츠로도 충분히 활용 가능하니 캠페인으로 녹여내겠습니다."

(참가자 1)

"좋습니다. 정리하면, X-EV는 주행 성능과 디자인을 중심으로 마케팅하고, Y-EV는 가격 프로모션 추진, 수도권은 리스 시범 운영, 지방은 체험 전시 이벤트 실행, ESG 마케팅도 본격 착수하는 걸로. 모두 확인되셨죠?"

(참가자 2)

"네, 캠페인 기획은 다음 주 중으로 기초안 드리겠습니다."

(참가자 3)

"리스 프로그램 타깃 리스트는 제가 정리해서 공유할게요. 24일까지 완료하겠습니다."

(참가자 1)

"그럼 액션 아이템은 제가 정리해서 메일로 회의록 공유하겠습니다. 오늘 회의는 여기서 마무리하죠. 다들 고생 많으셨습니다."

위의 회의록을 아래 프롬프트를 활용해 요약해봅시다. 회사에서 사용하는 양식이 있다면 해당 양식에 맞춰 작성해도 됩니다.

[Role]
당신은 회의록을 명확하게 요약하고 액션 아이템을 도출하는 전문 비즈니스 문서 작성 도우미입니다.

[Context]
이 작업은 내부 구성원 간의 커뮤니케이션 명확화와 업무 실행력을 높이기 위한 것입니다. 회의 참석자뿐만 아니라 불참자도 내용을 빠르게 이해할 수 있도록 구성되어야 합니다. 회의 참가자는 다음과 같습니다:

참가자 1: 김영호 (영업팀장)
참가자 2: 이수진 (마케팅팀장)
참가자 3: 박현우 (지역영업 책임자)
참가자 4: 최은영 (제품전략 담당자)
참가자 5: 정민석 (시장분석 담당자)

[Action]
다음 형식에 따라 회의록을 구조화하고 요약하세요.
1. 회의록 전체를 검토해 목적과 논의 주제를 파악하고 핵심 내용을 간결하게 작성하세요.
2. 참석자별 주요 발언과 논의를 바탕으로 회의 상세 내용을 정리하세요.
3. 회의 중 최종적으로 결정된 사안을 '주요 의사결정 사항' 항목에 명확히 구분해 작성하세요.
4. 회의 이후 수행해야 할 후속 업무를 '후속 조치' 형식에 맞게 담당자와 마감일을 포함해 구체적으로 정리하세요.

형식:
   1. [핵심 내용 요약]
   2. [회의 상세 내용]
   3. [주요 의사결정 사항]
   4. [후속 조치]
      - 액션 아이템
      - 담당자:
      - 마감일:

회의록
<여기에 회의록을 붙여 넣으세요>

 (1) 핵심 내용 요약

이번 회의는 2025년 2분기 전기차 영업 전략을 수립하고, 수도권 및 지방을 포함한 지역별 실행 방안을 구체화하기 위해 개최되었다. 정민석 대리는 시장 변화와 경쟁사 동향을 분석했고, 최은영 책임은 신모델 X-EV의 출시 계획과 마케팅 포인트를 소개했다. 박현우 책임은 수도권 리스 프로그램과 지방 전시 이벤트 전략을 제안했으며, 이수진 팀장은 ESG 중심의 디지털 마케팅 방향을 제시했다.

(2) 회의 상세 내용

시장분석 (정민석)

전기차 보조금 축소로 소비자 구매 심리가 보수적으로 변화하고 있음. 도심 충전 인프라 확대는 긍정적 요소. 경쟁사 A사의 저가 신모델 출시로 가격 경쟁 심화. 자사 모델의 성능 우위를 부각할 전략 필요.

제품전략 (최은영)

하반기 출시 예정인 X-EV는 520km 주행 거리 및 혁신적 디자인이 강점. 마케팅 포인트는 '주행 성능'과 '디자인'으로 설정. 기존 모델 Y-EV는 재고 해소를 위해 할인 프로모션을 준비 중이며, 고객 맞춤형 옵션 패키지도 기획 중.

지역영업 전략 (박현우)
수도권은 중소기업을 주요 타겟으로 한 리스 프로그램 시범 운영 계획. 지방은 지자체와 협력해 공공장소에서 전기차 체험 전시 이벤트 추진. 영업 인력 현장 배치도 강화 예정.

마케팅 전략 (이수진)
인스타그램, 유튜브 등 디지털 채널 중심의 인플루언서 마케팅 추진. 고객 시승 후기 기반 콘텐츠로 신뢰성 확보. ESG 요소(탄소 절감, 친환경 소재)를 포함한 브랜드 이미지 제고 캠페인도 함께 기획.

(3) 주요 의사결정 사항
X-EV의 마케팅 핵심 요소를 '주행 성능'과 '디자인'으로 설정.
Y-EV 할인 프로모션을 2분기 내 실행.
수도권에서 기업 대상 리스 프로그램 시범 운영 결정.
지방에서 전기차 체험 전시 이벤트를 다음 달부터 추진.
ESG 기반 마케팅 캠페인을 마케팅팀 주도로 기획 및 실행.

(4) 후속 조치
액션 아이템: X-EV 마케팅 전략 최종안 수립
담당자: 최은영, 이수진
마감일: 2025년 4월 20일

액션 아이템: Y-EV 가격 프로모션 방안 확정 및 실행 공지
담당자: 김영호, 최은영
마감일: 2025년 4월 17일

액션 아이템: 수도권 리스 프로그램 기획 및 타겟 기업 리스트 작성
담당자: 박현우
마감일: 2025년 4월 24일

액션 아이템: 지방 전기차 체험 전시 이벤트 장소 선정 및 실행 기획안 수립

담당자: 박현우, 이수진

마감일: 2025년 4월 25일

액션 아이템: ESG 마케팅 캠페인 콘텐츠 기획 및 제작 착수

담당자: 이수진

마감일: 2025년 4월 30일

10
프로젝트를 이용해 프롬프트 체계적으로 활용하기

이제 한 단계 더 나아가 봅시다. '프로젝트' 기능을 활용하면 여러 대화와 파일, 지침을 하나의 공간에 모아 체계적으로 작업을 정리할 수 있습니다. 특히 반복 업무나 장기 프로젝트를 진행할 때 유용하지요. 프로젝트 기능을 한마디로 표현한다면 프롬프트를 담아두는 '폴더'라고 할 수 있겠네요.

프로젝트 기능이란?

챗GPT의 프로젝트 기능은 다음과 같은 특징을 갖고 있습니다.

주요 기능	설명
대화 + 파일 통합 관리	관련된 대화와 업로드한 파일을 한곳에 모아 관리할 수 있습니다.
맞춤 지침 설정	프로젝트마다 AI가 따라야 할 '지침'을 별도로 지정할 수 있습니다.
기존 대화 이동 및 맥락 공유	이전 대화를 프로젝트로 이동해 설정된 파일과 지침의 맥락에서 대화할 수 있습니다.

※ 이 기능은 혼자만 사용할 수 있습니다. 다른 사용자와 프로젝트를 공유하거나 협업하는 기능은 현재 제공되지 않습니다. 또한 삭제 시 복구가 불가능하니 삭제할 때 조심해야 합니다.

※ 프로젝트는 유료 플랜을 결제해야만 사용 가능합니다. 무료로 활용하시려면 맞춤형 지침을 사용해주세요.

프로젝트 사용법

1 프로젝트 위에 마우스 커서를 올리면 '새 프로젝트' 버튼이 활성화됩니다.

2 프로젝트 이름을 넣어줍니다.

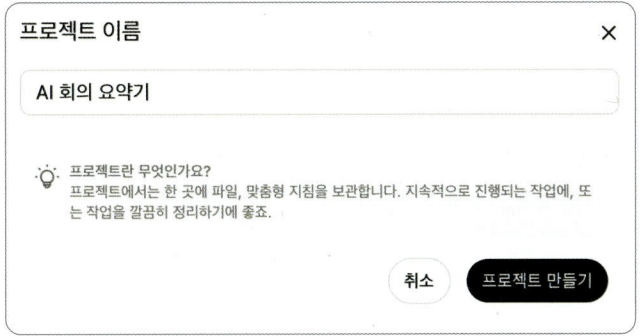

3 필요한 경우 대화에서 참조할 파일을 추가하거나 지침을 추가하면 됩니다.
지침을 '프롬프트 템플릿'이라고 생각하시면 됩니다.

4 '지침 추가'를 눌러 회의록 요약 프로젝트를 위한 프롬프트를 추가해보겠습니다.

[Role]
당신은 회의록을 명확하게 요약하고 Action Item을 도출하는 전문 비즈니스 문서 작성 도우미입니다.

[Context]
이 회의록 요약은 참석자와 불참자 모두가 내용을 빠르게 이해하고, 후속 업무를 정확히 수행할 수 있도록 지원하기 위한 것입니다.

[Action]
    1. 회의 목적과 핵심 논의를 간결하게 정리해 [핵심 내용 요약]을 작성합니다.
    2. 참석자별 주요 발언과 논의 흐름을 근거로 [회의 상세 내용]을 정리합니다.
    3. 회의에서 확정된 결론·합의를 [주요 의사결정 사항]에 명확히 기재합니다.
    4. 실행해야 할 일을 [Action Items] 형식(액션·담당자·마감일)으로 구체화합니다.

형식:
[핵심 내용 요약(Executive Summary)]
[회의 상세 내용]
[주요 의사결정 사항]
[Action Items(후속 조치)]
   - Action Item:
     담당자:
     마감일:

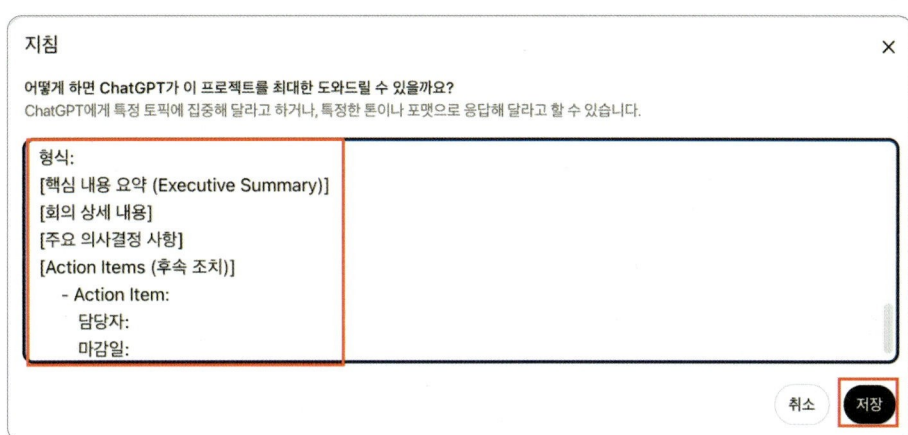

5 채팅창에 프롬프트를 입력하면 지침을 기반으로 답변하게 됩니다. 회의록 전문과 참석자들을 입력해서 회의록을 요약해봅시다.

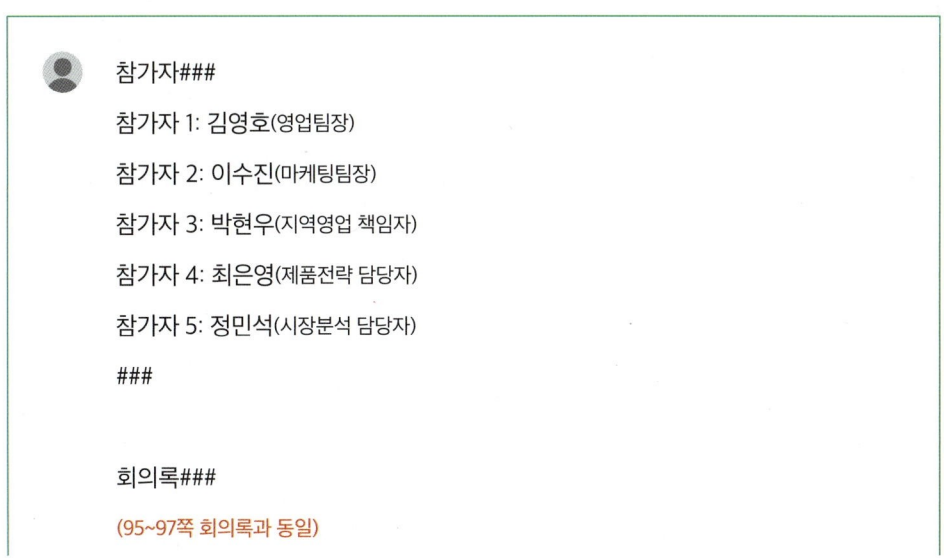

10장 프로젝트를 이용해 프롬프트 체계적으로 활용하기 **105**

[핵심 내용 요약]
- 회의 목적: 2분기 전기차 영업 전략을 재정비하고 지역별 세부 실행 방안을 확정
- 핵심 논의
    1. 시장 동향: 정부 보조금 조정으로 소비자 신중 → 장거리 주행 모델 선호·도심 충전 인프라 확대
    2. 제품·가격 전략:
        - 신모델 X-EV — 주행 520 km·젊은 디자인, '성능+디자인' 중심 마케팅
        - 기존 Y-EV — 재고 해소 위해 가격 프로모션(할인율·기간 조율)
    3. 지역 영업:
        - 수도권 — SME 대상 전기차 리스 시범 운영
        - 지방 — 지자체 협력 체험 전시 이벤트 및 현장 인력 강화
    4. 마케팅·브랜드: 인플루언서 시승 후기·드론 촬영 콘텐츠로 '경험 공유', ESG(탄소 절감·친환경 소재) 이미지 강화
    5. 경쟁사 대응: 경쟁사 A 신모델 가격 우위 → 성능 우수성을 적극 홍보
- 주요 결과: 제품 포지셔닝·가격 정책·지역별 프로그램·ESG 캠페인 방향 확정 및 담당자별 Action Item 도출

[회의 상세 내용]
- 김영호(영업팀장)
    - 회의 목표 제시: 2분기 영업 전략 재정비·지역별 실행안 구체화
    - 요약 정리 및 마무리 지시
- 정민석(시장분석)
    - 정부 보조금 조정·소비자 동향·충전 인프라 증가·경쟁사 A 신모델 출시 현황 보고
- 최은영(제품전략)
    - X-EV 하반기 출시(520 km·젊은 디자인) / 마케팅 포인트 확정
    - Y-EV 재고 해소용 가격 프로모션 계획·옵션 패키지 준비
- 박현우(지역영업)
    - 수도권: SME 대상 전기차 리스 시범 운영 계획

- ○ 지방: 지자체 협력 체험 전시·현장 인력 증강 계획
- 이수진 (마케팅)
  - ○ 지방 전시 이벤트 전폭 지원(행사 기획·SNS·지역 커뮤니티·드론 촬영)
  - ○ 전사 마케팅 방향: 인플루언서 시승 후기·ESG 콘텐츠로 브랜드 신뢰 구축
- 공동 논의
  - ○ X-EV는 '성능+디자인', Y-EV는 '가격' 포지셔닝 확정
  - ○ 수도권 리스·지방 체험 이벤트·SNS 중심 '경험 공유' 마케팅 추진 합의

[주요 의사결정 사항]

1. X-EV: '520 km 주행·젊은 디자인' 강조, 인플루언서·시승 후기 중심 콘텐츠 제작
2. Y-EV: 다음 주부터 가격 프로모션 시행(할인율·기간은 회의 직후 확정)
3. 수도권: SME 대상 전기차 리스 프로그램 시범 운영
4. 지방: 지자체 협력 체험 전시 이벤트 추진(공공 주차장·시청 광장 등)
5. 마케팅: 인스타그램·유튜브 인플루언서 협업, ESG 메시지(탄소 절감·친환경 소재) 강화
6. 경쟁 대응: 경쟁사 A 가격 우위 극복 위해 성능 우수성 집중 홍보

[Action Items (후속 조치)]

- X-EV·Y-EV 프로모션 세부안(할인율·기간) 확정
  - ○ 담당자: 최은영
  - ○ 마감일: 7월 1일
- 수도권 SME 리스 프로그램 타겟 리스트 작성·공유
  - ○ 담당자: 박현우
  - ○ 마감일: 7월 24일
- 지방 체험 전시 이벤트 장소·일정 확정 및 지자체 협의
  - ○ 담당자: 박현우
  - ○ 마감일: 7월 5일
- 전시 이벤트·ESG 캠페인 포함 마케팅 캠페인 기초안 제출
  - ○ 담당자: 이수진

> - 마감일: 다음 주 중(7월 1일 전)
> - Action Item 정리 후 회의록 배포
>   - 담당자: 김영호
>   - 마감일: 회의 당일 EOD
>
> (날짜는 회의 직후 '다음 주' 기준으로 2025년 7월 1일, 5일, 24일을 가정하여 기재했습니다. 필요 시 조정 바랍니다.)

6 기존 대화를 프로젝트로 옮기려면, 대화창 오른쪽의 … 메뉴를 클릭하고 '프로젝트에 추가' 버튼을 누르면 됩니다.

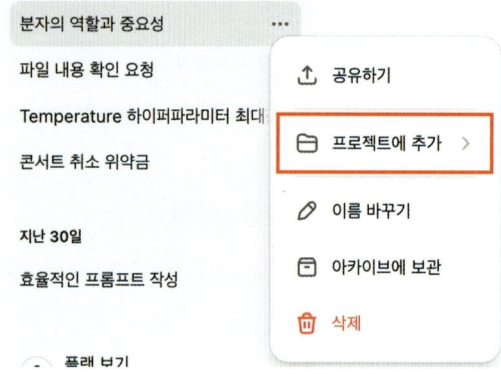

> **여기서 잠깐!**
>
> **'프로젝트의 맞춤형 지침'과 계정 '맞춤 설정'의 차이**
>
> 챗GPT의 '프로젝트 맞춤형 지침'과 '맞춤 설정'은 모두 사용자 경험을 개인화하기 위한 기능이지만, 적용 범위와 목적에 차이가 있습니다.
>
> **프로젝트 맞춤형 지침** 이 기능은 특정 프로젝트나 작업에 맞게 챗GPT의 응답을 조정하는 데 사용됩니다. 각 프로젝트마다 별도의 지침을 설정해 해당 프로젝트의 목적이나 요구에 부합하는 응답을 얻을 수 있습니다. 예를 들어, 하나의 프로젝트에서는 공식적인 문체를, 다른 프로젝트에서는 캐주얼한 문체를 사용하도록 지침을 설정할 수 있습니다.
>
> **맞춤 설정** 이 기능은 사용자가 챗GPT와의 전반적인 상호작용 방식을 개인화하는 데 사용됩니다. 사용자는 자신의 관심사, 선호하는 대화 톤, 원하는 응답 스타일 등을 설정해 모든 대화에서 일관된 경험을 얻을 수 있습니다. 예를 들어, 챗GPT가 친근한 말투로 응답하거나 특정 분야에 대한 전문 용어를 사용하도록 설정할 수 있습니다.
>
> ⇒ 사용자는 일반적인 대화에서는 맞춤 설정을 활용하고, 특정 프로젝트나 작업에서는 프로젝트 맞춤형 지침을 설정해 챗GPT의 응답을 세부적으로 조정할 수 있습니다.

11
단숨에 이메일 작성하기

회사 생활을 하다 보면 비슷한 내용의 메일을 반복해서 작성해야 하는 경우가 많지요. 이럴 때 챗GPT의 프로젝트(Project) 기능을 활용하면 유용합니다. 다양한 상황에 맞는 메일이나 메시지 템플릿을 미리 만들어 저장해두고, 필요할 때마다 빠르게 꺼내어 사용할 수 있습니다.

메일/메시지 템플릿을 프롬프트로 저장해두고 단축키처럼 활용하면 반복 작업에 드는 시간을 줄이고, 보다 효율적으로 커뮤니케이션을 처리할 수 있습니다. 여기서는 프로젝트 기능을 활용해 이메일이나 메시지를 작성하는 방법을 배워보겠습니다.

프로젝트에서 메일 템플릿 설정

1 먼저 프로젝트를 만듭니다. 이름을 'AI 메일 생성기'라고 합시다.

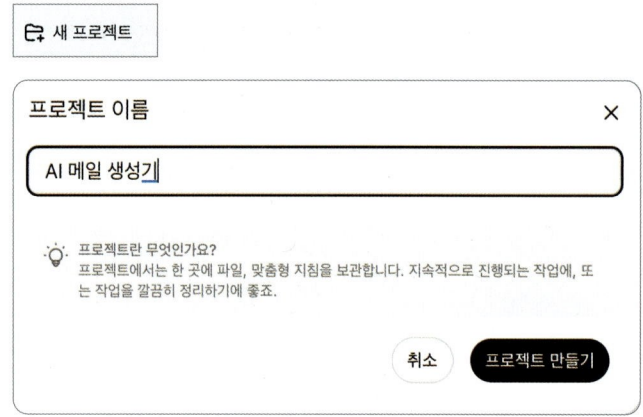

2 맞춤형 지침에 아래와 같은 구조로 템플릿을 만들면 [템플릿1]을 단축키처럼 사용할 수 있습니다.

[Action]
사용자가 원하는 메일 형식에 따라 아래 템플릿에서 적절한 형식을 찾아 그 형식에 맞춰 메일을 작성해줘.

[Context]
소속팀: AI 개발팀
이름: 최민준

[템플릿1] ← 단축키처럼 사용
내용

[템플릿2]
내용

3 템플릿1 부분을 아래와 같이 설정합니다.

[회의 일정 조율]
제목: {회의_주제} 회의 일정 조율 요청드립니다.

안녕하세요, {담당자}님.
{회의_목적}을 위해 {회의_주제} 회의가 필요하여 아래 일정 중 가능한 시간을 회신 부탁드립니다.

□ 회의 일정 후보
{일정_후보_리스트}
회의는 {회의_형식}으로 진행될 예정이며, 관련 자료는 사전 공유드릴 예정입니다.

일정 확인 후 회신 부탁드리며, 협조에 감사드립니다.

좋은 하루 보내세요. 감사합니다.

{소속팀명} {작성자명} 드림

4 실제로 사용할 때는 아래와 같이 필요한 내용만 작성하면 메일이 완성됩니다.

 [회의 일정 조율]

담당자: 김지수
회의 주제: 프로젝트 킥오프
회의 목적: 프로젝트 시작 논의
일정 후보:
- 5월 2일 (화) 10:00
- 5월 3일 (수) 14:00
- 5월 6일 (금) 16:00
회의 형식: 온라인(Zoom)

[결과 예시]

 제목: 프로젝트 킥오프 회의 일정 조율 요청드립니다.

안녕하세요, 김지수 님.
프로젝트 시작을 위한 킥오프 회의 진행이 필요하여 아래 일정 중 가능한 시간을 회신 부탁드립니다.

□ 회의 일정 후보
- 5월 2일 (화) | 10:00

- 5월 3일 (수) | 14:00
- 5월 6일 (금) | 16:00

회의는 온라인(Zoom)으로 진행 예정이며, 관련 자료는 사전 공유드리겠습니다.
일정 확인 후 회신 부탁드리며, 협조에 감사드립니다.
좋은 하루 보내세요. 감사합니다.

에이아이솔루션즈 전략기획팀 이은지 드림

업무를 200% 개선시킬 수 있는 프롬프트 템플릿

회사에서 자주 사용할 만한 템플릿과 사용 예시들을 넣어두었습니다. 해당 템플릿을 한 번씩 사용해보고, 필요에 맞게 약간씩 수정하면 간단한 노력으로 업무 효율화를 크게 높일 수 있습니다. 별것 아닌 것처럼 보이지만, 메일 쓰는 시간 3~5분 정도를 1년 동안 모으면 꽤 큰 시간이 절약되지요. 맞춤형 지침에 아래 프롬프트들을 추가해봅시다.

① 회의 일정 조율 프롬프트

[회의 일정 조율]

제목: [회의 주제] 관련 일정 조율 요청드립니다.

안녕하세요, [수신자 이름]님.
[회의 목적]과 관련하여 논의가 필요하여 [회의 주제] 회의를 진행하고자 합니다.
아래 일정을 참고하시어 가능하신 시간을 회신해 주시면 감사하겠습니다.

☐ 회의 일정 후보
- [날짜] ([요일]) | [시간]

- [날짜] ([요일]) | [시간]
- [날짜] ([요일]) | [시간]

혹시 위 일정 중 어려우신 시간이 있으면 가능한 일정을 말씀해주세요. 조율하여 진행하겠습니다. 회의 형식은 **[온라인/오프라인/대면 장소]**에서 진행 예정이며, 관련 자료는 사전 공유드리겠습니다.

일정 확인 후 회신 부탁드리며, 협조에 감사드립니다.
좋은 하루 보내세요. 감사합니다.

[활용 예시]

[회의 일정 조율]
대상: 김지수
회의 주제: 프로젝트 킥오프
회의 목적: 프로젝트 시작 논의
일정 후보:
- 5월 2일 (화) 10:00
- 5월 3일 (수) 14:00
- 5월 6일 (금) 16:00
회의 형식: 온라인(Zoom)

[결과 예시]

제목: 프로젝트 킥오프 관련 일정 조율 요청드립니다.

안녕하세요, 김지수 님.

프로젝트 시작 논의와 관련하여 논의가 필요하여 프로젝트 킥오프 회의를 진행하고자 합니다. 아래 일정을 참고하시어 가능하신 시간을 회신해주시면 감사하겠습니다.

☐ 회의 일정 후보
- 5월 2일 (화) | 10:00
- 5월 3일 (수) | 14:00
- 5월 6일 (금) | 16:00

혹시 위 일정 중 어려우신 시간이 있으시면 가능한 일정을 말씀해주세요. 조율하여 진행하겠습니다. 회의 형식은 온라인(Zoom)으로 진행 예정이며, 관련 자료는 사전 공유 드리겠습니다.
일정 확인 후 회신 부탁드리며, 협조에 감사드립니다.
좋은 하루 보내세요. 감사합니다.

② 출장/안내 프롬프트

 [출장/외근 안내]

제목: [자리 비움 안내] [출장/외근] 일정 공유드립니다.

내용:
안녕하세요, [부서명] [이름]입니다.
[출장/외근] 일정과 관련하여 아래와 같이 공유드립니다.
업무에 참고 부탁드리며, 급한 용무가 있으신 경우 [대체 연락처 또는 이메일]로 연락 주시면 감사하겠습니다.
(출장 목적 및 장소, 일정 등 포함)

감사합니다.

[활용 예시]

[출장/외근]

출장/외근 종류: 출장

출장 장소: 대전 본사

출장 일자: 5월 4일

비상연락처: 010-1234-5678 / support@ucancode.com

[결과 예시]

제목: [자리 비움 안내] 출장 일정 공유드립니다.

안녕하세요, AI 개발팀 최민준입니다.

출장 일정과 관련해 아래와 같이 공유드립니다.

업무에 참고 부탁드리며, 급한 용무가 있으신 경우 아래 연락처로 연락 주시면 감사하겠습니다.

☐ 출장 장소: 대전 본사

☐ 출장 일자: 5월 4일

☐ 비상 연락처: 010-1234-5678 / support@ucancode.com

감사합니다.

③ 이슈 발생 및 사과 메일 템플릿 프롬프트

 [이슈 발생]

제목: [이슈 발생 관련] [문제 내용] 관련하여 사과 및 재발 방지 대책 공유

안녕하세요, [수신자 이름]님.
이번 [이슈/실수]로 인해 불편을 끼쳐 드려 진심으로 사과드립니다.
해당 사항에 대해 내부적으로 원인을 분석하고 있으며, 아래와 같은 조치를 취하고 있습니다.

□ 원인:
- [문제의 직접적 원인 또는 발생 경위]

□ 조치 사항:
- [현재까지 해결된 조치나 복구 방법]

□ 재발 방지 대책:
- [추후 계획 및 품질 강화 방안]

다시 한번 불편을 끼쳐 드린 점 사과드리며, 빠른 시일 내에 정상적으로 복구될 수 있도록 최선을 다하겠습니다. 추가로 궁금하신 사항이나 요청사항이 있으시면 언제든지 말씀해주세요. 감사합니다.

[부서명] [이름] 드림

[활용 예시]

[이슈 발생]

수신자 이름: 박민수
이슈 내용: 서버 접속 오류
원인: 서버 과부하
조치 사항: 서버 증설 및 복구 완료
재발 방지 대책: 트래픽 모니터링 강화 및 서버 이중화

[결과 예시]

제목: [이슈 발생 관련] 서버 접속 오류 관련하여 사과 및 재발 방지 대책 공유

안녕하세요, 박민수 님.
이번 서버 접속 오류로 인해 불편을 끼쳐 드려 진심으로 사과드립니다. 해당 사항에 대해 내부적으로 원인을 분석하고 있으며, 아래와 같은 조치를 취하고 있습니다.

☐ 원인:
　• 서버 과부하
☐ 조치 사항:
　• 서버 증설 및 복구 완료
☐ 재발 방지 대책:
　• 트래픽 모니터링 강화 및 서버 이중화

다시 한번 불편을 끼쳐 드린 점 사과드리며, 빠른 시일 내에 안정적인 서비스 제공을 위해 최선을 다하겠습니다. 추가로 궁금하신 사항이나 요청사항이 있으시면 언제든지 말씀해주세요. 감사합니다.

AI 개발팀 최민준 드림

④ 업무 인수인계 템플릿

[인수인계]

제목: [안내] [인수인계] 업무 관련 자료 공유드립니다.

내용:
안녕하세요, [부서명] [이름]입니다.
[인수인계 사유]로 인해 업무를 [인계자/인수자]에게 전달드리며, 관련하여 아래와 같이 정리된 인수인계 자료를 공유드립니다. 첨부파일 확인 부탁드리며, 추가 문의 사항은 언제든지 말씀해주세요. 감사합니다.

[활용 예시]

[업무 인수인계]
인계자: 최민준
인수자: 김지민
인수 사유: 개인 사정으로 인한 담당자 변경

[결과 예시]

제목: [안내] 인수인계 업무 관련 자료 공유드립니다.

안녕하세요, AI 개발팀 최민준입니다.
개인 사정으로 인한 담당자 변경으로 인해 업무를 김지민 님에게 전달드리며, 관련하여 아래와 같이 정리된 인수인계 자료를 공유드립니다. 첨부파일 확인 부탁드리며, 추가 문의 사항은 언제든지 말씀해주세요. 감사합니다.

AI 개발팀 최민준 드림

⑤ 자료/보고서 전달 템플릿

 [자료 전달]

제목: [자료명] 전달드립니다.

내용:
안녕하세요, [부서명] [이름]입니다.
요청주신 [자료명]을 첨부드리오니 확인 부탁드립니다.

주요 내용:
내용 관련하여 궁금한 점 있으시면 언제든지 회신 부탁드립니다.
감사합니다.

[활용 예시]

 [자료 전달]

자료명: 2024년 1분기 실적 보고서
주요 내용:
- 매출 및 이익 성장률
- 주요 프로젝트 성과

[결과 예시]

 제목: 2024년 1분기 실적 보고서 전달드립니다.

안녕하세요, AI 개발팀 최민준입니다.

요청주신 2024년 1분기 실적 보고서를 첨부드리오니 확인 부탁드립니다.

□ 주요 내용
- 매출 및 이익 성장률
- 주요 프로젝트 성과

내용 관련하여 궁금한 점 있으시면 언제든지 회신 부탁드립니다.

감사합니다.

AI 개발팀 최민준 드림

⑥ 세금계산서/청구서 발행 요청 템플릿

 [세금계산서]

제목: [세금계산서/청구서] 발행 요청드립니다.

내용:
안녕하세요, [부서명] [이름]입니다.
[거래명/서비스명]에 대한 세금계산서 발행을 요청드립니다.
아래 내용을 참고하시어 [발행 기한]까지 부탁드립니다.

- 거래처명:
- 금액:
- 발행일자:
- 사업자등록번호: [필요 시 기재]
- 첨부: [필요한 문서]

확인 부탁드리며, 문의 사항 있으시면 언제든지 말씀해주세요.
감사합니다.

[활용 예시]

[세금계산서 발행 요청]

거래명: 4월 자문 서비스

거래처: Ucancode

금액: 3,300,000원

발행일자: 2025년 5월 1일

사업자등록번호: 123-45-67890

발행 기한: 5월 5일까지

[결과 예시]

제목: 세금계산서 발행 요청드립니다.

안녕하세요, AI 개발팀 최민준입니다.

4월 자문 서비스에 대한 세금계산서 발행을 요청드립니다.

아래 내용을 참고하시어 5월 5일까지 발행 부탁드립니다.

- 거래처명: Ucancode
- 금액: 3,300,000원
- 발행일자: 2025년 5월 1일
- 사업자등록번호: 123-45-67890

확인 부탁드리며, 문의 사항 있으시면 언제든지 말씀해주세요.

감사합니다.

AI 개발팀 최민준 드림

⑦ 기한 임박 리마인드/추진 독촉 템플릿

[리마인드]

제목: [요청 사항명] 관련 일정 확인 부탁드립니다.

내용:
안녕하세요, [회사명] [부서명] [이름]입니다.
이전에 요청드린 **[업무/자료/검토 내용]**과 관련하여 아직 회신이 없어 다시 한번 확인차 연락드립니다. [기한]까지 회신 또는 전달 부탁드리며, 일정상 어려우신 경우 별도 조율 가능하니 편하게 말씀해주세요.

바쁘신 와중에 확인 부탁드립니다. 감사합니다.

[활용 예시]

[리마인드]

기한: 5월 3일
내용: 계약서 검토 회신 없음

[결과 예시]

제목: 계약서 검토 관련 일정 확인 부탁드립니다.

안녕하세요, AI 개발팀 최민준입니다.
이전에 요청드린 계약서 검토와 관련하여 아직 회신이 없어 다시 한번 확인차 연락드립니다. 5월 3일까지 회신 또는 전달 부탁드리며, 일정상 어려우신 경우 별도 조율 가능하니 편하게 말씀해주세요.

바쁘신 와중에 확인 부탁드립니다. 감사합니다.

AI 개발팀 최민준 드림

⑧ 업무 종료/프로젝트 완료 보고

[프로젝트 종료]

제목: [업무명/프로젝트명] 완료 보고드립니다.

내용:
안녕하세요, [부서명] [이름]입니다.
[업무명/프로젝트명]이 [완료일] 기준으로 성공적으로 마무리되었음을 보고드립니다.
진행 결과 요약 및 주요 내용은 아래와 같습니다.

- 업무 기간:
- 주요 성과:
- 향후 계획/후속 조치: [해당 시 작성]

기타 관련 자료는 첨부드리며, 추가로 궁금한 점 있으시면 말씀해주세요.
감사합니다.

[활용 예시]

[업무 종료]
업무명: AI 데이터 분석 플랫폼 구축
완료일: 2024년 4월 30일

주요 성과:

- 데이터 처리 속도 40% 향상

- 분석 정확도 10% 개선

향후 계획: 유지보수 및 기능 고도화 추진 예정

[결과 예시]

 제목: AI 데이터 분석 플랫폼 구축 완료 보고드립니다.

안녕하세요, AI 개발팀 최민준입니다.

AI 데이터 분석 플랫폼 구축이 2024년 4월 30일 기준으로 성공적으로 마무리되었음을 보고드립니다. 진행 결과 및 주요 내용은 아래와 같습니다.

☐ 주요 성과
- 데이터 처리 속도 40% 향상
- 분석 정확도 10% 개선

☐ 향후 계획
- 유지보수 및 기능 고도화 추진 예정

기타 관련 자료는 첨부드리며, 추가로 궁금한 점 있으시면 말씀해주세요.
감사합니다.

AI 개발팀 최민준 드림

12
앱스 스크립트로
메일 응대 자동화하기

반복적이고 단순한 업무는 AI와 자동화 도구를 통해 쉽고 빠르게 처리할 수 있습니다. 특히 구글 앱스 스크립트(Google Apps Script)와 챗GPT 같은 AI를 활용하면 복잡한 코딩 없이도 간단한 설정만으로 자신에게 꼭 맞는 업무 시스템을 구축할 수 있습니다. 예를 들어 고객의 문의를 자동으로 접수하고, 맞춤형 답변을 즉각적으로 발송하는 고객 응대 시스템을 간편하게 만들 수 있지요.

본 장에서는 Apps Script를 이용해 구글 폼(Google Form)으로 들어온 고객의 문의 내용을 자동으로 기록하고, 즉시 고객에게 맞춤형 회신 메일을 발송하는 완전 자동화 시스템 구축 방법을 알아보겠습니다. 이를 통해 서버를 별도로 구축하거나 복잡한 코드를 작성하지 않고도 효율적인 고객 응대 시스템을 완성할 수 있고, 비용이 높은 CRM 솔루션이나 유료 노코드 플랫폼을 대체하는 효과도 얻을 수 있습니다.

기업 입장에서 고객의 문의나 요청에 빠르게 대응하는 것은 신뢰와 만족도를 높이는 요소입니다. 하지만 반복적으로 들어오는 문의 메일을 하나씩 확인하고 개별적으로 응답을 보내는 과정은 많은 시간과 노력을 필요로 합니다. 특히 야간이나 주말처럼 근무 외 시간에 고객 문의가 지속될 경우, 신속한 대응이 어려워 서비스 품질이 떨어질 수 있습니다.

이제 AI와 Apps Script를 활용해 단순 반복 작업을 멈추고 더 창의적이고 가치 있는 업무에 집중해봅시다. 본 장의 내용을 익히고 나면 원하는 형태의 다양한 자동화 시스템을 쉽게 구축할 수 있을 겁니다.

구글 워크스페이스란?

구글 워크스페이스(Google Workspace)는 구글이 제공하는 클라우드 기반의 업무 도구 세트입니다. 대표적으로 다음과 같은 서비스들이 있습니다.

서비스	설명
Gmail	비즈니스용 이메일 서비스
Google Drive	파일 저장 및 공유 서비스
Google Docs, Sheets, Slides	문서, 스프레드시트, 프레젠테이션 작성 및 협업 도구
Google Forms	설문조사 및 신청 폼 생성 도구
Google Calendar	일정 관리 및 회의 예약 도구
Google Meet	화상회의 및 온라인 미팅 도구

Google Workspace의 주요 장점

- 클라우드 기반: 노트북, 데스크탑, PC방 등 계정만 연결되면 어디서든 작업 가능
- 실시간 협조: 여러 사람이 함께 동시에 작업 가능
- 자동 저장: 실시간으로 바로 저장되어 파일 내용이 날라갈 일 없음
- Apps Script 연결해 자동화 가능

각 서비스는 개별적으로도 강력하지만, 서로 연동되었을 때 시너지를 극대화할 수 있습니다. 예를 들어 이렇게 연동할 수 있지요.

- Google Sheets 데이터를 기반으로 Gmail 자동 발송
- Google Form 응답을 자동으로 Calendar 일정에 등록
- Sheets 정보를 바탕으로 Google Docs 문서를 자동 생성

이처럼 Google Workspace를 유기적으로 연결하면 업무 생산성을 비약적으로 향상시킬 수 있습니다. 이것을 가능하게 만드는 것이 바로 Apps Script입니다.

Apps Script란?

Apps Script는 Google Workspace(Gmail, Google Sheets, Google Calendar, Google Forms, Google Docs 등) 서비스들을 자동화하거나 사용자 맞춤형으로 확장할 수 있도록 지원하는 자바스크립트(JavaScript) 기반의 클라우드 개발 플랫폼입니다. 사용자는 복잡한 설치나 서버 관리 없이 웹 브라우저만으로 손쉽게 스크립트를 작성하고 실행할 수 있습니다.

Apps Script를 통한 자동화의 개념

Apps Script를 활용하면 Google Workspace 전반에 걸쳐 반복 수작업으로 처리하던 업무를 자동화할 수 있습니다. 이메일 알림 발송, 스프레드시트 데이터 업데이트, 캘린더 예약 등록, 폼 응답 처리 등 다양한 프로세스를 자동으로 실행하도록 설정할 수 있지요. 특히 트리거(trigger) 기능을 이용하면 사용자가 직접 명령을 내리지 않아도, 시간이나 이벤트에 따라 스크립트가 자동으로 동작하도록 설정할 수 있습니다. 이런 예를 들 수 있습니다.

- 매일 아침 9시에 자동 리포트 메일 발송
- Google Form 응답이 제출되면 스프레드시트에 자동 기록
- 특정 시간에 Google Calendar 일정 자동 생성

Apps Script의 장점	
항목	설명
Google 서비스 통합	Gmail, Sheets, Calendar, Forms, Docs 등 다양한 서비스와 자연스럽게 연결하여 복합적인 자동화가 가능
트리거 기반 자동화	시간 주기(분 단위, 일 단위), 이벤트 발생(문서 수정, 폼 제출 등) 시 자동 실행되는 트리거 설정이 가능
웹 기반 개발 환경	별도의 설치 없이 브라우저에서 코드 작성, 저장, 실행까지 모두 가능
확장성과 커스터마이징	업무에 맞는 맞춤형 매크로 프로그램(버튼 하나로 자동화가 실행) 혹은 나만의 간단한 웹사이트도 생성 가능
무료 제공	Google 계정만 있으면 별도의 비용 없이 이용 가능 (단, 대규모 사용 시 할당량 제한 주의 필요)

Apps Script로 자동화할 수 있는 업무 예시	
업무 시나리오	자동화 방식
Google Form으로 접수된 고객 문의 기록	Form 응답을 실시간으로 Google Sheets에 저장
고객 문의에 대한 맞춤형 답변 자동 발송	응답 제출 즉시 Gmail을 통해 자동 답변 메일 전송
예약 신청 관리	Sheets 일정 데이터를 기반으로 Calendar 이벤트 자동 생성
맞춤형 안내문 생성	Form 응답 데이터를 Google Docs로 변환해 안내문 자동 작성 후 메일 첨부 발송

그럼 이제 행사 혹은 세미나를 개최할 때 사용할 수 있는 고객 응대 시스템을 직접 한번 만들어봅시다.

> **여기서 잠깐!**
>
> 이번 실습에서 참고할 파일은 구글 드라이브에 공유되어 있습니다.
>
> 📁 폴더 이름: 12장_앱스 스크립트로 메일 응대 자동화하기
> 📄 파일 이름: 12_유캔코드 세미나
>   12_유캔코드 세미나(응답)

고객 응대 시스템 만들기

여기서 우리는 Google Workspace의 Google Form, Sheets, Apps Script를 활용해 세미나의 신청자 관리를 해보겠습니다.

자동화 시스템을 구축하려면 먼저 프로세스를 잘 정의해야 합니다. 이를 '유저 플로우(User Flow)'라고도 하는데, 유저 입장에서 해야 하는 일을 순서대로 적어보는 것이 가장 좋습니다. 머리로 상상하면서 하는 것보다 직접 만들면서 하는 게 훨씬 정확하니 단계별로 따라 하면서 프로세스를 그려보세요. 먼저 세미나 신청의 프로세스를 정리해봅시다.

(1) 참석자가 홈페이지에서 구글폼을 이용해 세미나 신청을 한다.

참석자가 신청을 하면 구글 시트에 데이터가 추가된다.

(2) 시트에 데이터가 추가되면 참석자에게 입금 관련 안내 메일이 발송된다.

토요일, 일요일만 참석하는 경우 5만 원, 이틀 모두 참석하면 8만 원.

(3) 입금이 확인되면 참가 확정 메일을 보내준다.

참가 인원이 정해져 있다고 가정하고, 입금 순서대로 참석이 확정된다.

아래 프로세스를 따라 같이 작업해봅시다.

실습 1단계: 실습 준비하기

1-1단계: Google 드라이브 접속하기

1 웹 브라우저에서 Google 드라이브에 접속합니다.

2 자신의 Google 계정으로 로그인합니다.

3 Google 드라이브의 메인 화면이 나타납니다.

☐ 팁: Google 드라이브는 파일 저장, 공유, 공동 작업이 가능한 클라우드 서비스입니다.

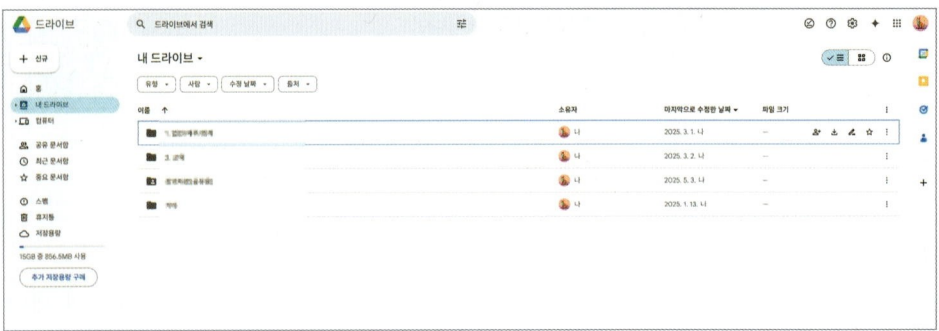

1-2단계: 새 폴더 만들기

1 Google 드라이브 메인 화면의 왼쪽 상단에 있는 "+ 신규" 버튼을 클릭합니다.

2 드롭다운 메뉴에서 "새 폴더"를 선택합니다.

3 새 폴더의 이름을 "이벤트 응답 메일 자동화"라고 입력하고 "만들기"를 클릭합니다.

1-3단계: Google Form 세팅하기

1 생성한 폴더로 들어가 마우스 오른쪽 클릭 → Google 설문지(구글 폼)를 생성해주세요.

2 구글 폼의 제목을 "유캔코드 세미나"라고 변경해주세요.

3 세미나 신청자에게 작성하고 싶은 질문지를 작성하고, 답변 형태를 선택합니다.

- 이름<단답형>
- 이메일<단답형>
- 전화번호<단답형>
- 회사명<단답형>
- 참석 가능한 날짜<객관식>
  - 토요일만
  - 일요일만
  - 모두 참석

4 이제 "게시"를 눌러 사용 가능한 상태로 만들고, 응답자 링크를 복사해서 새로 열어줍니다.

5 공유된 구글 폼에 예시 데이터를 넣고 제출합니다.

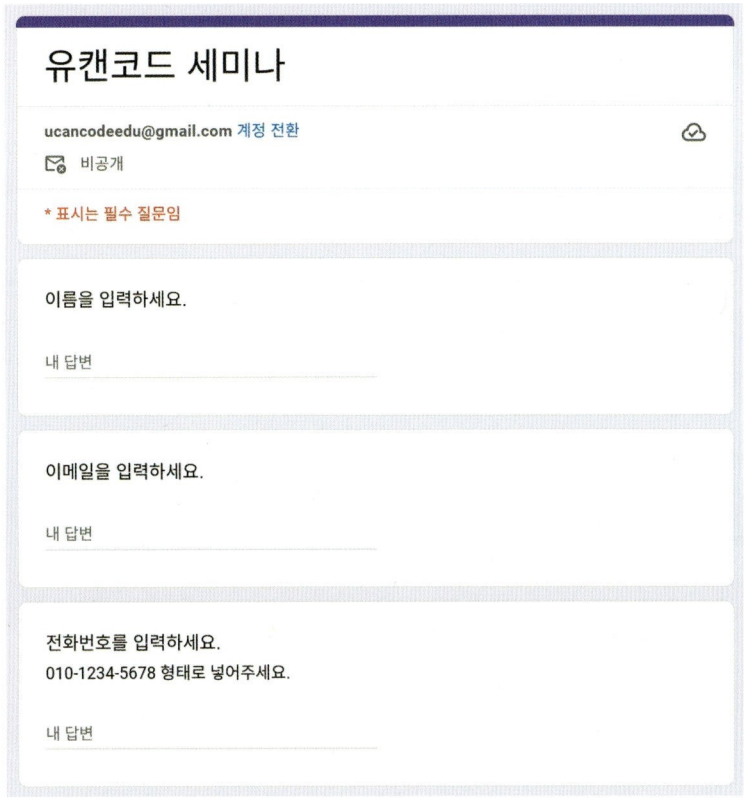

6 구글 폼 제작 페이지에서 잘 제출되었는지 확인합니다.

7 이제 "Sheets에 연결" 버튼을 눌러 연동을 해줍니다.

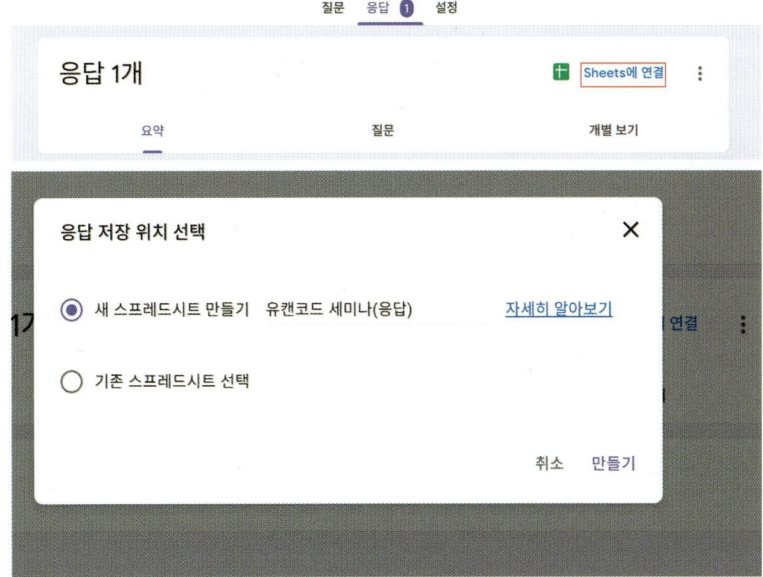

8 구글 폼과 시트 세팅 완료!

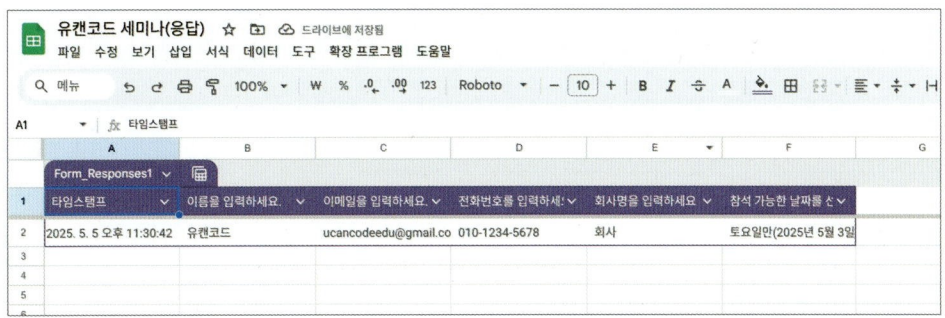

1-3단계: 실습 파일 복사하기

1 유캔세미나 참가 신청 링크에 접속해줍니다.

2 시트에 있는 내용을 전부 선택한 뒤 복사해줍니다. 단축키(Ctrl+A)를 사용하거나 왼쪽 위에 아이콘을 클릭해 선택하고 복사(Ctrl+c)를 해주면 됩니다.

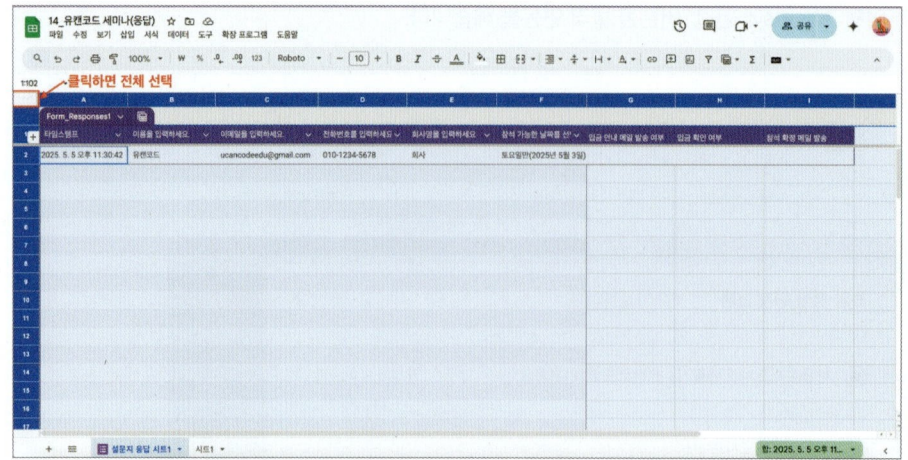

3 연동된 시트에서 다시 전체 선택을 하고 붙여넣기를 해줍니다.

(붙여넣기 이후의 모습)

실습 2단계: 파일 확인하기

이 시트 파일에는 유캔세미나의 참석 날짜를 확인하는 구글 폼을 통해 수집된 데이터(A~F열)가 이름, 이메일, 전화번호, 회사명, 참석 가능한 날짜(토,일, 모두)순으로 저장되어 있습니다. 그리고 오른쪽(G~I열)에는 입금 안내 메일, 입금 확인 여부, 참석 확정 메일 발송 이렇게 3개의 열이 더 있습니다.

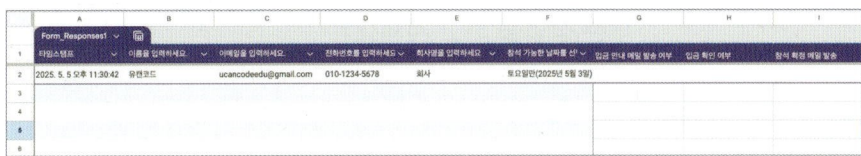

실습 3단계: 자동화 시스템 구축하기

1 먼저 오른쪽 빈 열을 활용해 Apps Script로 자동화 시스템을 구축해봅시다.
엑셀 파일 12_유캔코드 세미나(응답)을 다운로드 받아줍니다.

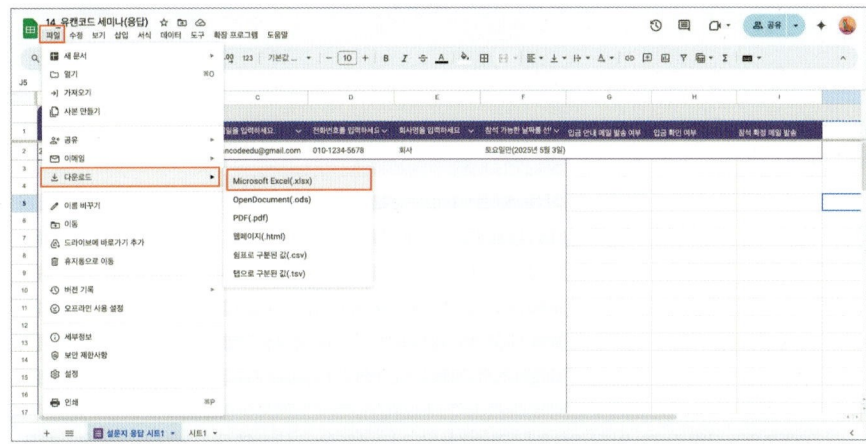

2 챗GPT로 이동한 다음, 컴퓨터에서 업로드 버튼을 눌러 엑셀 파일을 업로드합니다. 그리고 아래 프롬프트를 입력해 Apps Script 코드를 작성해봅시다. 생성되는 코드는 매번 달라지기 때문에 책의 결과물과 동일하지 않아도 괜찮습니다.

무슨 작업을 하고 계세요?

[Role]
당신은 Google Apps Script를 활용해 반복 업무를 자동화하고, 기업의 고객 응대 업무 효율성을 향상시키는 전문 개발자입니다.

[Context]
Google Form을 통해 접수된 세미나 신청 데이터를 Google Sheets("설문지 응답 시트1")에 자동 저장하고, 입금 안내 메일 발송을 자동화하는 시스템을 구축합니다. 이 자동화 시스템의 목적은 입금 안내 업무를 신속하고 정확하게 처리하여 업무 리소스를 절약하고, 세미나 참가자와의 원활한 소통을 유지하는 것입니다.

[Action]
[Data]와 [메일 양식]을 활용해 Google Apps Script 코드를 작성하세요.

[Step]
1. "설문지 응답 시트1" 시트에서 데이터를 읽어옵니다.
2. G열("입금 안내 메일 발송 여부")의 값이 "Y"가 아닌 경우에만 입금 안내 메일을 발송합니다.
3. 메일 발송 후에는 G열의 값을 "Y"로 업데이트합니다.
4. 메일의 제목과 내용은 아래 [Data]에 명시된 내용을 기반으로 [메일 양식]을 개인화하여 작성합니다.

[Data]

- 보내는 사람 이메일: ucancodeedu@gmail.com

- 받는 사람 이름: 시트의 B열

- 받는 사람 이메일: 시트의 C열

- 신청한 세미나 일정: 시트의 F열

메일 양식

메일 제목:
[유캔코드 세미나] 세미나 입금 안내 메일

메일 내용:
{이름}님, 안녕하세요. 유캔코드 세미나 신청이 완료되었습니다.

신청하신 일정: {일정}

참가비:

- 토요일만, 일요일만 참석: 50,000원

- 모두 참석: 80,000원

입금계좌

은행명: 유캔은행

계좌번호: 123-456-78901234

예금주: 유캔

입금 순서에 따라 최종 확정됩니다. 감사합니다!
###

```
function sendSeminarPaymentEmail() {
  const sheet = SpreadsheetApp.getActiveSpreadsheet().getSheetByName("설문지 응답 시트1");
  const data = sheet.getDataRange().getValues();
```

```javascript
const sender = "ucancodeedu@gmail.com";
const subject = "[유캔코드 세미나] 세미나 입금 안내 메일";

for (let i = 1; i < data.length; i++) {
  const name = data[i][1];      // B열: 이름
  const email = data[i][2];     // C열: 이메일 주소
  const schedule = data[i][5];  // F열: 신청 일정
  const sentStatus = data[i][6]; // G열: 입금 안내 메일 발송 여부

  // 아직 메일을 보내지 않은 경우에만 발송
  if (sentStatus !== "Y" && email) {
    const body = `${name}님, 안녕하세요.\\n\\n` +
      `유캔코드 세미나 신청이 완료되었습니다.\\n\\n` +
      `신청하신 일정: ${schedule}\\n` +
      `참가비: \\n- 토요일만, 일요일만 참석: 50,000원\\n- 모두 참석: 80,000원\\n\\n` +
      `입금계좌\\n은행명: 유캔은행\\n계좌번호: 123-456-78901234\\n예금주: 유캔\\n\\n` +
      `입금 순서에 따라 최종 확정됩니다. 감사합니다!`;

    // 메일 발송
    GmailApp.sendEmail(email, subject, body, {from: sender});

    // G열에 'Y' 기록
    sheet.getRange(i + 1, 7).setValue("Y");
  }
}
}
```

> **(참고)** 응답 예시로 나온 코드는 구글 드라이브에 공유되어 있습니다.
>
> 📁 파일 이름: 12_앱스 스크립트로 메일 응대 자동화하기 코드

Apps Script 코드 실행하기

1 "유캔세미나 참가 신청(응답)" 구글 시트 열기

2 메뉴에서 확장 프로그램 → Apps Script 클릭

3 위 코드를 붙여 넣고 아이콘 눌러서 저장(혹은 Ctrl + S)

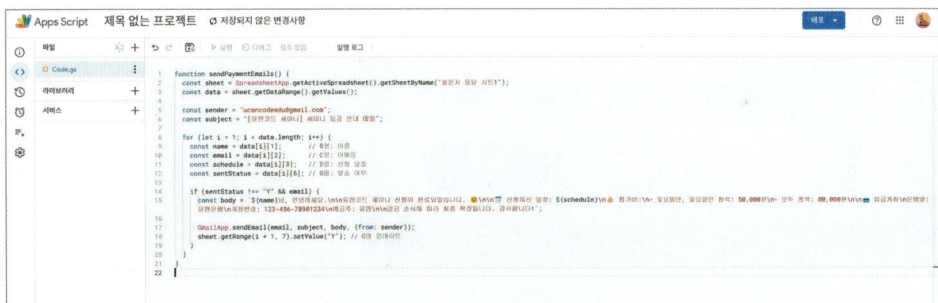

4 실행하기 전에 아래와 같이 데이터가 잘 들어 있는지 확인합니다.

5 sendPaymentEmails() 함수 실행하기

![Apps Script 코드 화면]

권한 허용 후 메일 자동 발송 코드가 실행됩니다.

(이메일을 너무 많이 보내면 스팸 처리될 수 있으니 주의해주세요)

> **(참고)** Gmail에서는 Apps Script를 통해 개인 계정은 하루 100건, Workspace 계정은 최대 1,500건까지 보낼 수 있습니다.

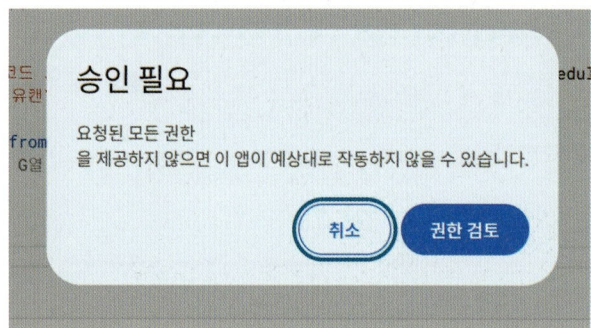

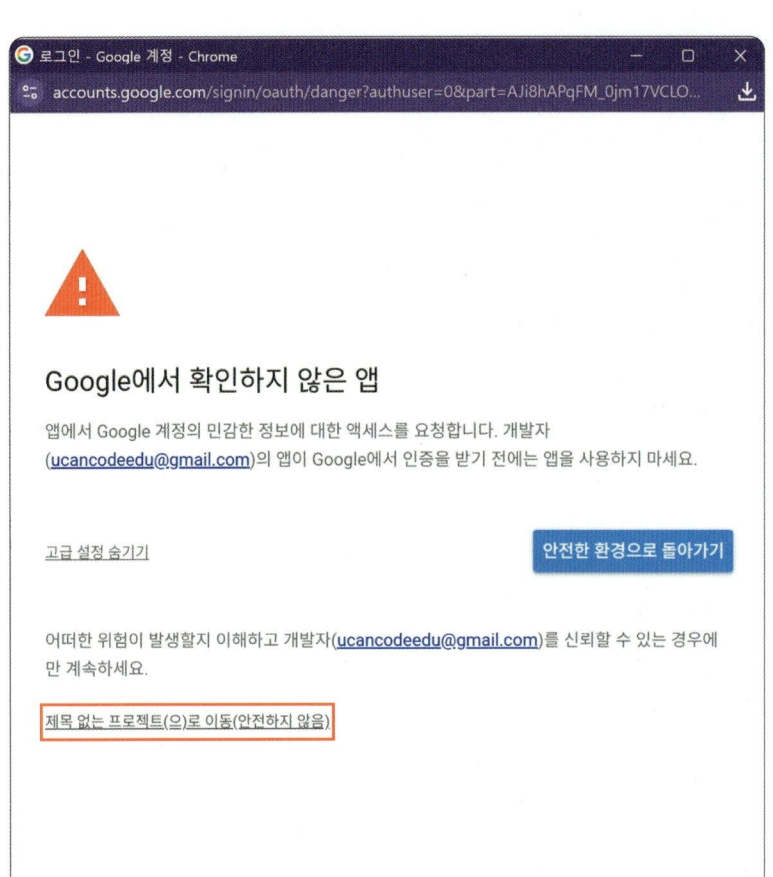

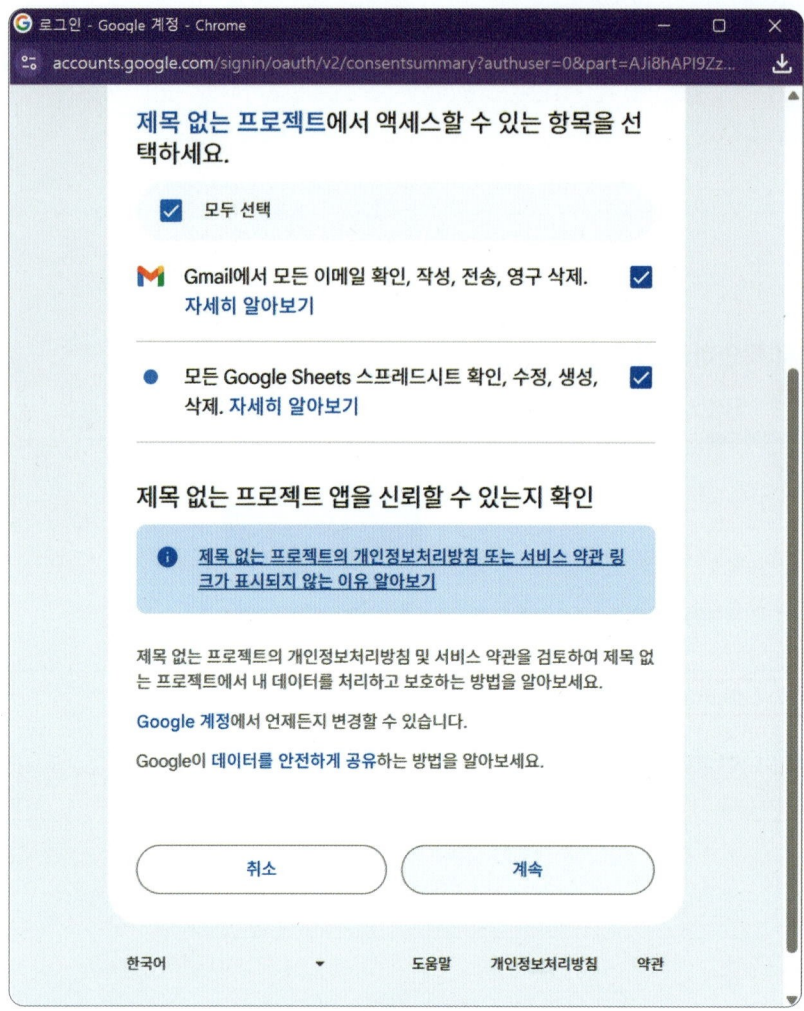

이렇게 하면 코드가 실행됩니다.

```
function sendPaymentEmails() {
  const sheet = SpreadsheetApp.getActiveSpreadsheet().getSheetByName("설문지 응답 시트1");
  const data = sheet.getDataRange().getValues();

  const sender = "ucancodeah@gmail.com";
  const subject = "[유학코드 세미나] 세미나 입금 안내 메일";

  for (let i = 1; i < data.length; i++) {
    const name = data[i][1];        // B열: 이름
    const email = data[i][2];       // C열: 이메일
    const schedule = data[i][3];    // D열: 선정 일정
    const sentStatus = data[i][6];  // G열: 발송 여부

    if (sentStatus !== "Y" && email) {
      const body = `${name}님, 안녕하세요.\n\n유학코드 세미나 신청이 완료되었습니다. 🎉\n\n📅 신청하신 일정: ${schedule}\n💰 참가비:\n- 토요일반, 일요일반 참여: 50,000원\n- 모두 참여: 80,000원\n\n💳 입금 계좌\n은행명\n계좌번호: 123-456-78901234\n예금주: 유학코드\n\n입금 순서에 따라 좌석 확정됩니다. 감사합니다.`;

      GmailApp.sendEmail(email, subject, body, {from: sender});
      sheet.getRange(i + 1, 7).setValue("Y"); // G열 업데이트
    }
  }
}
```

이제 Gmail에 들어가보면 메일이 잘 전송된 것을 확인할 수 있습니다.

응답 form에서도 입금 안내 메일 발송 여부가 "Y"로 변경된 것을 알 수 있습니다.

만약 오류가 나거나 메일이 보내지지 않는다면, 프롬프트에 아래와 같이 써봅니다.

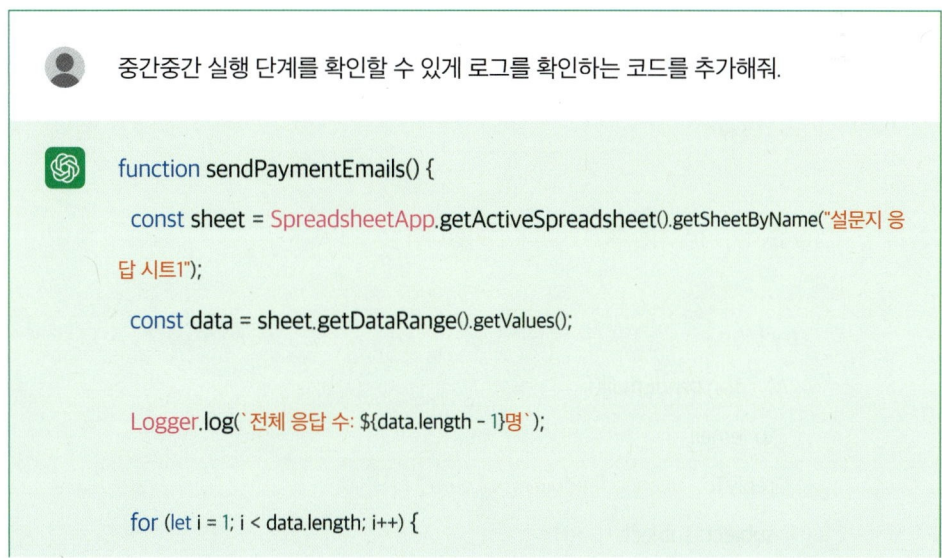

```
    const name = data[i][1];      // B열: 이름
    const email = data[i][2];     // C열: 이메일
    const schedule = data[i][5];  // F열: 신청 일정
    const sentStatus = data[i][6]; // G열: 발송 여부

    Logger.log(`검사 중 - ${i}행: ${name} / 이메일: ${email} / 상태: ${sentStatus}`);

    if (sentStatus !== "Y" && email) {
      const subject = "[유캔코드 세미나] 세미나 입금 안내 메일";
      const body = `${name}님, 안녕하세요.

유캔코드 세미나 신청이 완료되었습니다.

신청하신 일정: ${schedule}
참가비:
- 토요일만, 일요일만 참석: 50,000원
- 모두 참석: 80,000원

입금계좌
은행명: 유캔은행
계좌번호: 123-456-78901234
예금주: 유캔

입금 순서에 따라 최종 확정됩니다. 감사합니다.`;

      try {
        MailApp.sendEmail({
          to: email,
          replyTo: "ucancodeedu@gmail.com",
          subject: subject,
```

```
        body: body
      });

      sheet.getRange(i + 1, 7).setValue("Y"); // G열에 'Y' 기록
      Logger.log(`메일 발송 완료: ${email}`);
    } catch (error) {
      Logger.log(`메일 발송 실패 (${email}): ${error}`);
    }
  } else {
    Logger.log(`메일 발송 스킵됨 (이미 발송되었거나 이메일 없음)`);
  }
}


Logger.log("메일 발송 프로세스 종료");
}
```

그리고 한 번 더 실행하면서 챗GPT에 에러 메시지를 넣어 오류를 해결해달라고 하면 됩니다.

> **(참고)** 응답 예시로 나온 코드는 구글 드라이브에 공유되어 있습니다.
>
> 파일 이름: 12_앱스 스크립트로 메일 응대 자동화하기 코드

입금 확인 후 참석 확정 메일 발송 실습하기

이번에는 Apps Script로 '입금 확인이 된 사람들에게만 참석 확정 메일 자동 발송'을 해보겠습니다. 입금 확인이 된 사람들이라고 가정하고, 일부 사람들에게만 H열에 "확인"이라고 남겨둡시다.

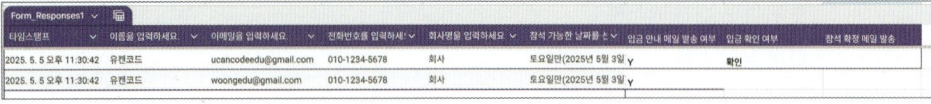

그리고 아래와 같이 프롬프트를 입력합니다.

[Role]
당신은 Google Apps Script를 활용하여 반복 업무를 자동화하고, 세미나 관리 효율성을 높이는 전문 자동화 개발자입니다.

[Context]
세미나 참석 신청자가 입금 확인된 경우, 참석 확정 메일을 자동으로 발송하여 관리 업무의 효율성을 극대화하고 실수를 방지하는 것이 목적입니다. 입금이 확인된 신청자에게 참석 확정 메일을 보내고, 업무 담당자는 발송 여부를 확인할 수 있어야 합니다.

[Action]
아래 [Input Data]를 참고하여 Google Sheets 데이터를 기반으로 참석 확정 메일을 자동 발송하는 Google Apps Script 코드를 작성하세요. 코드 실행 과정을 확인할 수 있도록 중간 단계마다 로그를 기록합니다.

[Step]
1. Google Sheets의 "설문지 응답 시트1"에서 모든 데이터를 불러옵니다.
2. 각 행을 검사하여 다음 두 가지 조건을 모두 만족하는 경우만 참석 확정 메일을 보냅니다:
    - H열("입금확인여부")의 값이 "확인"인 경우
    - I열("참석 확정 메일 발송 여부")의 값이 "Y"가 아닌 경우
3. 메일 발송에 성공하면 I열("참석 확정 메일 발송 여부")에 "Y"를 기록합니다.
4. 처리 과정에서 각 단계별 로그를 기록하여 실행 상태를 쉽게 확인할 수 있도록 합니다.

[Input Data]
- 받는 사람 이름: B열
- 받는 사람 이메일: C열
- 신청 일정: F열

메일 제목: [유캔코드 세미나] 참석 확정 안내 메일

메일 내용###
{이름}님, 안녕하세요.

입금이 확인되어 유캔코드 세미나 참석이 확정되었습니다.

참석 일정: {일정}

자세한 장소 및 안내는 행사 전날 이메일로 다시 안내드릴 예정입니다.
감사합니다.
###

```javascript
function sendConfirmEmails() {
  // 1) 시트 불러오기
  const sheet = SpreadsheetApp
    .getActiveSpreadsheet()
    .getSheetByName('설문지 응답 시트1');
  if (!sheet) {
    throw new Error('시트를 찾을 수 없습니다: 설문지 응답 시트1');
  }

  // 2) 시트 데이터 읽기 (헤더 포함)
  const data = sheet.getDataRange().getValues();

  // 3) 헤더를 제외하고 한 줄씩 검사
  for (let r = 1; r < data.length; r++) {
    const row = data[r];
    const name         = row[1];  // B열 (index 1)
```

```
    const email         = row[2];  // C열 (index 2)
    const schedule      = row[5];  // F열 (index 5)
    const depositStatus    = String(row[7]).trim(); // H열 (index 7)
    const confirmMailSent  = String(row[8]).trim(); // I열 (index 8)

    // 4) 조건: (1) 입금확인여부 = "확인"   (2) 메일 미발송
    if (depositStatus === '확인' && confirmMailSent !== 'Y' && email) {
      // 5) 메일 전송
      const subject = '[유캔코드 세미나] 참석 확정 안내 메일';
      const body =
`${name}님, 안녕하세요.

입금이 확인되어 유캔코드 세미나 참석이 확정되었습니다.

참석 일정: ${schedule}

자세한 장소 및 안내는 행사 전날 이메일로 다시 안내드릴 예정입니다.

감사합니다.`;

      GmailApp.sendEmail(email, subject, body);

      // 6) I열에 "Y" 기록
      sheet.getRange(r + 1, 9)  // Apps Script의 행·열은 1-based
        .setValue('Y');
    }
  }
}
```

이제 Apps Script 코드를 실행하기 위해 새로운 코드 파일을 만들어주겠습니다.

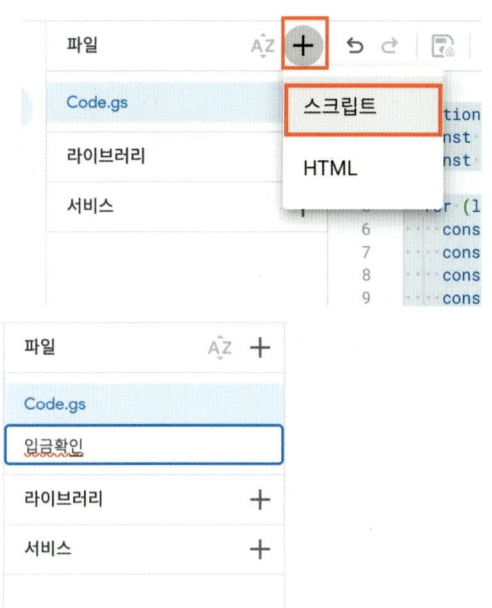

다시 Apps Script 코드에 넣고 실행해봅시다.

입금 열에 "확인"이 들어가 있는 사람에게만 메일이 보내진 것을 확인할 수 있습니다.

그리고 시트에도 참석 확정 메일 발송이 "Y"로 변경된 것을 확인할 수 있습니다.

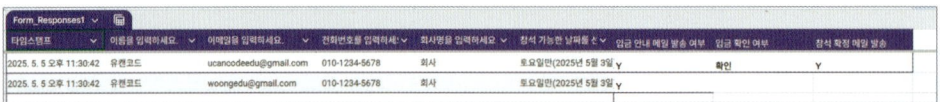

13
단숨에 AI 기반 비즈니스 인사이트 도출하기

디지털 격변의 한가운데에서 기업의 생존과 성장은 '얼마나 빠르고 깊이 읽어내느냐'에 달려 있습니다. 과거에 방대한 리포트와 엑셀 시트를 일일이 뒤져가며 수작업으로 인사이트를 찾았다면, 오늘날의 경쟁 구도는 생성형 AI를 활용한 자동화된 비즈니스 트렌드 분석으로 재편되고 있습니다.

실제 조사에 따르면, AI를 도입하지 않은 조직은 경쟁사 대비 분석 속도가 97% 느리고, 오류율은 3배 높다는 결과가 나오기도 했습니다. 즉 AI 활용 여부가 곧 정보 격차를, 정보 격차가 의사결정의 정확성을 좌우하는 시대입니다. 그럼 비즈니스 인사이트는 왜 중요할까요?

1. 비즈니스 성패를 가르는 '정보 격차'

기업이 내리는 모든 결정(신규 제품 출시, 설비 투자, 인수·합병, 인력 재배치 등)은 시장과 업계의 현실을 얼마나 정확히 읽느냐에 따라 성패가 갈립니다. 정보 격차가 클수록 의사결정 오차도 커집니다.

- 리스크 최소화
- 기회 선점
- 자원 최적화

2. 불확실성 시대의 나침반

이제 거시경제 변동, 기술 파괴, 규제 강화는 기업 활동의 '상수'가 되었습니다. 체계적인 트렌드 분석은 미래 시나리오를 가시화해 조직이 미리 대치책을 마련할 수 있게 합니다. 이를 통해 급변하는 환경에서도 안정적이고 지속 가능한 성장을 유지할 수 있습니다.

3. 내부 설득과 외부 신뢰의 근거

투자자, 이사회, 규제 기관은 신뢰할 수 있는 데이터와 검증된 분석 방법을 요구합니다. 체계적인 시장 조사와 트렌드 분석은 전략 제안서, 정책 대응 보고서 등의 신뢰성을 높여줍니다. 이는 내부 의사결정을 신속하게 만들고, 조직 전체의 전략적 합의를 효과적으로 이끌어내는 기반이 됩니다.

이처럼 생성형 AI는 트렌드 분석의 패러다임을 완전히 바꾸고 있으며, 기업의 미래 경쟁력 구축을 위한 핵심 인프라로 자리 잡았습니다. 이번 장에서는 방대한 정보를 통찰로, 통찰을 실행으로 전환하는 과정을 AI로 익혀보겠습니다.

주로 쓰이는 주요 분석 기법

비즈니스 인사이트를 얻기 위해 주로 사용하는 분석 기법은 아래와 같습니다.

분류	핵심 기법	한 줄 설명
거시 환경 분석	PESTEL	정치·경제·사회·기술·환경·법제 측면에서 기회·위협 요인 식별
산업 구조 분석	Porter의 5 Forces	공급자·구매자·대체재·진입장벽·경쟁 강도를 계량화해 수익성 전망
경쟁사·내부 역량 진단	SWOT / TOWS	강점·약점·기회·위협을 대응 전략으로 매핑
미래 예측	Scenario Planning	핵심 변수를 교차해 복수의 미래 시나리오 작성, 전략 옵션 대비
기술 수용 단계	Gartner Hype Cycle	기술 트렌드의 과열·침체·안착 단계를 시각화
지속가능성·규제 대응	ESG 매트릭스, PAPA 모델	환경·사회·거버넌스 또는 개인정보·책임·투명성·자율성 관점 평가
데이터 기반 트렌드 탐색	시계열·클러스터링·감성 분석	빅데이터·소셜 미디어·특허 데이터를 수집·모델링해 패턴 추출
의사결정 지원	ROI 시뮬레이션, Monte Carlo	불확실성을 확률 분포로 모델링해 투자·프로젝트 성공 가능성 산출

> **여기서 잠깐!** 여러 기법은 상호 보완적으로 사용해야 합니다. 예를 들어, PESTEL로 거시 변수를 확인한 뒤 Porter 분석으로 산업 수익성을 점검하고, 그 결과를 기반으로 시나리오 플래닝을 설계하면 "왜 이 전략이 타당한가"를 입체적으로 증명할 수 있습니다.

비즈니스 인사이트 분석 절차

생성형 AI를 활용하면 방대한 해외 보고서나 뉴스 데이터를 빠르게 수집·정리해 명확한 전략적 인사이트를 얻을 수 있습니다. 다음은 글로벌 자료를 기반으로 비즈니스 의사결정을 내리는 데 유용한 표준 Flow입니다. 각 단계를 기반으로 내 업무에 맞게 변경해봅시다.

> 1단계: 조사 목표 및 분석 질문 설정
> 2단계: 글로벌 데이터 보고서 수집
> 3단계: 자료 요약
> 4단계: 전략적 시사점 도출
> 5단계: 검증 및 크로스 체크
> 6단계: 실행 로드맵 및 보고서 작성.

1단계: 조사 목표 및 분석 질문 설정

비즈니스 인사이트 분석의 첫 번째 단계는 조사 목표와 분석 질문을 명확히 설정하는 것입니다. 목표가 명확해야 생성형 AI도 원하는 정보를 빠르고 정확하게 수집하고 정리할 수 있습니다. 이때 두 가지 요소를 구체적으로 고려해야 합니다.

- 필요한 정보의 범위: 분석하고자 하는 시장, 기술, 경쟁사, 규제 환경 등 조사 범위를 명확히 합니다.
- 분석 목적: 최종적으로 어떤 의사 결정을 내리거나 전략을 수립하기 위한 자료인지 명확히 합니다.

이때 효과적인 목표 설정 방법으로 SMART 기준을 활용하면 좋습니다.

SMART 기준이란?

SMART는 구체적이고 실현 가능한 목표 설정을 위한 다섯 가지 원칙입니다. 이를 활용하면 모호한 목표가 구체적이고 실행 가능한 질문으로 바뀝니다.

- S(Specific, 구체적): 목표는 최대한 명확하고 구체적으로 정의합니다.
- M(Measurable, 측정 가능): 수치나 명확한 기준을 통해 성과를 측정할 수 있어야 합니다.
- A(Achievable, 달성 가능): 목표가 현실적이고 기업의 현재 역량 내에서 달성 가능한지를 고려합니다.
- R(Relevant, 관련성): 설정한 목표가 기업의 비전이나 전략과 직접적으로 연관되어야 합니다.
- T(Time-bound, 기한 설정): 목표 달성 시점을 명확히 설정해야 합니다.

실습
챗GPT로 목표 정의 템플릿(SMART 기준)을 작성해 명확한 질문을 설정합니다.

 [Role]
당신은 글로벌 기술 전략 컨설턴트이며, AI 반도체 산업에 진출하려는 기업의 의사결정을 지원하는 전문가입니다.

[Context]
작업 목표: 우리 회사의 AI 반도체 분야 진입 전략 수립을 위한 배경 자료 제공
대상 독자: 경영진 및 전략 담당 임원
핵심 요구: 2025년까지 글로벌 시장의 기술 트렌드와 규제 변화를 SMART(구체적, 측정 가능, 달성 가능, 관련성, 시한성) 형식으로 정리하여 전략 수립에 활용

[Action]

2025년까지의 AI 반도체 시장 기술 트렌드와 규제 변화를 SMART 형식으로 구조화해 작성하세요.

[Step]

1. 기술 트렌드와 규제 변화를 각각 SMART의 5가지 항목(구체적, 측정 가능, 달성 가능, 관련성, 시한성) 기준에 맞춰 정리합니다.
2. 구체성(Specific): 어떤 기술 트렌드 및 규제 변화가 있는지 명확하게 설명합니다.
3. 측정 가능성(Measurable): 시장 점유율, 투자 규모, 성능 향상 수치 등 구체적 지표를 포함합니다.
4. 달성 가능성(Achievable): 해당 트렌드와 규제가 현실적으로 달성 및 적용 가능한지 평가합니다.
5. 관련성(Relevant): 우리 회사의 전략과 어떤 연관성이 있는지 기술합니다.
6. 시한성(Time-bound): 2025년까지의 일정 및 예상 시점을 명시합니다.

[Hyperparameter]

Tone: Formal, Analytical

Writing Style: Expository, Strategic

Temperature: 0.7

 AI 반도체 분야에 진입하려는 귀사의 전략 수립을 돕기 위해, 2025년까지의 글로벌 기술 트렌드 및 규제 변화를 SMART 형식으로 정리해드리겠습니다.

□ SMART 전략 요약: 2025년 AI 반도체 시장 진입을 위한 핵심 포인트

항목	내용
구체성(Specific)	생성형 AI 및 고성능 컴퓨팅(HPC) 수요를 충족하는 AI 가속기 및 ASIC 개발에 집중하여 경쟁력 확보
측정 가능성(Measurable)	2025년까지 글로벌 AI 반도체 시장은 약 15% 성장할 것으로 예상되며, AI 가속기 시장은 연평균 58% 성장하여 2027년까지 2,870억 달러에 이를 전망입니다.

항목	내용
달성 가능성(Achievable)	TSMC, 삼성, 인텔 등 주요 파운드리의 2nm 공정 도입과 고대역폭 메모리(HBM) 기술의 발전으로 고성능 AI 칩 생산이 현실화되고 있습니다.
관련성(Relevant)	AI 반도체는 데이터센터, 엣지 컴퓨팅, 스마트폰 등 다양한 분야에서 핵심 부품으로 자리매김하고 있으며, 주요 기업들이 자체 AI 칩 개발에 나서고 있습니다.
시한성(Time-bound)	2025년까지 미국의 AI 칩 수출 규제 변화와 글로벌 공급망 재편에 대응하여 전략을 수립해야 합니다.

□ 상세 분석: 기술 트렌드 및 규제 변화

1. 기술 트렌드

생성형 AI 중심의 칩 수요 증가: 2025년까지 생성형 AI용 칩 시장은 1,500억 달러를 넘어설 것으로 예상되며, 이는 전체 반도체 시장의 성장을 견인할 주요 요인입니다.

고대역폭 메모리(HBM) 및 고급 패키징 기술의 중요성: AI 칩의 성능 향상을 위해 HBM과 고급 패키징 기술이 필수적으로 부각되고 있습니다. (sourceability.com)

2nm 공정 도입 가속화: TSMC, 삼성, 인텔 등 주요 파운드리들이 2025년부터 2nm 공정의 양산을 계획하고 있어, 고성능 AI 칩 생산이 가능해질 전망입니다. (위키백과)

전통적인 GPU 외의 대안 부상: Nvidia의 Blackwell 아키텍처와 같은 고성능 GPU 외에도, Cerebras의 WSE-3와 같은 새로운 아키텍처가 주목받고 있습니다.

2. 규제 변화

미국의 AI 칩 수출 규제 변화: 2025년 1월 시행된 'AI 확산 프레임워크'는 국가별로 AI 칩 수출을 제한하는 3단계 시스템을 도입했으나, 업계 반발로 인해 트럼프 행정부가 이를 철회하고 새로운 글로벌 라이선스 시스템을 검토 중입니다. (Reuters)

> 글로벌 공급망 재편: 미국과 중국 간의 무역 갈등으로 인해 반도체 공급망이 재편되고 있으며, 이는 AI 칩 생산 및 수출에 영향을 미치고 있습니다.
>
> ☑ 전략적 제언
>
> 특화된 AI 칩 개발: 생성형 AI 및 고성능 컴퓨팅 수요에 대응하는 특화된 AI 가속기 및 ASIC 개발에 집중하여 시장에서의 경쟁력을 확보해야 합니다.
>
> 공급망 다변화: 미국의 수출 규제와 글로벌 공급망 재편에 대응하기 위해, 다양한 지역의 파운드리와 협력하여 생산 기반을 다변화해야 합니다.
>
> 규제 변화에 대한 민첩한 대응: AI 칩 수출 규제의 변화에 민첩하게 대응하기 위해, 관련 법규 및 정책 동향을 지속적으로 모니터링하고, 필요한 경우 전략을 조정해야 합니다.
>
> 기술 협력 및 인재 확보: AI 반도체 분야의 기술 발전을 위해 국내외 연구기관 및 기업과의 협력을 강화하고, 전문 인재를 확보해야 합니다.
>
> 귀사의 AI 반도체 분야 진입 전략 수립에 도움이 되셨기를 바랍니다. 추가적인 정보나 구체적인 전략 수립에 대한 지원이 필요하시면 언제든지 말씀해 주세요.

실습 활용 팁 및 확인 질문

다음 질문을 스스로 던지며, 분석 질문이 제대로 설정되었는지 확인해봅시다.

- 이 분석 질문을 통해 우리 회사가 얻고자 하는 최종 전략적 목표는 명확한가?
- 조사 범위가 너무 광범위하거나 불명확한 부분은 없는가?
- 목표가 충분히 측정 가능하고 현실적인가?

이러한 질문을 통해 더욱 명확한 목표를 설정할 수 있고, 생성형 AI로부터 유용한 정보를 빠르고 정확하게 얻을 수 있습니다.

2단계: 글로벌 데이터 보고서 수집

분석 목표가 설정됐다면 이제 본격적으로 글로벌 데이터를 수집해야 합니다. 이 단계는 분석 결과의 신뢰성과 깊이를 결정하는 핵심 과정입니다. 해외 유수의 기관에서 발표하는 보고서와 글로벌 뉴스, 논문, 정부 정책 자료 등을 적극적으로 활용하는 것이 좋습니다. 이 단계에서 수집할 수 있는 대표적인 글로벌 데이터 유형은 다음과 같습니다.

- 글로벌 시장 조사 기관 보고서
- 글로벌 컨설팅 기업의 트렌드 및 산업 분석 보고서
- 국제기구, 정부기관의 발표 자료 및 규제 동향
- 유력 글로벌 언론사 뉴스 및 분석 기사
- 학술 논문 및 전문 리서치 페이퍼

글로벌 신뢰 기관 (시장 조사·트렌드 분석)

글로벌 신뢰 기관들이 제공하는 자료는 품질이 높고 신뢰성이 검증되어 있어 비즈니스 의사결정에 매우 유용합니다. 각 기관의 특성과 강점을 이해하고, 필요에 따라 선택적으로 자료를 수집하면 더 효율적입니다. 특히 다음과 같은 글로벌 기관의 보고서를 중심으로 자료를 수집하면 좋습니다.

기관명	특성 및 강점	AI 반도체 관련 보고서 예시
Gartner	IT 기술 수용도 분석, 벤더 비교 강점	- 하이프 사이클(Hype Cycle): AI Chip 기술 단계 분석 - 매직 쿼드런트: AI Chip 주요 기업 평가
McKinsey	산업 간 융합, 시장 트렌드 및 투자 동향 분석 강점	- AI Chip Market Trends & Investment Outlook - AI Semiconductor 산업별 활용 전망
IDC	기술 시장 정량적 분석 특화	- Global AI Semiconductor Market Share Analysis - AI 반도체 글로벌 벤더 랭킹 및 성장률 전망
Deloitte	기술 혁신, 규제 환경 및 재무적 분석	- Global AI Semiconductor Regulatory Impact Analysis- AI 반도체 분야 투자 동향 보고서

기관명	특성 및 강점	AI 반도체 관련 보고서 예시
Boston Consulting Group (BCG)	전략적 경쟁력 평가, 시장 성장 분석	- AI Semiconductor Market Competitive Landscape - Global Semiconductor Innovation Report
CB Insights	스타트업 생태계, 혁신 기술 및 투자 분석 강점	- AI Chip 스타트업 투자 트렌드 보고서 - AI Chip 산업 혁신 기업 보고서

위의 팁을 요약하면 아래와 같습니다.

- 기술 벤더 선정 및 기술 전략 수립: Gartner, IDC, Forrester
- 산업 간 융합과 전략적 비즈니스 모델 수립: McKinsey, BCG, Bain
- 소비자 행동 변화 및 고객 경험 전략 수립: Bain, Deloitte, Forrester
- 재무·투자·규제 환경 분석: Deloitte, PwC, EY, KPMG
- 스타트업 생태계 및 VC 투자 분석: CB Insights
- 정량적 시장 데이터와 통계 자료 필요 시: Statista, MarketsandMarkets, IDC

그럼 본격적으로 프롬프트를 활용해 글로벌 데이터를 수집해보겠습니다.
챗GPT에서 "검색" 버튼을 활성화한 뒤 아래 프롬프트를 입력해봅시다.

 [Role]
당신은 글로벌 시장 조사 전문가이자 기술 전략 분석가입니다.

[Context]
작업 목표: 우리 회사의 AI 반도체 시장 전략과 기술 로드맵 수립을 위한 참고 자료 제공
대상 독자: 전략 기획팀, R&D 팀, 경영진
핵심 요구: 최근 1년간 발표된 Gartner, McKinsey, IDC, BCG 보고서 중 AI 반도체 관련 자료를 최신순으로 정리하여 핵심 인사이트 제공

[Action]

최근 1년간 발표된 Gartner, McKinsey, IDC, BCG의 AI 반도체 관련 보고서 제목과 핵심 내용을 최신순으로 요약 정리하세요.

[Step]

1. 각 컨설팅 및 시장 조사 기관(Gartner, McKinsey, IDC, BCG)에서 AI 반도체 주제로 발표된 보고서를 수집합니다.
2. 최신순으로 정렬합니다.
3. 각 보고서의 제목을 정확히 기재합니다.
4. 각 보고서의 핵심 내용을 한두 문단으로 요약합니다. 기술 트렌드, 시장 규모, 주요 기업 전략, 투자 방향, 기술 과제 등을 포함합니다.
5. 요약 내용은 경영진이 빠르게 이해할 수 있도록 간결하면서도 핵심 포인트를 담아 작성합니다.

[Hyperparameter]

Tone: Formal, Analytical

Writing Style: Expository, Executive Summary

Temperature: 0.5

Output Format: 리스트 형태의 보고서 요약 (보고서 제목 + 핵심 내용)

 최근 1년간 Gartner, McKinsey, IDC, BCG에서 발표한 AI 반도체 관련 주요 보고서들을 최신 순으로 정리해드리겠습니다. 각 보고서의 제목과 핵심 내용을 요약하여, 귀사의 전략 수립에 도움이 되시길 바랍니다.

▢ Gartner

1. "Gartner Predicts Worldwide AI Chip Revenue Will Gain 33% in 2024"
   - 발표 시점: 2024년 6월
   - 핵심 내용: AI 반도체 시장은 2024년에 33% 성장하여 713억 달러에 이를 것으로 전망되며, 2025년에는 920억 달러에 도달할 것으로 예상됩니다. 가장 큰 수요는 컴퓨터 전자제품 분야에서 발생할 것으로 보입니다. (TechRepublic)

2. "Gartner is bullish on AI, sees 12.6% chip market growth in 2025"
- 발표 시점: 2025년 2월
- 핵심 내용: AI 수요 증가로 인해 전체 반도체 시장이 2025년에 12.6% 성장할 것으로 예상되며, 이는 2024년의 18.1% 성장에 이어 지속적인 상승세를 나타냅니다. (EENews Europe)

(중략)

☐ BCG

1. "AI Adoption in 2024: 74% of Companies Struggle to Achieve and Scale Value"
- 발표 시점: 2024년 10월
- 핵심 내용: 조직의 74%가 AI 도입 후 실질적인 가치를 창출하는 데 어려움을 겪고 있으며, 이는 AI 반도체 수요 예측 및 투자 결정에 영향을 미칠 수 있습니다.

2. "The Race for Advanced AI Chips"
- 발표 시점: 2024년 4월
- 핵심 내용: 고급 AI 칩에 대한 수요가 급증하고 있으며, 주요 기술 기업들이 자체 칩 개발에 나서고 있습니다. 이는 반도체 시장의 경쟁 구도를 변화시키고 있습니다.

자료 수집 시 유의사항

- 최신 보고서를 우선 확인해 최근 동향을 정확히 반영합니다.
- AI가 제공한 자료의 원본 출처를 다시 한번 확인하고, 필요하면 직접 원본 보고서를 추가로 검토합니다.
- 정량적 데이터는 수치를 정확히 기록하고, 정성적 인사이트는 전략적 의미 중심으로 정리합니다.

3단계: 자료 요약

정보가 빠르게 변화하고 자료가 방대한 분야에서는 정보의 양보다 질이 더 중요합니다. 따라서 수집한 자료를 잘 요약하고 핵심만 추리는 작업은 다음과 같은 이유로 필수적입니다.

1. 의사결정 속도 향상
→ 중요한 수치나 사실을 빠르게 파악하여 전략 수립 시간을 단축할 수 있습니다.

2. 팀 간 커뮤니케이션 효율화
→ 복잡한 리포트를 요약하면 비전문가나 타부서와 쉽게 공유 가능합니다.

3. 전략 수립의 정확도 강화
→ 핵심 지표(CAGR, 점유율, 규제 변화 등) 중심의 요약은 분석의 집중도를 높입니다.

어떻게 요약하는 것이 좋은가?

자료를 요약할 때는 단순히 분량을 줄이는 것이 아니라 '정보의 핵심을 구조화해서 남기는 것'이 중요합니다.

요소	설명	팁
출처 확인	신뢰할 수 있는 최신 자료인지 검토	공신력 있는 보고서(예: Gartner, McKinsey 등) 우선 활용
중복 제거	여러 문서에서 반복되는 표현은 한 줄로 정리	유사 문장은 통합, 중복된 숫자값은 하나만 추림
핵심 지표 정리	전략 수립에 필요한 수치 중심으로 추출	CAGR, 시장 규모, 규제 변화, 기술 트렌드 등
의미 중심 요약	원문의 흐름과 맥락을 유지하며 요약	'왜 중요한가?'까지 포함해서 정리
표·도표 활용	수치나 구분이 많은 정보는 시각화	표나 차트를 함께 정리하면 이해도 ↑

[Role]
당신은 글로벌 반도체 산업 분석을 담당하는 전문 전략 컨설턴트입니다.

[Context]
작업 목표: AI 반도체 시장 진출 및 투자 전략 수립을 위한 최신 시장 데이터와 정책 환경 정보를 요약 제공
대상 독자: 경영진, 투자 전략팀, 기술 개발 부서
핵심 요구: Gartner와 McKinsey 보고서를 기반으로 글로벌 AI 반도체 시장의 예상 성장률(CAGR), 주요 기술 트렌드 3가지, 미국 및 유럽의 규제 변화 요약

[Action]
첨부된 보고서를 분석하여 글로벌 AI 반도체 시장의 CAGR, 주요 기술 트렌드 3가지, 미국 및 유럽의 규제 변화를 간결하게 요약하세요.

[Step]
1. 첨부된 링크의 Gartner와 McKinsey 보고서를 검토합니다.
2. 글로벌 AI 반도체 시장의 예상 CAGR을 추출합니다.
3. 보고서에서 언급된 주요 기술 트렌드 중 가장 중요한 3가지를 선정하여 요약합니다.
4. 미국과 유럽의 규제 변화에 대한 내용을 정리하고, 기업에 미칠 영향도 간단히 언급합니다.
5. 모든 내용을 경영진이 한눈에 이해할 수 있도록 간결하고 핵심적으로 작성합니다.

[Hyperparameter]
Tone: Formal, Analytical
Writing Style: Executive Summary, Expository
Output Format: 요약 보고서 형태 (항목별 구분)

[Input Data]
McKinsey: https://www.mckinsey.com/industries/semiconductors/our-insights/

silicon-squeeze-ais-impact-on-the-semiconductor-industry

Gartner: https://www.techrepublic.com/article/gartner-ai-chip-revenue-2024/

미국 규제 기사: https://www.reuters.com/world/us/us-ai-execs-give-congress-policy-wishlist-beating-china-2025-05-08/

 최근 Gartner와 McKinsey가 발표한 AI 반도체 관련 보고서를 기반으로, 글로벌 시장의 예상 성장률(CAGR), 주요 기술 트렌드 3가지, 미국 및 유럽의 규제 변화를 다음과 같이 요약해드립니다.

□ 글로벌 AI 반도체 시장 성장률 (CAGR)

- Gartner: 2024년 AI 반도체 시장은 전년 대비 33% 성장하여 713억 달러에 이를 것으로 예상되며, 2025년에는 920억 달러에 도달할 것으로 전망됩니다.
- McKinsey: AI 수요 급증으로 인해 반도체 산업의 경제적 이익이 2020~2024년 사이에 4730억 달러로 증가하였으며, 이는 이전 10년간의 총합을 초과하는 수치입니다. (McKinsey & Company)

□ 주요 기술 트렌드 3가지

1. 생성형 AI의 부상과 AI 가속기 수요 증가
    - 생성형 AI의 확산으로 인해 고성능 AI 칩, 특히 데이터 센터용 GPU 및 ASIC에 대한 수요가 급증하고 있습니다. (TechRepublic)
2. 공급망 압박과 고급 패키징 기술의 중요성
    - AI 칩에 대한 수요 증가로 인해 설계, 제조, 패키징 전반에 걸쳐 공급망에 압력이 가해지고 있으며, 고급 패키징 기술이 더욱 중요해지고 있습니다.
3. AI 칩 시장의 양극화 현상

- 상위 5%의 기업이 대부분의 경제적 이익을 창출하고 있으며, 나머지 95%의 기업은 수익성 확보에 어려움을 겪고 있습니다. (McKinsey & Company)

☐ 미국 및 유럽의 규제 변화

미국
- AI 칩 수출 규제 철회 및 재검토: 2025년 5월, 트럼프 행정부는 바이든 시대의 AI 칩 수출 제한 규정을 철회하고, 새로운 글로벌 라이선스 시스템을 검토 중입니다. (Reuters)
- 산업계의 규제 완화 요구: OpenAI, Microsoft, AMD 등의 주요 기업들은 미국의 AI 칩 수출 제한이 중국과의 경쟁에서 미국의 기술 리더십을 약화시킬 수 있다고 우려하며, 규제 완화를 요구하고 있습니다. (Reuters)

유럽
- AI 칩 수출 제한에 대한 우려: 유럽연합은 미국의 AI 칩 수출 제한이 유럽 기업에 부정적인 영향을 미칠 수 있다고 우려를 표명하였으며, 이러한 규제가 초래할 수 있는 무역 및 안보 협력의 악영향에 대해 논의하고 있습니다. (EE Times)
- AI 산업 육성을 위한 투자 확대: 유럽연합은 AI 산업 경쟁력 강화를 위해 200억 유로 규모의 AI "기가팩토리" 건설 계획을 발표하였으며, 이는 AI 칩 생산 능력 확대를 목표로 하고 있습니다. (가디언)

4단계: 전략적 시사점 도출

3단계에서 자료를 요약했다면, 이제는 수집한 정보와 트렌드를 기반으로 전략적 시사점과 대응 전략을 도출하는 단계입니다. 이 과정에서 다양한 전략 분석 프레임워크를 활용해 자사에 미치는 영향을 정확하게 파악하고, 현실적이고 실무적인 대응 전략을 정리해야 합니다.

주요 전략 분석 프레임워크

트렌드를 전략적으로 분석할 때 여러 검증된 프레임워크를 이용해 다각도로 접근하면 더 견고한 전략을 만들 수 있습니다. AI 반도체 시장에서 자주 사용되는 전략 분석 프레임워크의 예시와 적용법은 다음과 같습니다.

분석법	목적	적용 예시 (AI 반도체 산업)
PESTEL 분석	정치(P)·경제(E)·사회(S)·기술(T)·환경(E)·법적(L) 요인으로 외부 환경 분석	미국의 CHIPS Act와 유럽의 AI 규제가 AI 반도체 공급망에 미치는 영향을 분석하고 대응 전략 마련
포터의 5 Forces	산업 내 경쟁 강도 및 수익성을 결정짓는 요인 분석	TSMC 등 주요 파운드리 업체의 협상력 증가, ASIC/GPU 대체 기술 위협, 신규 진입자의 영향 평가
시나리오 플래닝 (Scenario Planning)	미래의 불확실성을 대비하여 여러 가능한 미래 시나리오 작성 및 대응 전략 수립	AI 반도체 글로벌 공급망 리스크와 기술 규제 변화가 맞물렸을 때의 다양한 시나리오 대비 전략 수립
성장·점유율 매트릭스 (BCG Matrix)	사업 포트폴리오 관리 및 자원 배분 전략	GPU, ASIC, NPU 등 AI 반도체의 다양한 기술 라인업을 시장 점유율과 성장률에 따라 전략적 우선순위를 결정
3C 분석	자사(Company), 고객(Customer), 경쟁사(Competitor)의 세 가지 요소를 통해 전략 분석	AI 반도체 주요 경쟁사(Nvidia, AMD, Intel)의 전략 변화 및 주요 고객(클라우드 서비스 기업, AI 스타트업)의 요구 변화 분석

전략 분석 적용 사례

앞서 제안된 프레임워크를 AI 반도체 산업을 기준으로 실습해봅니다. 하나씩 실습하면서 내가 원하는 인사이트에 여러 프레임워크를 맞게 조합해서 사용하면 됩니다.

PESTEL 분석 적용

PESTEL 분석은 외부 환경이 기업에 어떤 영향을 미치는지를 '정치, 경제, 사회, 기술, 환경, 법률'의 여섯 가지로 나누어 살펴보는 방법입니다. 세상의 흐름을 큰 틀에서 이해하고, 우리 전략이 그에 맞는지 확인하는 데 유용합니다. 예를 들어 텀블러 사업을 한다고 가정해봅시다.

- 정치(Political): 일회용 컵 사용을 금지하는 법이 생기면 시장 전체에 강제력이 생겨 친환경 제품 수요가 급격히 늘어날 수 있다.
- 경제(Economic): 원자재 값이 오르면 생산 단가가 올라가고, 그 결과 기업의 이익률이 줄어들 수 있다.
- 사회(Social): 사람들이 환경에 더 관심을 가지면 친환경 제품을 찾는 소비자 수요가 자연스럽게 증가할 수 있다.
- 기술(Technological): 자동 세척 텀블러 같은 신기술이 개발되면 제품 편의성이 향상되어 경쟁력이 높아질 수 있다.
- 환경(Environmental): 탄소 배출 줄이기 운동이 활발해지면 친환경 제품 사용이 사회적으로 권장되고 긍정적 인식이 확대될 수 있다.
- 법률(Legal): 향후 친환경 인증을 받아야만 판매가 가능해지는 법적 규제가 생길 수도 있다.

[Role]
당신은 AI 반도체 시장 진입 전략을 수립하는 글로벌 산업 전략 컨설턴트입니다.

[Context]
작업 목표: 미국과 EU의 최근 규제 변화 및 글로벌 공급망 이슈를 체계적으로 분석하고, 이를 기반으로 우리 회사가 향후 2~3년 내 AI 반도체 시장에 성공적으로 진입하기 위한 전략을 제안

대상 독자: 최고경영진, 전략 및 정책 담당 임원, 글로벌 사업 개발팀

핵심 요구: PESTEL 분석 관점에서 규제 및 공급망 이슈를 구체적으로 정리하고, 각 항목별 최소 2가지 이상의 실행 전략과 경쟁사 사례 제시

[Action]
최근 1년간 미국과 EU의 AI 반도체 관련 규제 변화 및 글로벌 공급망 이슈를 PESTEL

분석 관점에서 정리하고, 각 항목별로 구체적인 전략적 대응 방안을 최소 2가지 이상 제안하며, 가능하다면 Nvidia, AMD 등 경쟁사의 대응 사례를 포함하세요.

[Step]
1. 정치(Political): 미국과 EU의 반도체 산업 정책 및 규제 강화 내용을 정리하고, 이에 따른 전략적 대응 방안을 2가지 이상 제안합니다.

2. 경제(Economic): 글로벌 공급망 재편, 투자 유인 정책, 비용 구조 변화를 분석하고 대응 방안을 2가지 이상 제안합니다.

3. 사회(Social): AI 반도체에 대한 사회적 수용도, 노동시장 영향 등을 분석하고 대응 전략을 제안합니다.

4. 기술(Technological): 기술 경쟁력 확보, 연구개발 강화, 특허 전략 등을 분석하고 대응 방안을 제안합니다.

5. 환경(Environmental): 친환경 제조, 탄소중립 목표 등을 분석하고 대응 전략을 제안합니다.

6. 법률(Legal): 지적재산권, 수출 규제, 데이터 보안 법제화 등 법적 이슈를 분석하고 대응 전략을 제안합니다.

7. 각 항목마다 Nvidia, AMD 등 경쟁사의 사례가 있으면 포함하여 구체성을 강화합니다.

8. 경영진이 빠르게 이해할 수 있도록 내용을 항목별로 명확히 구분하고, 간결하면서도 전략적으로 작성합니다.

[Hyperparameter]
Tone: Formal, Strategic, Analytical

Writing Style: Expository, Executive Report

Temperature: 0.5

Output Format: 보고서 형태 (PESTEL 항목별 구분 및 대응 전략 포함)

 PESTEL 분석: 최근 AI 반도체 규제 및 공급망 변화

1. 정치(Political)
   - 미국: CHIPS and Science Act를 통해 반도체 산업에 약 527억 달러를 투자하며, 자국 내 생산 확대를 추진하고 있다. (위키백과)
   - EU: European Chips Act를 통해 430억 유로를 투자하여 반도체 생산 능력을 강화하고 있다. (위키백과)

2. 경제(Economic)
   - 미국: 반도체 제조에 대한 새로운 관세 부과를 고려 중이며, 이는 생산 비용 증가로 이어질 수 있다. (Sourceability)
   - EU: 탄소국경조정제도(CBAM)를 도입하여 환경 규제를 강화하고 있다. (Deloitte United States)

3. 사회(Social)
   - AI 수요 증가: AI 기술의 확산으로 고성능 반도체에 대한 수요가 급증하고 있다.
   - 인력 부족: 반도체 산업의 성장에 따라 숙련된 인력 부족 문제가 대두되고 있다.

4. 기술(Technological)
   - AI 칩 개발: Nvidia와 AMD는 AI 칩 개발에 박차를 가하고 있으며, 특히 Nvidia는 미국 내 AI 슈퍼컴퓨터 생산을 계획 중이다. (The Washington Post)
   - 패키징 기술: TSMC는 미국 애리조나에 새로운 반도체 공장을 건설 중이며, 이는 고급 패키징 기술을 활용한 AI 칩 생산을 목표로 한다.

5. 환경(Environmental)
   - 에너지 소비: AI 칩 생산과 데이터 센터 운영은 높은 에너지 소비를 유발하며, 이

에 따른 탄소 배출 문제가 제기되고 있다. (위키백과)
- 환경 규제: EU는 지속 가능한 반도체 생산을 위해 환경 규제를 강화하고 있다.

6. 법률(Legal)
- 수출 통제: 미국은 중국에 대한 AI 칩 수출을 제한하는 새로운 규제를 시행하고 있으며, 이는 글로벌 공급망에 영향을 미치고 있다. (Financial Times)
- AI 법률: EU는 AI Act를 통해 AI 기술의 윤리적 사용과 투명성을 확보하고자 하고 있다. (arXiv)

□ 전략적 대응 방안: 각 PESTEL 항목별 제안

1. 정치(Political)
- 정부 지원 활용: 미국의 CHIPS Act와 EU의 Chips Act와 같은 정부 지원 프로그램을 적극 활용하여 생산 시설 투자 및 연구 개발을 촉진한다.(위키백과)
- 정책 모니터링: 각국의 반도체 관련 정책 변화를 지속적으로 모니터링하여 신속하게 대응 전략을 수립한다.

2. 경제(Economic)
- 공급망 다변화: 생산 거점을 다변화하여 특정 국가나 지역에 대한 의존도를 낮추고, 환율 변동 및 관세 리스크를 최소화한다.
- 비용 효율화: 생산 공정의 자동화 및 최적화를 통해 비용을 절감하고 경쟁력을 강화한다.

3. 사회(Social)
- 인력 양성: 산학 협력을 통해 반도체 및 AI 분야의 전문 인력을 양성하고, 내부 교육 프로그램을 강화한다.
- 사회적 책임: 지속 가능한 경영과 사회적 책임을 강조하여 기업 이미지와 브랜드 가치를 제고한다.

4. 기술(Technological)
- R&D 투자: AI 칩 설계 및 고급 패키징 기술에 대한 연구 개발 투자를 확대하여 기술 경쟁력을 확보한다.(위키백과)
- 기술 협력: 글로벌 기술 기업과의 협력을 통해 최신 기술을 도입하고, 공동 개발을 추진한다.

5. 환경(Environmental)
- 친환경 생산: 재생 에너지 활용 및 에너지 효율적인 생산 공정을 도입하여 탄소 배출을 줄인다.
- 환경 인증: 국제적인 환경 인증을 획득하여 글로벌 시장에서의 신뢰도를 높인다.

6. 법률(Legal)
- 규제 준수: 각국의 수출 통제 및 AI 관련 법률을 철저히 준수하여 법적 리스크를 최소화한다.
- 법률 자문: 전문 법률 자문을 통해 복잡한 국제 규제 환경에 효과적으로 대응한다.

☐ 결론
AI 반도체 시장은 급변하는 규제 환경과 기술 발전 속에서 전략적 대응이 필수적이다. 정치, 경제, 사회, 기술, 환경, 법률 등 다양한 요소를 고려한 종합적인 전략 수립을 통해 시장 진입과 경쟁력 확보가 가능하다. 특히, 정부 지원 프로그램의 적극적인 활용과 지속적인 기술 혁신이 성공의 열쇠가 될 것이다.

포터의 5 Forces 적용

(1) 5F 소개: 산업을 이해하는 가장 강력한 전략 분석 도구

5 Forces Model 또는 5F 분석은 경영학자 마이클 포터(Michael Porter)가 제안한 전략 분석 프레임워크입니다. 이 분석은 기업이 경쟁에서 살아남기 위해 '무엇을 잘하느

냐'보다 '어떤 산업에 속해 있느냐'가 더 중요하다는 관점에서 출발합니다.

간단히 말해, 5F 분석은 산업/시장 구조가 얼마나 '경쟁적'이고 '매력적인지'를 판단하는 도구입니다. 기업이 시장에 진입하거나 자원을 투입할 때, 해당 산업이 장기적으로 이익을 낼 수 있는 구조인지 분석하게 해줍니다. 아래와 같은 장점이 있습니다.

- 산업의 구조적 매력도를 판단할 수 있습니다.
- 경영자원 배분이나 시장 진입 여부를 결정할 수 있습니다.
- 경쟁 환경에 대한 외부적 통찰력을 얻을 수 있습니다.
- 산업 구조를 전략적으로 바꿀 수 있는 지점을 찾을 수 있습니다.
- 진입·철수 판단 시 객관적인 기준을 제시합니다.

(2) 5F 분석 정리

구분	정의	왜 중요한가	체크리스트	치킨집 예시
1. 신규 진입자의 위협	새로운 기업이 시장에 진입할 가능성	진입장벽이 낮으면 수익을 나눠 가져야 하므로 기존 기업의 수익성 저하	- 진입에 필요한 자본 규모는? - 특허, 인증, 정부 규제는? - 규모의 경제가 필요한가?	옆에 새로운 치킨집이 생기면 매출이 줄어든다
2. 대체재의 위협	고객이 같은 욕구를 다른 상품으로 해결할 가능성	대체재가 많을수록 고객 이탈이 쉬워져 산업 전체의 수익성 약화	- 대체 기술·제품 존재 여부 - 가격 대비 효용 비교 - 고객 트렌드 변화 여부	요즘 소비자가 치킨 대신 피자를 더 찾는다
3. 공급자의 협상력	원재료·부품을 제공하는 공급자의 영향력	공급자가 독점적일수록 가격 인상 등으로 원가 부담이 커짐	- 공급자 수는 충분한가? - 대체 공급자가 있는가? - 전환 비용은 얼마나 큰가?	닭고기 공급자가 가격을 올려서 원가 부담이 생긴다
4. 구매자의 협상력	고객이 가격이나 조건에 영향을 미치는 정도	고객이 강하면 가격 인하, 서비스 개선 요구 등 수익성 하락	- 고객 수와 규모 - 대체 제품 존재 여부 - 전환 비용의 높고 낮음	손님이 "할인해 주세요" 하면 마진이 줄어든다

구분	정의	왜 중요한가	체크리스트	치킨집 예시
5. 기존 경쟁자와의 경쟁	현재 시장 내 기업 간 경쟁의 강도	경쟁이 치열할수록 마케팅·가격 경쟁 심화로 수익성 악화	- 경쟁자 수는? - 제품 차별성은? - 가격 경쟁 여부	근처에 유명 치킨집이 많아 고객 확보가 어렵다

이 분석을 통해 산업 구조를 읽는 눈이 생기면, 어떤 시장에 들어가야 할지, 어떻게 살아남을지를 훨씬 전략적으로 판단할 수 있습니다. "내가 이길 수 있는 산업인가?" 이 질문에 대한 답을 찾는 것이 바로 5 Forces 분석의 핵심입니다.

그럼 글로벌 AI 반도체 시장을 5F 분석을 활용해 분석해봅시다. 실습을 응용해 본인이 속한 산업 또는 관심 있는 산업으로 직접 분석해보면 더 좋습니다.

[Role]
당신은 글로벌 반도체 산업 전략 분석가이며, 경쟁 환경 평가와 대응 전략 수립을 전문으로 합니다.

[Context]
분석 대상은 AI 반도체 산업이며, 1~3년 내 시장 진입을 계획 중인 기업의 전략 수립을 위한 자료로 활용될 것입니다. 주요 경쟁 요소로는 신규 진입자, 공급자, 고객, 대체 기술, 기존 경쟁사 등이 있으며, 산업 내 주요 기업과 기술 트렌드를 사례로 구체화하는 것이 중요합니다.

[Action]
글로벌 AI 반도체 산업을 Porter의 5 Forces 관점에서 분석하고, 각 Force별로 우리가 향후 1~3년 내 경쟁 우위를 확보하기 위한 구체적인 전략을 최소 2가지 이상 제안하세요. 분석에는 실제 기업 사례나 기술 동향을 포함하세요.

 Porter의 5 Forces 분석: 글로벌 AI 반도체 시장

1. 신규 진입자의 위협(Threat of New Entrants)

분석:
- 높은 진입 장벽: AI 반도체 개발에는 막대한 자본 투자와 고도의 기술력이 요구되며, 이는 신규 진입자에게 큰 장벽으로 작용한다.
- 지속적인 기술 혁신: 기존 기업들은 지속적인 기술 혁신을 통해 시장 지위를 강화하고 있으며, 이는 신규 진입자의 시장 진입을 더욱 어렵게 만든다.

경쟁사 사례:
- Nvidia: 자체 CUDA 생태계를 구축하여 개발자들을 자사 플랫폼에 묶어두고 있으며, 이는 신규 진입자의 시장 진입을 어렵게 만든다.

전략적 대응 방안:
1. 차별화된 기술 개발: 특정 응용 분야에 특화된 AI 반도체를 개발하여 시장에서의 차별화를 꾀한다.
2. 전략적 파트너십 체결: 대형 클라우드 서비스 제공업체와의 협력을 통해 시장 진입 장벽을 낮추고, 초기 시장 확보를 도모한다.

2. 공급자의 협상력(Bargaining Power of Suppliers)

분석:
- 제한된 공급자 수: TSMC, 삼성전자 등 소수의 파운드리가 고급 공정 기술을 보유하고 있어 공급자의 협상력이 높다.
- 공급망 병목 현상: 고급 패키징 기술 등의 제한으로 인해 공급 병목 현상이 발생하고 있다.

경쟁사 사례:
- AMD: TSMC의 고급 공정 기술을 활용하여 MI300 시리즈를 생산하고 있으며, 이는 공급자의 협상력에 영향을 받는다.

전략적 대응 방안:

1. 공급망 다변화: 여러 파운드리와의 협력을 통해 공급 리스크를 분산시킨다.
2. 내부 생산 능력 강화: 자체 생산 능력을 확보하여 공급자에 대한 의존도를 낮춘다.

(중략)

5. 기존 경쟁자 간 경쟁(Competitive Rivalry)

분석:
- 강력한 경쟁자 존재: Nvidia, AMD, Intel 등 강력한 경쟁자들이 시장을 선도하고 있다.
- 빠른 기술 발전: AI 반도체 기술의 빠른 발전으로 인해 경쟁이 치열하다.

경쟁사 사례:
- Nvidia: AI 반도체 시장에서 80% 이상의 점유율을 보유하고 있으며, 지속적인 기술 혁신을 통해 시장 지위를 강화하고 있다.

전략적 대응 방안:

1. 차별화된 제품 개발: 특정 응용 분야에 특화된 차별화된 AI 반도체를 개발하여 시장에서의 경쟁력을 확보한다.
2. 전략적 제휴: 다양한 기업과의 전략적 제휴를 통해 기술력과 시장 접근성을 강화한다.

☐ 종합 전략 제안

- 기술 혁신: 지속적인 연구 개발을 통해 차별화된 AI 반도체 기술을 확보한다.
- 시장 다변화: 다양한 응용 분야에 대응할 수 있는 제품 포트폴리오를 구축한다.
- 파트너십 강화: 공급자, 고객, 기타 관련 기업과의 전략적 파트너십을 통해 시장

경쟁력을 강화한다.
- 내부 역량 강화: 생산 능력, 인력, 조직 구조 등 내부 역량을 강화하여 시장 변화에 유연하게 대응한다.

이러한 전략을 통해 우리 회사는 AI 반도체 시장에서의 경쟁 우위를 확보하고, 지속 가능한 성장을 이룰 수 있을 것이다.

시나리오 플래닝 적용

시나리오 플래닝은 미래에 어떤 일이 일어날지 모르기 때문에 여러 시나리오를 미리 상상하고 대비하는 전략을 말합니다. 내일 우리가 소풍을 간다고 가정해 봅시다.

- 비가 오면? 우산을 챙긴다.
- 너무 덥다면? 선크림과 모자를 준비한다.
- 갑자기 추워진다면? 점퍼를 챙긴다.

이렇게 상황별 계획을 미리 세워두면 갑자기 닥친 일에도 당황하지 않을 수 있습니다. 그럼 시나리오 플래닝을 활용해 AI 반도체 산업을 분석해봅시다.

[Role]
당신은 AI 반도체 시장에 진입을 준비 중인 기업의 전략 컨설턴트입니다. 시나리오 플래닝을 기반으로 중장기 전략 수립을 담당합니다.

[Context]
미국과 EU의 AI 규제 강도(강화 ↔ 완화), 그리고 AI 반도체 기술 발전 속도(빠름 ↔ 느림)를 시나리오 축으로 설정한 2×2 분석을 통해, 향후 3~5년간의 시장 상황을 가정합니다. 우리 회사는 이 시나리오들 속에서 최적의 기술 및 시장 전략을 설계하고자 합니다.

[Action]
미국·EU의 AI 규제 강도와 기술 발전 속도를 기준으로 4가지 시나리오를 정의하고, 각 시나리오마다 다음 내용을 포함하세요:
- 해당 시장 환경의 구체적 묘사
- 우리 회사가 반드시 취해야 할 핵심 전략 2가지 이상 제안 (예: 기술 투자, 파트너십, 진입 방식 등)
- Nvidia, AMD, Intel의 해당 시나리오에서의 대응 전략 또는 유사 사례 제시

[Step]
[1] 2×2 시나리오 매트릭스를 다음 네 가지로 정의:
시나리오 1: 규제 강화 + 기술 발전 빠름
시나리오 2: 규제 강화 + 기술 발전 느림
시나리오 3: 규제 완화 + 기술 발전 빠름
시나리오 4: 규제 완화 + 기술 발전 느림

[2] 각 시나리오에 대해 다음 항목을 차례로 작성
(1) 시장 환경
(2) 우리 회사의 핵심 전략 제안
(3) Nvidia / AMD / Intel의 대응 전략 또는 시사점

[Hyperparameter]
- Tone: Professional & Analytical
- Writing Style: Structured & Comparative

 다음은 2×2 시나리오 매트릭스에 따른 AI 반도체 시장 전략 분석입니다:

☑ 시나리오 1: 규제 강화 + 기술 발전 빠름

(1) 시장 환경

- 규제 측면: 미국과 EU가 AI 기술 및 반도체에 대한 윤리성·안전성·공정성 규제를 강화. 공급망 보안 및 탄소 중립 요구도 포함.
- 기술 측면: 고성능 AI 칩(HBM, GPU, NPU 등) 기술이 빠르게 고도화되며, 수요는 확대 중.
- 결과: 시장 진입 장벽은 높아지지만, 기술 리더에게 유리한 '초격차 시장' 형성.

(2) 우리 회사의 핵심 전략 제안
- 전략 1: 기술 특화형 Niche 시장 공략 → 고성능 AI 모델(예: GenAI, 자율주행)에 최적화된 반도체 세그먼트 진출
- 전략 2: 규제 대응형 R&D 투자 및 국제 인증 확보 → EU AI Act, 미국 CHIPS법 대응 가능한 설계 및 ESG 인증 확보

(3) 주요 기업 전략 시사점
- Nvidia: 고성능 AI GPU 시장 독점 유지. 규제에 대응해 DGX Cloud 등 전용 플랫폼 확대.
- AMD: MI300 시리즈 중심으로 HPC 및 데이터센터 전략 강화. 경쟁력 있는 가격·성능 비중 확대.
- Intel: Gaudi 시리즈로 AI 가속기 영역 진입. 미국 중심 공급망 구축 투자 확대.

(중략)

☑ 시나리오 4: 규제 완화 + 기술 발전 느림

(1) 시장 환경
- 규제 측면: 기술 실험을 장려하는 완화된 환경. 민간 중심 기술 주도권 확대.
- 기술 측면: 기술 속도는 느리지만, 다양한 응용 시도와 틈새시장 실험이 활발.
- 결과: 대규모 기술보다 실용성, 저비용, 로컬 맞춤형 솔루션에 초점.

(2) 우리 회사의 핵심 전략 제안

- 전략 1: 경량화·보급형 AI 칩에 집중 → Edge AI, 모바일, IoT 기기 탑재용 반도체에 집중
- 전략 2: 신흥시장 맞춤형 로컬 전략 전개 → 동남아, 남미, 중동 등 로컬 파트너 기반 시장 확장

(3) 주요 기업 전략 시사점
- Nvidia: Jetson 시리즈 중심의 Edge AI 솔루션 확대. 교육·로봇용 플랫폼 공급.
- AMD: 모바일 중심 SoC 설계로 확장 시도. SW·HW 번들 제품 전략 확대.
- Intel: 로컬 정부 및 중소기업 대상의 Low-cost AI kit 제공.

필요시 시나리오별 전략 우선순위 도식, 대응 타임라인, 리스크 매트릭스 등도 추가로 구성 가능합니다.

성장·점유율 매트릭스(BCG Matrix) 적용

BCG 매트릭스는 기업이 보유한 제품이나 사업 부문을 '시장 점유율'과 '시장 성장률'이라는 두 가지 기준으로 나누어 전략적으로 분류하는 도구입니다. 1970년대 미국의 컨설팅 회사인 '보스턴컨설팅그룹(BCG)'에서 모델 이름을 따왔습니다.

기업이 판매하는 모든 제품이 똑같이 중요하거나 수익성이 있는 것은 아닙니다. 어떤 제품은 돈을 잘 벌어다 주고, 어떤 제품은 미래를 위해 투자해야 하며, 어떤 제품은 과감히 정리해야 할 수도 있습니다. BCG 매트릭스는 이런 판단을 돕기 위한 전략 지도라고 할 수 있습니다.

BCG 매트릭스의 네 가지 분류

BCG 매트릭스는 시장 성장률(시장이 얼마나 빠르게 커지고 있는지를 나타냄)과 상대 시장 점유율(우리 제품이 시장에서 얼마나 많이 팔리는지를 나타냄), 이 두 가지 기준으로 제품을 아래 네 가지 영역에 배치할 수 있습니다.

분류	의미	전략적 접근
스타(Star)	시장도 크고, 우리 제품도 잘 팔리는 경우	적극적인 투자와 성장을 유도
캐시카우(Cash Cow)	시장은 크지 않지만, 우리 제품은 압도적으로 잘 팔리는 경우	수익 창출, 유지 전략
물음표(Question Mark)	시장은 크지만, 우리 제품은 아직 점유율이 낮아 성장이 불확실한 경우	집중 투자 또는 철수 여부 판단 필요
개(Dog)	시장도 작고, 제품도 잘 안 팔리는 경우	정리 또는 최소 자원만 투입

그럼 BCG 매트릭스를 활용해서 GPU, ASIC, Neuromorphic Chip 3개 반도체 칩에 대해 분석을 해보겠습니다.

[Role]
당신은 AI 반도체 산업 전문 전략 컨설턴트입니다. 기업의 기술 제품 포트폴리오를 평가하고 최적의 투자 전략을 제안하는 역할을 수행합니다.

[Context]
우리 회사는 GPU, ASIC, Neuromorphic Chip으로 구성된 AI 반도체 포트폴리오를 보유하고 있으며, 각 제품군의 시장 성장률과 시장 점유율에 따라 투자 우선순위를 정하고자 합니다. 이 분석은 향후 1~3년간 전략적 투자 및 사업 구조 재편의 근거 자료로 활용됩니다.

[Action]
GPU, ASIC, Neuromorphic Chip 3개 제품군을 BCG 매트릭스 기준(Cash Cow, Star, Question Mark, Dog)에 따라 분류하고, 각 제품군별로 다음 항목을 분석하세요:
- 현재 시장 성장률 및 자사 점유율 기준에 따른 BCG 분류
- 제품군별 최적의 전략 제안 (예: 투자 확대, 유지, 철수, 공동 개발 등)
- 주요 경쟁사(Nvidia, AMD, Intel 등)의 제품군별 최근 전략 또는 시장 반응 사례 요약

[Step]
- 각 제품군의 시장 성장률과 시장 점유율을 기준으로 BCG 매트릭스 사분면 중 하나로 분류
- 분류 기준에 따른 전략적 시사점 정리 (시장 확대/유지/축소 여부, 기술개발 방향)
- 제품별 경쟁사 동향 및 시장 반응 사례 조사 및 요약
- 각 제품군에 대해 전략적 권고안 2가지 이상 제시

[Example]
GPU
BCG 분류: Star
전략 제안:
- 고성능 모델 집중 개발 및 AI 서비스 기업 대상 맞춤형 모델 출시
- GPU 기반 생태계 확대를 위한 소프트웨어 개발 툴킷 확보

경쟁사 사례:
- Nvidia는 A100, H100 등을 통해 AI 학습 시장을 선점, CUDA 생태계를 중심으로 진입장벽 형성
- AMD는 Instinct 시리즈로 고성능 연산 시장 공략, 최근 OpenAI 협력 이슈 보도됨

[Hyperparameter]
Tone: Professional & Analytical
Writing Style: Structured & Strategic

 ▫ BCG 매트릭스 분석

BCG 매트릭스는 시장 성장률과 시장 점유율을 기준으로 제품을 다음 네 가지로 분류합니다:
- Star(스타): 고성장 시장에서 높은 시장 점유율을 가진 제품
- Cash Cow(캐시카우): 저성장 시장에서 높은 시장 점유율을 가진 제품

- Question Mark(물음표): 고성장 시장에서 낮은 시장 점유율을 가진 제품
- Dog(도그): 저성장 시장에서 낮은 시장 점유율을 가진 제품

---

1. GPU (Graphics Processing Unit)
    - 시장 성장률: 약 30.6% (2024~2031)
    - 시장 점유율: Nvidia 65%, Intel 22%, AMD 11%
    - 우리 회사의 위치: 시장 점유율 미미
    - 분류: Question Mark

전략적 제안:
(1) 차별화된 기술 개발: 특정 응용 분야에 특화된 GPU를 개발하여 시장에서의 차별화를 꾀합니다.
(2) 전략적 파트너십 체결: 대형 클라우드 서비스 제공업체와의 협력을 통해 시장 진입 장벽을 낮추고, 초기 시장 확보를 도모합니다.

경쟁사 사례:
- Nvidia: AI GPU 시장에서 65%의 점유율을 보유하며, 지속적인 기술 혁신을 통해 시장 지위를 강화하고 있습니다.
- AMD: MI300X 시리즈를 통해 AI 가속기 시장에서 10~15%의 점유율을 목표로 하고 있습니다.

(중략)

3. Neuromorphic Chip
    - 시장 성장률: 약 47.6% (2024~2032)
    - 시장 점유율: 시장 초기 단계로 점유율 분산
    - 우리 회사의 위치: 시장 점유율 미미
    - 분류: Question Mark

전략적 제안:

(1) R&D 투자 확대: 뉴로모픽 칩의 연구 개발에 집중하여 기술 경쟁력을 확보합니다.

(2) 시장 선도 기업과의 협력: 기술 협력을 통해 시장 진입 장벽을 낮추고, 초기 시장 확보를 도모합니다.

경쟁사 사례:
- Intel: Loihi 칩을 통해 뉴로모픽 컴퓨팅 분야에서의 입지를 강화하고 있습니다.

☐ 종합 전략 제안
- 기술 혁신: 지속적인 연구 개발을 통해 차별화된 AI 반도체 기술을 확보합니다.
- 시장 다변화: 다양한 응용 분야에 대응할 수 있는 제품 포트폴리오를 구축합니다.
- 파트너십 강화: 공급자, 고객, 기타 관련 기업과의 전략적 파트너십을 통해 시장 경쟁력을 강화합니다.
- 내부 역량 강화: 생산 능력, 인력, 조직 구조 등 내부 역량을 강화하여 시장 변화에 유연하게 대응합니다.

이러한 전략을 통해 우리 회사는 AI 반도체 시장에서의 경쟁 우위를 확보하고, 지속 가능한 성장을 이룰 수 있을 것입니다.

3C 분석 적용

3C 분석은 전략경영 분야에서 가장 널리 활용되는 프레임워크 중 하나로, 일본의 세계적 경영전략가 오마에 겐이치(Ohmae Kenichi)가 1982년 제안한 개념입니다. 이 분석은 비즈니스의 핵심 이해관계자인 고객, 경쟁사, 자사를 중심으로 기업의 경쟁 전략을 수립하는 데 목적이 있습니다. 이 세 가지 요소를 전략적 삼각형으로 바라보며, 이들 간의 상호작용과 균형을 통해 시장에서의 차별화와 경쟁우위를 도출할 수 있다는 점에서 전략적 분석 도구로 널리 사용됩니다.

3C 분석의 핵심은 고객의 요구를 충족시키기 위해 자사의 강점을 활용하고, 경쟁사 대비 차별화 전략을 수립하는 것입니다. 고객, 경쟁사, 자사 각각의 교차 지점에서는 새로운 기회 요소나 경쟁 리스크가 발생할 수 있으며, 이러한 요인을 포착하는 것이 분석의 중요한 목적입니다.

3C 분석의 주요 장점은 비즈니스의 본질인 '고객 중심'의 사고를 자연스럽게 유도한다는 점입니다. 고객의 니즈를 먼저 분석하고, 그에 따라 경쟁사와 자사의 전략적 포지셔닝을 파악하는 구조는 마케팅 전략뿐 아니라 기업 전반의 방향성을 설정하는 데도 효과적입니다. 각 구성 요소에서 고려해야 할 주요 항목은 다음과 같습니다.

고객	• 우리 제품/서비스를 구매하는 고객은 누구인가? • 고객은 어떤 불편함이나 문제를 겪고 있는가? • 고객의 구매 결정 요인은 무엇인가? • 고객 집단은 어떻게 세분화할 수 있는가?
경쟁사	• 주요 경쟁사는 누구이며, 그들의 강점은 무엇인가? • 경쟁사의 고객 대응 방식은 어떤가? • 경쟁사 대비 자사가 제공할 수 있는 차별점은 무엇인가? • 경쟁사의 약점은 어디에 있는가?
자사	• 현재 자사의 위치와 역량은 어느 수준인가? • 어떤 자원을 어떻게 활용할 수 있는가? • 어떤 영역에서 전문화나 차별화를 이룰 수 있는가? • 경쟁사 대비 어떤 점에서 우위를 확보하고 있는가?

3C 분석은 고객 중심 사고를 기반으로 경쟁 환경과 내부 역량을 종합적으로 분석해 보다 설득력 있는 전략 수립을 가능하게 하는 실용적 프레임워크입니다. 마케팅 전략뿐만 아니라 제품 개발, 비즈니스 모델 기획, 조직 설계 등 다양한 분야에 적용할 수 있으며, 변화하는 시장 환경 속에서 균형 잡힌 전략을 수립하고 실행하는 데 필수적인 분석 도구라 할 수 있습니다.

[Role]
당신은 AI 반도체 산업에 특화된 시장 및 경쟁 전략 분석 전문가입니다.

[Context]
작업 목표: AI 반도체 시장에서의 경쟁 우위 확보를 위한 3C 분석(Company, Customer, Competitor) 수행

대상 독자: 경영진, 전략 기획팀, 제품 개발팀

핵심 요구: 우리 회사의 강점과 약점, 주요 고객군의 수요 변화, 주요 경쟁사 전략과 기술 동향을 구체적으로 분석하고, 이에 대한 대응 포인트를 제시

[Action]
AI 반도체 산업을 대상으로 Company, Customer, Competitor 관점의 3C 분석을 수행하고, 각 항목별 핵심 인사이트와 대응 전략을 구체적으로 작성하세요.

[Step]
1. Company(우리 회사):
   - 현재 보유한 기술적 강점과 약점을 분석합니다.
   - 경쟁력을 갖춘 제품 및 서비스 포트폴리오를 정리합니다.
   - 강점 강화 및 약점 보완을 위한 전략적 제안을 포함합니다.

2. Customer(고객):
   - 데이터센터, 자율주행, AI 스타트업 등 주요 고객군의 최근 수요 트렌드를 분석합니다.
   - 각 고객군별 요구사항과 시장 성장 기회를 구체적으로 제시합니다.
   - 고객 니즈를 충족하기 위한 제품·서비스 방향성을 제안합니다.

3. Competitor(경쟁사):
- Nvidia, AMD, Intel의 최근 전략과 기술 동향을 분석합니다.
- 경쟁사 대비 우리가 대응해야 할 핵심 기술 및 시장 포인트를 정리합니다.
- 경쟁사와 차별화하기 위한 대응 전략을 구체적으로 작성합니다.

[Hyperparameter]
Tone: Formal, Analytical, Strategic
Writing Style: Expository, Executive Report

여기서 잠깐!

실제 전략적 시사점을 도출하면서 다음과 같은 질문을 스스로 던져봅시다.
- AI를 활용하여 도출한 전략이 현실적이고 실무적으로 충분히 타당한가?
- 분석 프레임워크를 통해 제안된 전략이 우리 회사의 장기적 목표와 일치하는가?
- 제안된 전략을 실행하기 위한 구체적인 실행 계획과 투자 시점이 명확하게 설정되어 있는가?

5단계: 검증 및 크로스 체크

"AI가 빠르게 제안한다면, 검증은 정확하게 실현되도록 만든다."

생성형 AI를 활용해 도출한 비즈니스 인사이트는 빠르고 풍부하지만, 그 자체로 완전한 '정답'은 아닙니다. AI가 제공하는 정보는 학습 데이터, 모델 편향, 최신성 등에 따라 달라질 수 있기 때문에 신뢰도와 정확도를 높이기 위해 교차 검증은 필수입니다.

AI가 제시한 전략은 실제로 기업의 투자, 제품 개발, 진입 시장 선택 등에 영향을 미칠 수 있습니다. AI가 과거 데이터에 기반한 잘못된 예측을 제시하거나 맥락을 오해한 분석을 제공한다면, 이로 인해 내리는 판단은 큰 손실로 이어질 수 있지요. 따라서 AI가 준 답이 '타당한가'를 따지는 과정은 곧 기업의 위험을 줄이고 실행력을 높이는 핵심 절차라 할 수 있습니다. 여기서는 총 세 가지 검증법을 소개합니다.

검증 팁	목적	장점	프롬프트 예시
① 복수의 AI 모델 활용: 동일 질문을 클로드, 퍼플렉시티, 챗GPT에게 모두 물어보고 결과 비교	결과의 일관성과 관점 차이를 비교함으로써 보다 신뢰도 높은 인사이트를 도출할 수 있다.	• 각 AI 모델의 답변에서 공통으로 언급되는 핵심 내용은 신뢰도가 높을 가능성이 큼. • 반대로 해석이나 강조점이 다른 경우, 왜 다른지를 분석하면 핵심 쟁점을 파악하는 데 도움이 됨. • AI 간 의견 차이를 내부 전략 회의 자료나 리스크 분석에 적극 활용할 수 있음.	-
② 보고서 원문 확인 요청: "이 내용이 어떤 보고서의 어느 섹션에서 나왔는지 알려줘"라는 식으로 원출처 요청	AI가 생성한 인사이트가 실제로 공신력 있는 보고서나 자료에 기반한 것인지 추적해 허위 정보나 왜곡된 해석을 걸러낼 수 있다.	• 원문을 찾아 직접 확인함으로써 출처 기반의 신뢰성 검증이 가능해짐. • 인사이트가 너무 일반적이거나 과장된 경우, AI의 추론 오류 여부를 검토하는 기준이 됨.	"GPT가 요약한 아래 인사이트가 실제 어떤 보고서의 어느 부분에서 언급되었는지 알려줘. 원문 제목, 발표 기관, 연도, 핵심 인용 내용을 함께 제공해줘."
③ 전문가 피드백 요청 시 문서 포맷화: 검토할 전략을 정리해 이메일 또는 회의용 문서로 전달 가능하게 구성	AI가 도출한 전략이나 인사이트를 내부 실무자나 외부 전문가가 이해하기 쉬운 포맷으로 정리해 현실성, 실행 가능성에 대한 객관적 검토를 받을 수 있다.	• 전략 요약을 슬라이드 요약, 1페이지 요약 보고서, 이메일 검토본 등으로 구성 • 전략적 근거, 시장 배경, 예상 효과 등 핵심 포인트를 포함하면 전문가의 피드백 품질이 높아짐. • 전문가 피드백을 바탕으로 AI가 도출한 전략을 보완하거나 재구성할 수 있음.	(아래와 같습니다.)

[전문가 피드백 요청 시 문서 포맷화 프롬프트 예시]

[Role]
당신은 글로벌 기술 전략 컨설턴트이며, 경영진 및 기술 전문가를 위해 전략 요약과 검토 문서를 작성하는 전문가입니다.

[Context]
작업 목표: Neuromorphic 칩에 대한 선제적 투자 및 글로벌 OEM 공동개발 전략을 1페이지 전문가 검토용 문서로 작성
대상 독자: 경영진, CTO, 전략 검토 위원회, 투자 결정권자
핵심 요구: 전략 핵심 요약, 예상 효과, 전제 조건, 검토 질문 등을 간결하고 명확하게 제시

[Action]
아래 전략을 기반으로, 전문가 검토용 1페이지 문서를 작성하세요. 문서에는 전략 핵심 요약, 예상 효과, 전제 조건, 검토 요청 포인트가 포함되어야 하며, 경영진이 한눈에 이해할 수 있도록 구조화되어야 합니다.

[Example]
전략 예시:
전략 핵심 요약: Neuromorphic 칩에 대한 선제적 투자를 통해 AI 엣지 디바이스 분야에서 경쟁사보다 3년 앞서 시장 점유율을 확보하고, 글로벌 OEM과의 공동개발을 통해 제품 신뢰성과 시장 접근성을 강화한다.
예상 효과: 3년 내 AI 엣지 디바이스 시장 점유율 15% 달성, OEM 협력으로 기술 신뢰성 및 글로벌 진출 가속화, 중장기 매출 증가 및 브랜드 가치 상승.
전제 조건: 핵심 R&D 역량 강화, OEM과의 신속한 파트너십 체결, 공급망 안정성 확보, 초기 투자 재원 조달.

검토 요청 포인트:
    1. OEM 협력사 선정 기준과 협상 프레임워크는 적절한가?
    2. 초기 투자 대비 예상 수익 구조는 현실적인가?
    3. 기술 로드맵과 인력 확보 계획은 구체적인가?

[Step]
    1. 전략 핵심 요약 작성: 전략 목적과 실행 방식을 한 문단으로 요약합니다.

> 2. 예상 효과 작성: 구체적인 KPI, 기대되는 시장 점유율, 기술 경쟁력 등 정리합니다.
> 3. 전제 조건 작성: 성공을 위한 필수 조건을 항목별로 명시합니다.
> 4. 검토 요청 포인트 작성: 의사결정 시 핵심적으로 검토해야 할 질문을 최소 3개 포함합니다.
> 5. 전체 내용을 1페이지 분량으로 간결하고 체계적으로 정리합니다.

6단계: 발표 자료 만들기

시장 조사를 통해 얻은 비즈니스 인사이트를 잘 전달하기 위해서는 프레젠테이션을 위한 발표 자료가 필요합니다. AI 반도체 시장 진입 전략 요약 보고서를 1페이지 분량으로 만들어봅시다.

[Role]
당신은 경영진과 전략 기획팀을 위한 AI 반도체 시장 진입 전략 요약 보고서를 작성하는 전략 컨설턴트입니다.

[Context]
작업 목표: 제공된 보고서 내용을 기반으로 AI 반도체 시장 진입 전략을 1페이지 분량의 요약 보고서로 작성
대상 독자: 최고경영진, 전략 기획팀, 투자 및 신사업 담당 임원
핵심 요구: 전략 목표(SMART), 핵심 인사이트 요약, 전략 분석 요약, 실행 로드맵을 포함하여 한눈에 이해할 수 있도록 구성

[Action]
아래 {보고서 내용}을 분석하여 1페이지 분량의 전략 요약 보고서를 작성하세요. 보고서에는 전략 목표(SMART), 핵심 인사이트 요약, 전략 분석 요약, 실행 로드맵이 포함되어야 하며, 명확하고 간결하게 정리되어야 합니다.

[Example]
해당 없음

[Step]
1. 전략 목표(SMART): 구체적(Specific), 측정 가능(Measurable), 달성 가능(Achievable), 관련성(Relevant), 시한성(Time-bound)을 기준으로 작성합니다.
2. 핵심 인사이트 요약: 보고서에서 도출한 주요 시사점과 기회 요약
3. 전략 분석 요약: 기술, 시장, 경쟁, 규제 등 관점에서 분석 요약
4. 실행 로드맵: 단계별 주요 실행 계획과 예상 일정, 주요 성과 지표를 포함
5. 전체 내용을 1페이지에 담기 위해 각 섹션은 간결하고 임팩트 있게 작성

[Input Data]
{보고서 내용}

 ☐ AI 반도체 시장 진입 전략 요약 보고서

본 보고서는 생성형 AI 기반 분석 절차를 따라, AI 반도체 시장 진입을 위한 전략을 6단계로 정리한 요약본입니다. 전략 목표, 핵심 인사이트, 실행 로드맵 등을 1페이지로 구성하였습니다.

1. 전략 목표 (SMART)

항목	내용
Specific	생성형 AI 및 HPC용 고성능 AI 칩 개발
Measurable	2025년까지 AI 반도체 시장 920억 달러 규모 도달
Achievable	2nm 공정, HBM 기술을 활용한 칩 생산 가능
Relevant	AI 수요 확산과 기업 전략 일치
Time-bound	2025년까지 글로벌 공급망 확보 및 상용화

2. 핵심 인사이트 요약
- 2024~2025년 AI 반도체 시장 성장률 33%, 920억 달러 도달 전망
- 주요 기술 트렌드: Chiplet, HBM, NPU, Neuromorphic 등
- 미국 AI 칩 수출 규제 완화, EU 기가팩토리 투자 확대

3. 전략 분석 요약
① PESTEL: 정치적 규제 변화 대응, 기술 트렌드 선도 필요
② Porter 5 Forces: 고성능 칩 경쟁, 파운드리 협상력 대응 전략
③ BCG Matrix: GPU(Cash Cow), ASIC(Star), Neuromorphic(Question Mark)

4. 실행 로드맵

구분	전략 내용	기간
단기	데이터센터용 GPU 고도화, 파운드리 계약 확보	6개월
중기	Neuromorphic 기술 기반 제품 R&D, ESG 대응	12개월
장기	신시장 진입 및 글로벌 공급망 재편 대응	24개월

자, 내용이 완성됐다면 발표 자료를 만들어봅시다.

14
AI로 PPT 자료 만들기

실무에서 프레젠테이션은 단순한 발표 도구를 넘어 핵심 메시지를 구조화하고 청중에게 효과적으로 전달하기 위한 필수 커뮤니케이션 수단입니다. 프레젠테이션 자료는 다음과 같이 활용되지요.

[1] 시각 자료로 '핵심 메시지'를 빠르고 정확하게 전달
[2] 청중의 이해와 몰입을 유도
[3] 설득력 있는 커뮤니케이션 가능
[4] 메시지를 전략적으로 설계할 수 있는 유연한 도구

PPT의 구성

PPT는 하나의 스토리라인으로 이어져야 합니다. 대표적인 흐름은 다음과 같습니다.

슬라이드	내용
표지	주제 제목, 부제, 작성자 이름 등
문제 제기	왜 이 주제를 다루는가? 배경 설명
해결책	핵심 아이디어, 제안 사항
근거	데이터, 사례, 비교
결론	요약 및 제안

자, 이제 AI를 활용해 PPT를 만들어봅시다. 챗GPT로도 PPT는 만들 수 있습니다. 하지만 효율적이지 않기 때문에 캔바(Canva)라는 프레젠테이션 툴을 이용해 발표자료를 만들어보려고 합니다.

PPT 툴 Canva 사용하기

1 먼저 https://www.canva.com에 접속해 회원가입을 진행해주세요.

2 로그인 후 메인페이지입니다.

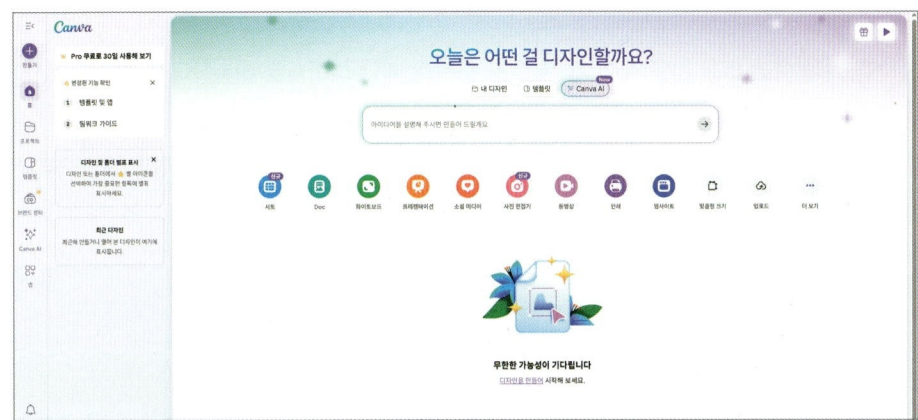

3 AI 프레젠테이션을 쓰기 위해서는 언어를 영어로 바꿔야 합니다. 왼쪽 하단 '프로필 > 설정'에 들어갑니다.

14장 AI로 PPT 자료 만들기

4 설정에서 '언어 > eng 검색 > English(US)'를 선택합니다.

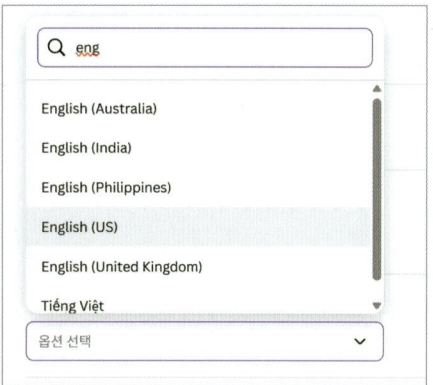

5 메뉴가 영어로 바뀐 것을 확인 후, 로고를 클릭해 메인 페이지로 이동합니다. 메인페이지에서 Canva AI를 선택하고 'Design for me > Presentation'을 선택합니다.

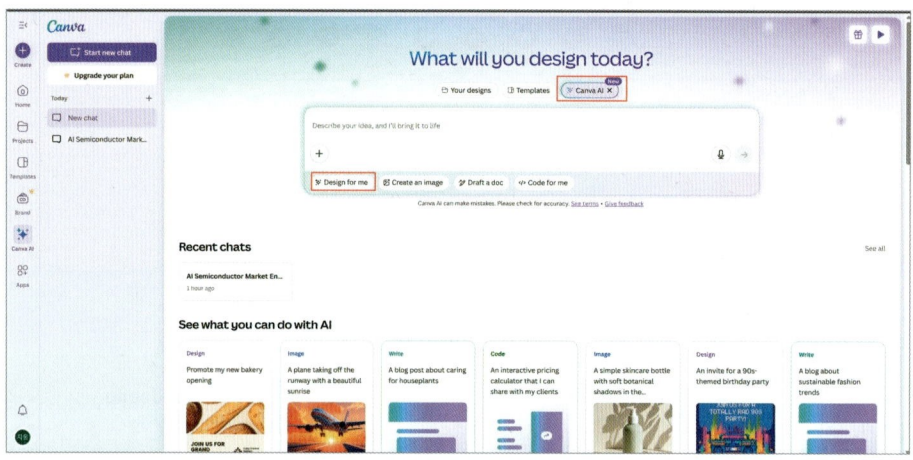

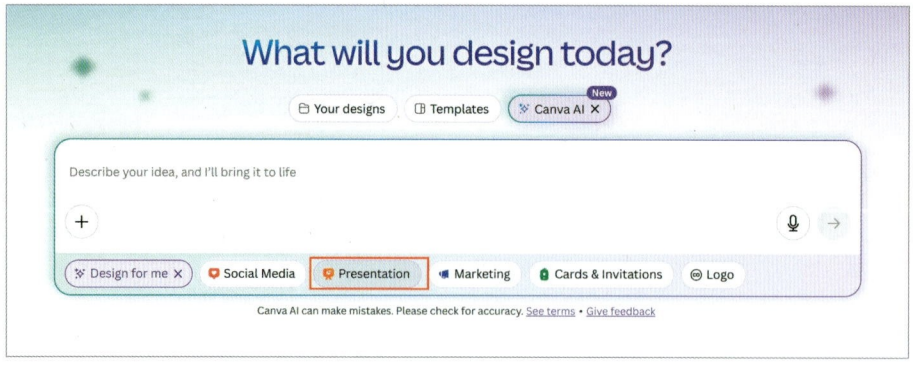

6 영어로 내용을 넣어줘야 하기 때문에 챗GPT를 활용해 <AI 반도체 시장 진입 전략 요약 보고서>를 영어로 번역합니다. 앞의 13장 '6단계 발표 자료 만들기'에서 나온 결과물을 첨부하고, 다음과 같이 프롬프트를 입력합니다.

 아래 보고서를 영어로 번역해줘.

7 영어로 번역된 텍스트를 넣고 실행을 누르면 PPT가 완성됩니다.

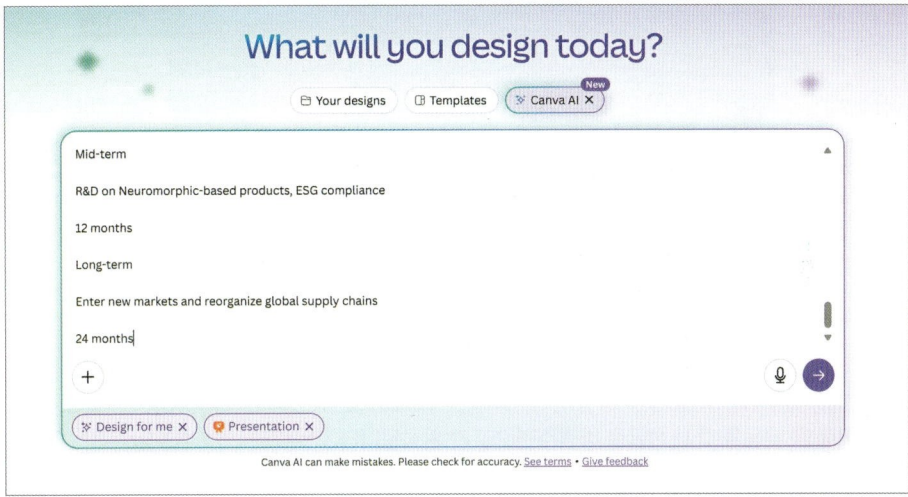

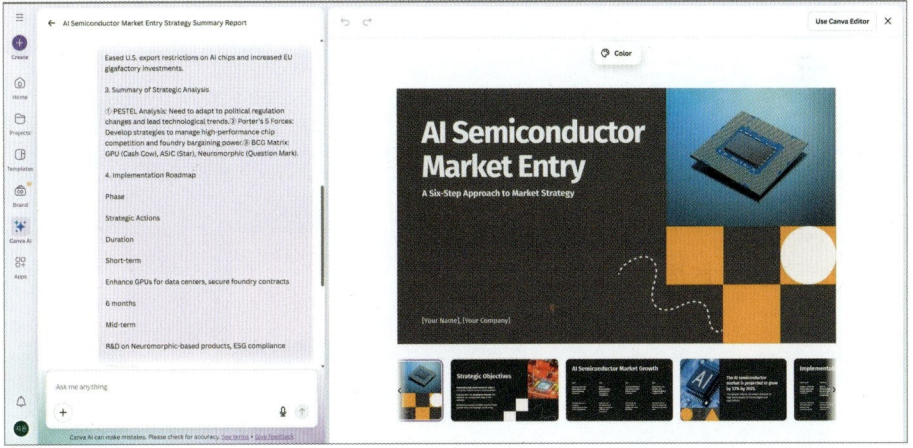

(AI로 만든 PPT 디자인)

14장 AI로 PPT 자료 만들기 **197**

8 수정을 원하면 Use Canva Editor 버튼을 클릭합니다.

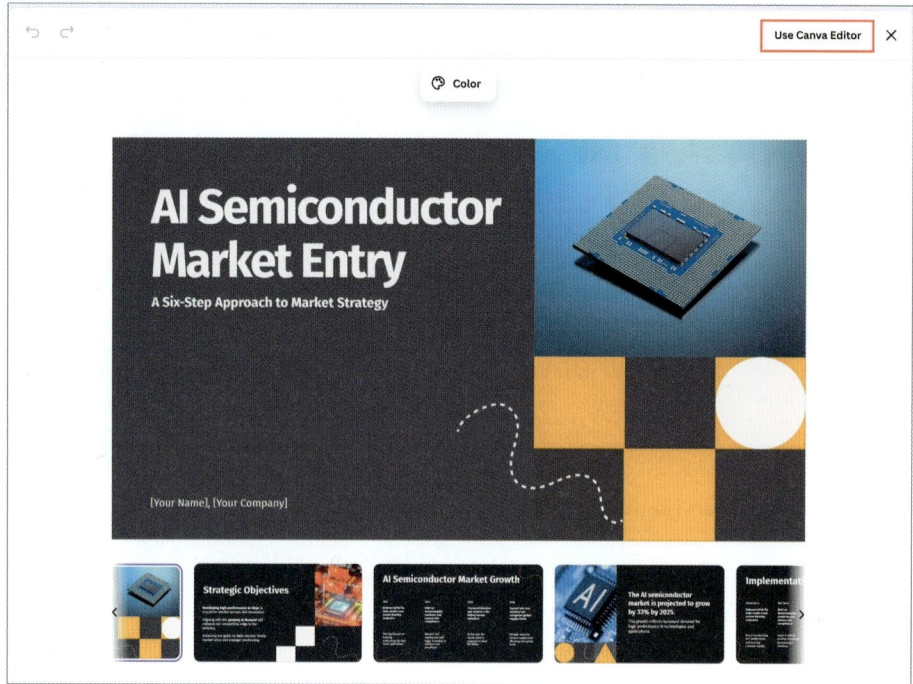

9 영어로 된 내용을 다시 한글로 바꿔주면 PPT가 완성됩니다.

15
데이터 분석을 해봅시다

데이터 분석이란 무엇인가

'데이터 분석'은 흩어져 있거나 복잡하게 얽혀 있는 숫자들을 정리해 의미 있는 결론이나 인사이트를 발견하는 과정을 말합니다. 복잡해 보이는 데이터를 간단하게 요약해 실제적인 의사결정을 내리는 데 도움을 줄 수 있으며, 데이터를 수집 → 정리 → 요약 → 시각화하는 과정을 통해 숫자에서 의미를 찾아냅니다.

온라인 쇼핑몰에서는 '이번 달 매출이 얼마인지' '어떤 요일에 주문이 가장 많은지' '어떤 상품이 자주 반품되는지' 등을 알아내기 위해 데이터를 분석합니다. 병원에서는 환자의 연령대, 증상, 치료 방식 등을 분석해 효율적인 진료를 설계하기도 합니다. 데이터 분석을 통해 얻을 수 있는 장점은 생각보다 많습니다.

- 정확한 문제 파악 데이터는 막연한 느낌이나 직관 대신 실제 숫자를 근거로 문제를 명확히 보여줍니다.
- 막연한 추측이나 직관보다 실제 데이터에 근거해 결정을 내릴 수 있으므로 실패 위험을 낮출 수 있다는 장점이 있습니다.
- 매출이나 비용 관련 데이터를 정리하면 비용이 많이 드는 부분과 효율을 높일 수 있는 부분을 쉽게 발견할 수 있습니다.
- 과거의 데이터를 바탕으로 미래의 경향을 예측하고 미리 대응할 수 있어 기회를 선점하거나 위기를 예방하는 데 도움을 줍니다.

데이터 분석 절차 이해하기

데이터 분석의 단계는 상황에 따라 더 세분화되거나 축약될 수 있지만, 일반적으로 다음과 같은 5단계를 기본 흐름으로 삼습니다.

1. 데이터 수집

데이터 분석은 데이터를 확보하는 순간부터 시작됩니다. 데이터를 수집한다는 것은 단순히 파일을 다운로드하는 것 이상을 의미하죠. 어떤 데이터를, 어디에서, 어떤 방식으로 수집할지를 결정하는 과정 자체가 분석 결과의 신뢰성과 정확성을 좌우하기 때문입니다. 분석에 사용할 수 있는 데이터는 아래와 같은 경로를 통해 얻을 수 있습니다.

수집 방식	설명	예시
직접 수집	사용자가 데이터를 수기로 정리하거나 엑셀 파일로 정리	설문 응답 엑셀, 매장 방문객 수 기록
웹사이트 다운로드	공공 데이터, 기업 리포트, 시장 조사 데이터를 CSV, XLSX 등으로 내려받기	통계청 KOSIS, 공공데이터포털
플랫폼 추출	Google Analytics, Shopify, YouTube Studio 등 플랫폼에서 제공하는 데이터 다운로드 기능 활용	유튜브 조회수 CSV, 쇼핑몰 주문내역
API 활용	자동화된 방식으로 실시간 데이터 수집	서울시 열린데이터광장 API, 날씨 API

다양한 방법으로 수집된 데이터는 대부분 CSV, Excel, JSON, Parquet 등의 형식으로 저장됩니다. 각각의 파일 형식마다 특성과 장단점이 다르기 때문에 목적에 맞게 선택하는 것이 중요합니다.

파일 형식	정의	장점	단점
CSV (Comma Separated Values)	값을 쉼표 또는 기타 구분자로 구분한 텍스트 파일	거의 모든 분석 도구에서 사용 가능, 가볍고 공유 용이	데이터 타입 자동 인식 불완전, 구조 표현이 제한적
Excel (.xls, .xlsx)	엑셀에서 사용하는 파일 형식으로 워크시트, 수식, 서식 포함	엑셀에서 사용하는 파일 형식으로 워크시트, 수식, 서식 포함	대용량 처리에 한계, 다른 도구와의 호환성 제한
JSON (JavaScript Object Notation)	키-값 쌍으로 구성된 구조적 데이터 포맷	계층적 구조 표현 가능, 웹 기반 서비스와 호환성 높음	표 형태 데이터에 부적합, 읽기 복잡할 수 있음
파케이(Parquet)	컬럼 기반 저장 포맷으로, 빅데이터 처리에 적합	고압축률, 빠른 처리 속도, 대용량 데이터에 최적화	일반 사용자는 접근 어려움, 전용 도구 필요

이 중에서 CSV 파일을 자주 사용하는데, 이유는 파일 구조가 간단하고 접근성이 좋기 때문입니다. 하지만 데이터 크기나 분석 목적에 따라 다른 파일 포맷도 고려해야 합니다.

어떤 데이터를 어떻게 수집하느냐는 분석 품질과 결과에 큰 영향을 미칩니다. 데이터 분석 작업에 들어가기 전에 분석 목표에 맞는 적절한 파일 형식을 선택하는 것이 중요하다는 점을 잊지 마세요.

2. 데이터 정리 및 전처리

수집된 데이터는 보통 그대로 사용할 수 없는 경우가 많습니다. 데이터 정리(전처리)는 데이터를 깔끔하고 분석 가능한 형태로 만드는 단계입니다. 실제 데이터 분석 업무에서 이 단계가 전체 분석 작업의 50% 이상을 차지하기도 합니다. 이 단계에서는 다음과 같은 작업이 이루어집니다.

- 결측값 처리(빠진 값을 채우거나 제거)
- 이상치(비정상적으로 큰 값 또는 작은 값) 제거
- 날짜 형식이나 단위의 통일
- 잘못된 데이터 삭제 또는 수정
- 분석에 필요 없는 열을 삭제하거나 별도의 파일로 저장

예를 들어 날짜가 '2024년 1월 5일' '2024-01-05' '20240105'처럼 다양한 형식으로 섞여 있다면 이를 통일해야 합니다. 또 매출 금액이 원(₩) 단위와 달러($) 단위로 섞여 있다면 이를 하나로 맞춰주는 작업도 필요합니다.

3. 데이터 요약

데이터 정리가 끝나면 데이터를 요약해 경향과 흐름을 확인하는 단계로 넘어갑니다. 대표적인 방법으로 평균, 중앙값, 최빈값을 통해 데이터를 파악하는 방식이 있습니다.

평균(Mean)	모든 값의 합을 개수로 나눈 값으로, 데이터 전체의 일반적인 경향을 파악할 때 유용.	예) 평균 매출, 평균 만족도 점수
중앙값(Median)	값을 크기순으로 나열했을 때 중간에 위치한 값. 평균보다 이상치(특히 크거나 작은 값)에 덜 영향을 받는다.	예) 연령대의 중앙값, 소득의 중앙값
최빈값(Mode)	가장 빈번하게 나타나는 값으로, 고객들이 주로 어떤 선택을 했는지 파악할 때 사용.	예) 가장 많이 팔린 제품, 설문에서 가장 자주 선택된 응답

4. 데이터 시각화

요약된 데이터는 그래프처럼 시각적 형태로 표현할 때 더 쉽게 이해할 수 있습니다. 대표적으로 사용되는 그래프는 다음과 같습니다.

그래프 종류	쓰임새	예시
막대그래프	항목 간의 값 비교	고객 만족도 등급별 응답 수 비교
꺾은선그래프	시간 흐름에 따른 추이	월별 매출 변화 보기
파이차트	전체 대비 각 항목의 비율	제품별 매출 비중 보기
히스토그램	값의 분포 확인	응답자들의 연령대 분포 확인
산점도	두 변수 간의 관계를 파악	광고 비용 대비 매출액의 상관관계

5. 인사이트 도출

데이터 분석의 가장 중요한 목적은 인사이트 도출입니다. 인사이트는 데이터를 통해 '무엇이 문제이고 어떻게 개선할 수 있을지'에 대한 실질적인 해답을 제공하는 것이죠. 좋은 인사이트와 나쁜 인사이트의 예시는 다음과 같습니다.

- 나쁜 인사이트: "5월 매출이 높았다."
- 좋은 인사이트: "5월 매출이 다른 달에 비해 20% 높았고, 이는 신규 프로모션과 광고 효과가 집중적으로 나타난 결과로 보인다. 따라서 앞으로도 유사한 프로모션을 진행하면 매출 증대 효과를 기대할 수 있다."

CSV 파일 자세히 알아보기

앞의 데이터 수집 단계에서 실무에서 사용하는 다양한 데이터 파일 형식을 알아봤습니다. 그중에서 가장 흔히 사용되고 초보자도 다루기 쉬운 형식은 CSV 파일입니다. 여기서는 CSV 파일의 정의와 구조를 간단히 살펴보고, 실습을 통해 CSV 파일을 직접 활용하는 방법까지 살펴보겠습니다.

CSV 파일의 정의와 특징

CSV는 'Comma Separated Values'의 약자로, 각 값(Value)이 쉼표(Comma)나 탭(Tab) 등으로 구분된 형태의 텍스트 파일입니다. 특히 CSV 파일은 데이터를 주고받을 때나 간단한 통계 분석을 진행할 때 매우 유용하게 활용됩니다. 주요 특징은 다음과 같습니다.

- 텍스트 형식이어서 매우 가볍고 편집이 쉽다.
- 데이터베이스, 엑셀, Google Sheets 등 거의 모든 데이터 분석 도구에서 지원한다.
- 누구나 쉽게 읽고 이해할 수 있어 데이터 공유 및 분석에 적합하다.

CSV 파일의 구조와 예시

CSV 파일은 다음과 같이 간단한 텍스트 형태로 구성됩니다.

날짜, 제품명, 판매량, 매출액

2024-01-01, 커피, 30, 90000

2024-01-01, 샌드위치, 20, 80000

2024-01-02, 커피, 25, 75000

- 첫 번째 줄은 보통 데이터의 열 이름을 나타냅니다.
- 두 번째 줄부터는 실제 데이터가 기록됩니다.
- 각 값은 콤마(,)로 구분되어 있습니다.(때로 탭이나 세미콜론 등 다른 구분자가 사용되기도 함)

위 예시를 보면, CSV 파일은 하나의 데이터 표(Table)와 동일한 구조를 갖고 있음을 알 수 있습니다.

CSV를 자주 쓰는 이유

실제 실무 환경에서 CSV 파일이 자주 쓰이는 이유는 다음과 같습니다.

- 높은 호환성:
  CSV 파일은 어떤 운영체제나 소프트웨어에서도 쉽게 열어볼 수 있습니다. 따라서 데이터를 팀이나 조직 내에서 공유할 때 편리합니다.

- 가벼운 용량:
  복잡한 데이터 형식(엑셀의 XLSX, 파케이 등)과 달리 텍스트 기반이므로 파일 크기가 작아 대량의 데이터를 빠르게 전송하거나 처리할 수 있습니다.

- 쉽고 간편한 사용법:
  복잡한 도구 없이도 메모장 같은 기본 프로그램으로 열어 내용을 빠르게 확인할 수 있습니다.

엑셀에서 CSV 파일 열기

엑셀은 가장 쉽게 CSV 파일을 열 수 있는 프로그램 중 하나입니다. 방법은 매우 간단합니다.

- CSV 파일에서 우클릭 후 [연결 프로그램] → [Microsoft Excel] 선택
- 또는 Excel 실행 후, [파일] → [열기]로 CSV 파일을 선택해 불러오기

> **여기서 잠깐!** CSV 파일을 엑셀로 불러올 때 한글이 깨지거나 데이터가 이상하게 표시되기도 합니다. 이때는 엑셀의 [데이터] → [외부 데이터 가져오기] → [텍스트에서] 기능을 사용해 파일 인코딩(보통 UTF-8)을 선택해 열어주면 정상적으로 표시됩니다.

챗GPT를 이용한 CSV 파일 분석

챗GPT는 데이터 분석을 손쉽게 도와주는 도구로 초보자에게 적합합니다. 예시 파일을 이용해 가볍게 이용해봅시다.

📁 폴더 이름: 15장_데이터 분석을 해봅시다
📁 파일 이름: 15_csvprac.csv

해당 파일을 다운로드 받아 챗GPT 창에 첨부한 뒤, 아래 프롬프트를 입력합니다.

 [Role]
당신은 데이터를 분석하고 주요 통계 지표를 계산하는 데이터 분석 전문가입니다.

[Context]
작업 목표: CSV 파일의 **매출액(Sales)** 컬럼을 기반으로 기본 통계 지표(평균, 중앙값, 최빈

값)를 산출

대상 독자: 마케팅팀, 영업팀, 경영진

핵심 요구: 매출액의 평균, 중앙값, 최빈값을 정확히 계산하여 비즈니스 인사이트에 활용할 수 있도록 제공

[Action]
제공된 CSV 파일의 매출액(Sales) 데이터를 분석하여 평균, 중앙값, 최빈값을 계산하고 간결하게 보고하세요.

[Step]
1. CSV 파일에서 Sales 컬럼 데이터를 추출합니다.
2. 평균(Mean): 모든 매출액을 더한 후 데이터 개수로 나눕니다.
3. 중앙값(Median): 매출액을 크기순으로 정렬 후 중앙값을 찾습니다.
4. 최빈값(Mode): 가장 자주 등장한 매출액 값을 구합니다.
5. 결과를 간결한 요약 형태로 정리합니다.

[파일 첨부]
17_csvprac.csv

요청하신 매출액(Sales) 통계는 다음과 같습니다.

1. 매출액의 평균: 88,926 원
2. 매출액의 중앙값: 74,400 원
3. 가장 많이 발생한 매출액(최빈값): 8,100 원, 66,500 원, 70,600 원 (3개의 값이 동일 빈도로 가장 많이 등장)

혹시 추가로 필요한 분석이나 시각화가 있을까요?

위와 같이 구체적인 프롬프트를 입력하면 챗GPT가 빠르게 데이터를 요약해 결과를 제공해줍니다.

기초 통계 개념 간단하게 알아보기

데이터 분석의 핵심 목표는 복잡하고 방대한 데이터를 쉽고 명확하게 이해하는 것입니다. 이를 위해 자주 사용하는 기초 통계 개념이 바로 평균, 중앙값, 최빈값이죠. 이 세 가지 통계치는 모두 데이터를 요약해 보여주는 역할을 하지만, 서로 다른 방식으로 데이터를 설명하기 때문에 각 개념을 정확히 이해하고 활용하는 것이 중요합니다.

1. 평균

평균은 모든 값을 더한 후 전체 개수로 나눈 값입니다. 즉, 여러 데이터 값을 하나의 대표값으로 압축해 데이터의 전체적인 수준이나 경향을 알려주는 지표입니다. 매출 데이터 예시를 봅시다.

요일	월요일	화요일	수요일	목요일	금요일
매출(만 원)	10	15	10	20	100

이 데이터를 평균으로 계산하면, 이 가게의 일 평균 매출은 31만 원입니다. 하지만 실제로 월~목요일은 모두 20만 원 이하이고, 금요일만 100만 원으로 특이하게 높은 상황이지요. 평균이 극단값(이상치)에 민감하기 때문입니다.

2. 중앙값

중앙값은 데이터를 크기 순서대로 나열했을 때, 가장 가운데 위치한 값입니다. 데이터의 중간 지점을 나타내므로 극단적인 값(이상치)의 영향을 덜 받습니다. 위 예시의 매출 데이터를 크기 순으로 정렬하면…

매출(만 원)	10	10	15	20	100

중앙값은 정중앙에 있는 15만 원입니다. 다소 높게 나타난 평균값과 달리 중앙값 15만 원은 실제 매출의 중간 수준을 더 현실적으로 보여줍니다.

3. 최빈값

최빈값은 데이터에서 가장 자주 등장하는 값입니다. 최빈값은 데이터에서 어떤 값이 가장 일반적이고 흔한지를 직관적으로 알 수 있게 해줍니다. 위의 매출 예시에서 가장 자주 나타난 값은 10만 원이므로 최빈값은 10만 원입니다. 최빈값은 고객들의 가장 흔한 반응이나 가장 자주 발생하는 매출 수준을 파악할 때 유용합니다.

평균·중앙값·최빈값은 왜 함께 봐야 할까?

어떤 하나의 통계치만으로는 데이터의 전체 모습을 제대로 파악하기 어렵기 때문입니다. 평균은 전체적인 수준을 잘 보여주지만 아주 높은 매출, 소수의 고액 고객과 같은 극단적인 값의 영향을 크게 받습니다. 반대로 중앙값은 이러한 이상치에 덜 민감하며, 실제 데이터의 중간 지점을 안정적으로 알려줍니다. 최빈값은 데이터에서 가장 흔히 발생하는 수치를 명확히 알려줘 가장 자주 경험하는 상황이나 패턴을 보여줍니다.

다음은 실제 데이터로 평균·중앙값·최빈값을 쉽게 확인할 수 있는 챗GPT 프롬프트 예시입니다. CSV 파일을 챗GPT에 업로드한 뒤, 아래처럼 요청하면 바로 확인 가능합니다.

[Role]
당신은 데이터 분석 전문가이며, 제공된 CSV 파일의 매출 데이터에 대한 핵심 통계 지표를 계산하는 역할을 수행합니다.

[Context]
작업 목표: CSV 파일의 매출(Sales) 열을 기반으로 평균, 중앙값, 최빈값을 계산해 경영진 및 마케팅팀에 제공

대상 독자: 경영진, 영업팀, 데이터 분석팀

핵심 요구: 매출 데이터의 주요 통계 지표를 정확하고 간결하게 보고

[Action]

CSV 파일의 매출(Sales) 열 데이터를 분석하여 평균, 중앙값, 최빈값을 각각 계산해 보고하세요.

[Step]

1. CSV 파일에서 매출(Sales) 열 데이터를 추출합니다.
2. 평균(Mean): 전체 매출합을 개수로 나눕니다.
3. 중앙값(Median): 매출 데이터를 오름차순 정렬 후 중앙값을 선택합니다.
4. 최빈값(Mode): 가장 빈도가 높은 값을 구합니다.
5. 계산 결과를 각각 개별 값으로 제시합니다.

[파일 첨부]

15_csvprac.csv

왜도와 산포: 평균만으로는 보이지 않는 데이터의 숨은 얼굴

평균, 중앙값, 최빈값을 통해 데이터의 중심이 어디쯤 있는지 대략 파악할 수 있지요. 하지만 데이터를 한눈에 다 이해했다고 보기는 어렵습니다. 같은 평균을 가진 데이터라도 숫자의 '흩어짐'이나 '기울어짐'이 전혀 다를 수 있기 때문입니다.

1. 산포: 데이터가 얼마나 퍼져 있는가?

산포란 데이터가 평균을 중심으로 얼마나 퍼져 있는지를 의미합니다. 모든 값이 평균 근처에 몰려 있다면 산포가 작은 것이고, 값이 들쭉날쭉 흩어져 있다면 산포가 큰 것입니다. 예시를 보시죠.

- A 매장의 하루 매출이 매일 30만 원으로 일정하다면, 평균은 30이고 산포도 거의 없다.

- B 매장의 매출이 10만 원, 15만 원, 30만 원, 60만 원, 100만 원으로 매우 다양하다면, 평균은 같더라도 산포는 훨씬 크다.

산포가 크면 전체 흐름을 예측하거나 일반화하기 어렵습니다. 평균만 보면 '평탄한 경향'으로 보이지만, 실제로는 굉장히 들쭉날쭉할 수 있기 때문입니다.

2. 왜도: 데이터가 한쪽으로 치우쳐 있는가?

왜도는 데이터가 대칭적인지, 아니면 어느 한쪽으로 기울어져 있는지를 나타내는 개념입니다.

- 오른쪽으로 꼬리가 긴 경우(양의 왜도): 이상치가 큰 쪽에 몰려 있음 → 평균이 중앙값보다 크다.
- 왼쪽으로 꼬리가 긴 경우(음의 왜도): 이상치가 작은 쪽에 몰려 있음 → 평균이 중앙값보다 작다.

요일	월요일	화요일	수요일	목요일	금요일
매출(만 원)	10	15	10	20	100

위의 예시에서 평균은 31만 원이지만 중앙값은 15만 원에 불과합니다. 평균이 유난히 높은 것은 '100만 원'이라는 값이 극단적으로 크기 때문이지요. 이렇게 평균보다 중앙값이 낮은 경우 보통 오른쪽으로 치우친 분포, 즉 양의 왜도를 가진 데이터라고 할 수 있습니다.

> **여기서 잠깐!**
>
> **왜 흩어짐이나 기울어짐까지 살펴봐야 할까?**
>
> 데이터 분석의 목적은 단순히 '평균이 얼마다'라는 숫자를 구하는 데 있지 않습니다. 중요한 것은 숫자가 말해주는 진짜 의미를 파악하는 것이죠. 데이터를 분석한 후 내리는 판단이나 결정이 잘못된 요약 정보에 기반하면, 오히려 잘못된 방향으로 결정을 내릴 수 있습니다. 예를 들어, 평균 매출이 50만 원이라고 해서 모든 날에 50만 원의 매출이 발생하는 것은 아닌 것처럼요.

- 어떤 날은 10만 원, 어떤 날은 90만 원일 수 있습니다.
- 이처럼 실제 값들의 폭이 클 경우, 평균값은 현실을 오히려 왜곡할 수 있습니다.

또 소수 고객이 매우 큰 금액을 결제한 경우처럼 데이터가 한쪽으로 크게 치우쳐 있다면, 전체 경향이 아닌 특이 사례에 이끌려 평균이 높게 계산되는 일도 발생합니다. 이런 상황에서는 중앙값이나 산포도 함께 봐야 데이터의 전반적인 분포나 안정성을 보다 정확하게 이해할 수 있습니다. 산포와 왜도를 함께 보면 다음과 같은 판단이 가능해집니다.

통계 지표	질문	의미
산포	이 데이터는 예측하기 쉬운가, 들쭉날쭉한가?	값이 일정하게 모여 있으면 안정적, 퍼져 있으면 위험 요소 가능
왜도	데이터가 한쪽에 쏠려 있지는 않은가?	이상치 존재 여부와 분포 방향을 판단 가능

이러한 보완적 지표들은 데이터의 본질을 오해하지 않기 위해 반드시 확인해야 할 요소입니다. 단순한 숫자보다 숫자가 말하는 맥락을 이해하는 것이 진짜 데이터 분석이라고 볼 수 있지요.

실습 시나리오 살펴보기

이번 실습에서는 반려동물 용품 브랜드의 실제 판매 데이터를 활용해 기본적인 통계 분석과 시각화를 직접 경험해보겠습니다. 총매출 데이터를 기준으로 평균, 중앙값, 최빈값을 구해 보고, 시간 흐름에 따른 매출 추이를 꺾은선그래프로 살펴보고자 합니다.

📁 폴더 이름: 15장_데이터 분석을 해봅시다
📁 파일 이름: 15_sales.csv

제공되는 실습용 CSV 파일에는 다음과 같은 정보가 들어 있습니다.

열 이름	설명
날짜	제품이 판매된 날짜 예) 2025-01-15
제품명	판매된 제품의 이름 예) 고양이간식 A
카테고리	제품 분류 예) 간식, 사료, 장난감
판매수량	해당 날짜에 판매된 수량
단가	제품 1개당 가격(원)
총매출	판매수량 × 단가 = 매출합계 예) 4 × 12,000 = 48,000

실습 1 | 총매출 데이터 요약하기

데이터 분석의 첫걸음은 데이터를 요약해 큰 흐름을 파악하는 것입니다. 여기서는 판매 기록 중 '총매출' 열을 중심으로 평균, 중앙값, 최빈값을 계산해보겠습니다. 그리고 이를 통해 아래와 같은 사항을 파악해보겠습니다.

- 전체 매출 수준이 어느 정도인지 평균으로 파악
- 매출 중간 수준을 중앙값으로 이해
- 가장 흔히 나타나는 매출 금액을 최빈값으로 파악

[Role]
당신은 CSV 데이터를 분석하는 데이터 분석 전문가입니다.

[Context]
작업 목표: CSV 파일의 '총매출' 열 데이터를 분석하여 평균, 중앙값, 최빈값을 계산해 보고
대상 독자: 경영진, 재무팀, 데이터 분석팀

핵심 요구: '총매출' 열의 주요 통계 지표를 정확하게 산출하여 경영 의사결정 자료로 제공

[Action]
CSV 파일의 '총매출' 열 데이터를 기반으로 평균, 중앙값, 최빈값을 각각 계산하여 보고하세요.

[Step]
    1. CSV 파일에서 '총매출' 열 데이터를 추출합니다.
    2. 평균(Mean): 모든 총매출 값을 합산 후 개수로 나눕니다.
    3. 중앙값(Median): 총매출 데이터를 오름차순 정렬 후 중앙값을 선택합니다.
    4. 최빈값(Mode): 가장 많이 등장한 총매출 값을 구합니다.
    5. 결과를 각각의 값으로 간결히 정리합니다.

[파일 첨부]
{15_sales.csv 파일}

CSV 파일의 '총매출' 열에 대한 통계값은 다음과 같습니다:

- 평균값(Mean): 20,900원
- 중앙값(Median): 16,000원
- 최빈값(Mode): 3,500원

추가 분석이나 시각화가 필요하시면 알려주세요.

위와 같은 프롬프트를 통해 결과를 얻었다면 '평균과 중앙값이 얼마나 차이가 나는가?' '최빈값이 의미하는 것은 무엇인가?' '데이터에 이상치(유난히 큰 값)가 포함되어 있는가?'와 같은 질문들을 이어 해볼 수 있습니다.

중앙값이 평균보다 낮게 나오는 이유는 뭘까?

 좋은 질문입니다. 중앙값이 평균보다 낮게 나오는 이유는 데이터 분포가 오른쪽으로 치우쳐 있는 경우, 즉 일부 값들이 매우 크기 때문입니다. 이 현상을 조금 더 구체적으로 설명하면 다음과 같습니다:

□ 평균 vs 중앙값 비교

개념	정의	민감도
평균	전체 값을 더해서 개수로 나눈 값	극단값에 민감
중앙값	전체 값을 크기순으로 정렬했을 때 가운데 있는 값	극단값에 둔감

□ 이번 데이터에서 적용해 보면
- 대부분의 '총매출' 값이 낮은 가격대(예: 15,000원~20,000원)에 분포해 있음
- 일부 거래에서 매우 높은 총매출(예: 48,000원 등)이 있어 평균을 끌어올림
- 그러나 중앙값은 전체 값을 정렬했을 때 가운데 값이기 때문에 이러한 큰 값의 영향이 적음

□ 시각적으로 보면
- 데이터 분포가 오른쪽 꼬리를 갖는 모양 (Right-skewed distribution)
- 예시: 대부분은 간식이지만, 몇 건의 사료 매출이 큰 금액을 만들어 전체 평균을 높임

필요하다면 이 분포를 히스토그램으로 시각화해드릴 수 있습니다. 원하시면 그래프를 그려드릴까요?

실습 2 날짜별 매출 시각화하기

숫자만 나열된 데이터를 보는 것보다 그래프로 흐름을 파악하면 훨씬 이해하기 쉽습니다. 이번에는 '날짜별 총매출' 데이터를 꺾은선그래프 형태로 시각화해보겠습니다. 우리는 프롬프트를 통해 아래와 같은 것을 알아볼 예정입니다.

- 시간 흐름에 따라 매출이 어떻게 변했는지 꺾은선그래프로 확인한다.
- 특정 날짜의 이상치를 파악한다.
- 매출의 추이를 통해 마케팅이나 운영에 대한 인사이트를 얻는다.

> **여기서 잠깐!**
> 그래프를 그리는 경우, 한글이 제대로 표현되지 않는 문제가 발생할 수 있습니다. 이럴 때는 4장에서 활용한 한글 패치 파일을 이용합니다.
>
> 📁 폴더 이름: 4장_업무를 단숨에 요약해봅시다
> 📁 파일 이름: koreanize_matplotlib-0.1.1-py3-none-any.whl
>
>

[Role]
당신은 CSV 데이터 기반 시각화를 담당하는 데이터 분석 및 비주얼라이제이션 전문가입니다.

[Context]
작업 목표: CSV 파일의 '날짜'별 '총매출' 데이터를 꺾은선그래프로 시각화하고, 구조 및 해석 방법 설명, 이상치 분석과 해석 포함
대상 독자: 경영진, 데이터 분석팀, 마케팅팀
핵심 요구: 시각적으로 직관적인 그래프 작성과 함께 상세 해석 및 이상치 분석 제공

[Action]
CSV 파일의 '날짜'별 '총매출' 데이터를 꺾은선그래프로 시각화하고, 구조 및 해석 방법을 설명하며, 이상치를 파악해 원인을 분석하세요. 그래프 작성 시 첨부된 whl 파일

(라이브러리)을 사용하세요.

[Step]

1. CSV 파일에서 '날짜'와 '총매출' 데이터를 추출합니다.
2. 첨부된 whl 파일을 설치 및 임포트하여 시각화 라이브러리를 사용합니다.
3. 꺾은선그래프를 작성하고, x축은 '날짜', y축은 '총매출'로 설정합니다.
4. 그래프의 구조(예: 추세선, 계절성, 급등락 구간 등)와 해석 방법을 구체적으로 설명합니다.
5. 특정 날짜의 이상치를 식별하고, 그 원인(예: 프로모션, 공급 차질, 데이터 오류 등)을 분석합니다.
6. 최종 결과물을 보고용 그래프 이미지와 함께 간결한 요약 해설로 정리합니다.

[파일 첨부]

{15_sales.csv 파일}

{koreanize_matplotlib-0.1.1-py3-none-any.whl 파일}

 ☑ 날짜별 총매출 꺾은선 그래프 설명

1. 그래프 구조
   - X축 (가로축): 판매일자 (2025-01-01부터 2025-01-31)
   - Y축 (세로축): 해당 날짜의 총매출(원 단위)
   - 데이터 표현 방식: 각 날짜의 총매출 합계를 점으로 표시하고, 이를 선으로 연결한 꺾은선 그래프

2. 그래프 해석 방법
   - 선이 가파르게 상승하는 지점은 매출이 급증한 시점 → 이벤트나 대량 구매 가능성
   - 선이 급격히 하락하거나 0에 가까운 지점은 매출이 거의 없던 시점 → 비영업일 가능성
   - 매출의 전반적인 변동성, 주기성, 이상점을 한눈에 파악 가능

□ 이상치(outlier) 분석

그래프에서 두드러지게 높은 매출을 기록한 날짜들:

날짜	총매출
2025-01-15	136,000원
2025-01-19	134,000원
2025-01-08	86,000원
2025-01-24	80,000원
2025-01-03	70,000원

□ 이상치 판단 기준

- 전체 평균 매출은 약 20,900원
- 위 날짜들은 평균의 3~6배 이상으로, 통계적 이상값(outliers)으로 간주 가능

□ 이상치 원인 추정

- 2025-01-15 / 01-19: 높은 단가 제품(예: 고양이 사료) 대량구매 발생 가능성
- 특정 날짜에 프로모션, 정기배송, 기업/도매 구매와 같은 집중 판매 이벤트 있었을 수 있음
- 추가로 제품별 판매량을 교차 분석하면 이상 원인 파악이 더 명확해질 수 있음

필요하다면 해당 이상치 날짜에 어떤 제품이 몇 개 팔렸는지 분석해드릴 수도 있습니다. 원하시면 말씀해주세요.

여기서 더 나아가 해당 데이터를 통해 조금 더 심화된 분석을 요청할 수도 있습니다.
- 어떤 날짜에 매출이 급증했는가?
- 주말이나 특정 요일에 매출이 더 높은 경향이 있는가?
- 매출 추세는 일정한가 아니면 들쑥날쑥한가?

[Role]
당신은 매출 데이터에서 요일별 패턴과 추세를 분석하고, 이를 기반으로 경영 전략 인사이트를 도출하는 데이터 분석 전문가입니다.

[Context]
작업 목표: CSV 파일의 매출 데이터를 분석하여 요일별 매출 경향을 파악하고, 이를 바탕으로 운영 전략에 도움이 되는 인사이트 리포트를 작성
대상 독자: 경영진, 영업팀, 마케팅팀, 운영팀
핵심 요구: 요일별 매출 패턴 식별, 전체 매출 추세 분석, 이를 토대로 한 운영 전략 제안

[Action]
CSV 데이터에서 요일별 매출 경향과 전반적인 매출 추세를 분석한 뒤, 이를 바탕으로 구체적인 운영 인사이트를 포함한 리포트를 작성하세요.

[Step]
1. CSV 파일에서 '날짜'와 '매출' 데이터를 추출합니다.
2. 날짜를 기준으로 요일 정보를 생성합니다.
3. 요일별 매출 평균과 분포를 분석하여 특정 요일의 매출 우세 여부를 파악합니다.
4. 전체 매출의 시간 추세(주간, 월간 등)를 분석합니다.
5. 분석 결과를 기반으로 영업 전략, 마케팅 캠페인, 재고 및 인력 운영 전략 등 구체적인 인사이트를 제안합니다.
6. 요약 결과와 함께 표 혹은 간단한 시각 자료를 포함해 경영진이 쉽게 이해할 수 있도록 작성합니다.

[파일 첨부]
{15_sales.csv 파일}

▢ 요일별 매출 분석 결과

요일	평균 총매출 (원)
월	25,625
화	19,833
수	26,444
목	19,611
금	18,750
토	11,312
일	27,214

☐ 주요 인사이트 요약

1. 가장 높은 평균 매출 요일은 '일요일'과 '수요일'
   - 일요일(27,214원)과 수요일(26,444원)에 매출이 가장 높음
   - 특히 주말 중 일요일만 높고, 토요일은 가장 낮음(11,312원) → 흥미로운 비대칭
2. 평일은 전반적으로 고르게 분포, 단 금요일 매출은 가장 낮은 편
   - 화~목은 19,000원대, 월요일은 다소 높은 편

☐ 운영 인사이트 리포트

1. 주간 프로모션 전략 조정
   - 일요일은 고객 방문 및 구매 집중일 → 이벤트/신상품 노출 최적일
   - 토요일은 매출 저조 → 원인 분석 필요 (배송 불가, 고객 비활성 등?)
   - 수요일 집중구매는 재입고 또는 정기구매 주기와 연관 가능성 있음
2. 인력 배치 및 운영시간 조정
   - 일요일과 수요일에 인력 및 재고 충분히 배치
   - 토요일은 인력 최소화 또는 특가/이벤트로 매출 유도 가능성 검토
3. CRM/알림 마케팅 시점
   - 화요일 또는 목요일: 구매율 중간 수준 → 구매 리마인더/쿠폰 발송 최적일
   - 예: "이번 주 일요일 특가 사료 구매 혜택" 등 리드 타이밍 설정 가능

> 필요하다면 "요일 + 제품명" 조합별 분석도 가능하며, 정기구매 패턴도 추정해드릴 수 있습니다. 추가 분석이 필요하시면 알려주세요.

실습 3 | 고객 만족도 분석하기

이번에는 고객의 만족도 설문 데이터를 분석해보겠습니다. 실제로 고객의 의견을 수집하고 분석하는 일은 마케팅, 기획, 영업 등 거의 모든 부서에서 중요하게 다루는 업무입니다. 이번 실습에서는 챗GPT에 설문 데이터를 업로드하고, 만족도 등급별 분포를 시각화하며, 만족도와 재구매 의향 사이의 관계까지 살펴볼 예정입니다.

📁 폴더 이름: 15장_데이터 분석을 해봅시다
📁 파일 이름: 15_customer.csv

이번 실습에서는 다음과 같은 형태의 CSV 파일을 사용합니다. 이 데이터는 반려동물 관련 제품을 구매한 고객을 대상으로 한 간단한 설문조사 결과입니다.

응답자ID	성별	연령대	구매상품	만족도 등급	재구매 의향
C001	남	20대	습식 캔	매우만족	예
C002	남	20대	종합 영양제	만족	예
C003	남	30대	종합 영양제	보통	예
C004	여	30대	건식 사료	보통	아니오
C005	남	30대	건식 사료	만족	예
C006	여	20대	프리미엄 고양이 사료	만족	예

이 데이터를 챗GPT에 업로드한 뒤, 다음과 같은 질문을 던지면서 분석을 시작합니다.

① 만족도 등급별 분포 확인하기

먼저 고객들이 어느 정도 만족했는지를 알아보기 위해 '만족도등급' 항목을 기준으로 분포를 확인해봅니다. 막대그래프를 함께 그려 보면 시각적으로도 명확하게 파악할 수 있습니다.

> **여기서 잠깐!**
>
> 한글이 제대로 표현되지 않는다면, 4장의 한글 패치 파일을 이용하세요.
>
> 📁 폴더 이름: 4장_업무를 단숨에 요약해봅시다
> 📁 파일 이름: koreanize_matplotlib-0.1.1-py3-none-any.whl
>
>

 [Role]
당신은 설문 데이터 분석 및 시각화를 담당하는 데이터 분석 전문가입니다.

[Context]
작업 목표: 첨부된 CSV 파일의 '만족도등급' 열 데이터를 분석하여 등급별 응답자 수를 산출하고, 그 결과를 막대그래프로 시각화
대상 독자: 경영진, 고객 경험팀, 마케팅팀
핵심 요구: 등급별 분포를 정확히 파악하고 시각적으로 쉽게 이해할 수 있도록 제공

[Action]
CSV 파일의 '만족도등급' 열을 분석하여 등급별 응답자 수를 집계하고, 그 결과를 첨부된 whl 파일(시각화 라이브러리)을 사용하여 막대그래프로 시각화하세요.

[Step]
1. CSV 파일에서 '만족도등급' 열 데이터를 추출합니다.
2. 각 만족도 등급별 응답자 수를 집계합니다.
3. 첨부된 whl 파일을 설치 및 임포트하여 시각화 라이브러리를 사용합니다.

    4. 등급별 응답자 수를 표시하는 막대그래프를 작성합니다.
    5. 그래프에 등급명과 응답자 수 라벨을 포함하여 가독성을 높입니다.
    6. 최종 그래프와 함께 간단한 분석 요약을 작성합니다.

[첨부 파일]
{15_customer.csv 파일}
{koreanize_matplotlib-0.1.1-py3-none-any.whl 파일}

위 그래프는 만족도 등급 항목을 기준으로 각 등급별 응답자 수를 막대그래프로 나타낸 것입니다. 주요 해석 포인트는 다음과 같습니다:

- 등급별 응답자 수: 등급이 올라갈수록(또는 특정 구간에 따라) 응답자 수가 어떻게 분포하는지를 파악할 수 있습니다.
- 불균형 여부: 특정 등급(예: '매우 만족' 혹은 '불만족')에 쏠림 현상이 있는지도 확인 가능합니다.
- 운영 인사이트: 특정 만족도 구간에서 응답이 몰려 있다면, 해당 등급을 유발한 요인에 대한 분석을 통해 서비스 개선의 단초를 찾을 수 있습니다.

더 깊이 있는 분석이나 등급별 추가 지표 비교가 필요하면 말씀해주세요.

② 만족도와 재구매 의향의 관계 분석하기

이번에는 고객의 만족도가 실제 재구매 의향과 어떤 관련이 있는지를 분석해보겠습니다. 이를 위해 두 항목 간의 관계를 보여주는 '교차표'를 만들고, 간단한 해석도 함께 요청합니다.

[Role]
당신은 설문 데이터 분석을 통해 고객 행동 패턴을 분석하는 데이터 분석 전문가입니다.

[Context]

작업 목표: CSV 파일의 '만족도 등급'과 '재구매 의향' 열 간의 관계를 교차표로 분석하고, 이를 바탕으로 고객 행동 경향을 도출

대상 독자: 경영진, 마케팅팀, 고객 경험팀

핵심 요구: 교차표를 통해 두 변수 간의 관계를 시각적으로 제시하고, 경영 전략에 필요한 해석을 제공

[Action]

CSV 파일의 '만족도 등급'과 '재구매 의향' 열 데이터를 기반으로 교차표를 작성하고, 그 결과를 해석하여 고객 행동 경향을 분석하세요.

[Step]

1. CSV 파일에서 '만족도 등급'과 '재구매 의향' 열 데이터를 추출합니다.
2. 두 변수 간의 교차표(분할표)를 작성하여 등급별 재구매 의향 분포를 계산합니다.
3. 교차표의 각 셀에 해당하는 응답자 수 또는 비율을 포함합니다.
4. 교차표 데이터를 기반으로 만족도와 재구매 의향 간 상관 관계나 경향을 해석합니다.
5. 해석 결과를 간결하고 명확하게 보고용으로 정리합니다.

[첨부 파일]

{15_customer.csv 파일}

만족도등급-재구매의향 교차표

	만족도등급	아니오	예	합계
1	만족	4	11	15
2	매우만족	4	14	18
3	매우불만족	1	1	2
4	보통	1	7	8
5	불만족	2	5	7
6	합계	12	38	50

위 교차표를 바탕으로 다음과 같은 경향을 해석할 수 있습니다:

주요 경향 요약:

1. 만족도가 높을수록 재구매 의향이 높음
   - 매우만족: 14명 중 14명(77.8%)이 재구매 의향이 있다고 응답
   - 만족: 11명(73.3%)이 재구매 의향 있음
   → 만족도가 높을수록 재구매 의향도 높게 나타나는 긍정적 상관관계가 있음.
2. 보통 이하의 등급에서는 재구매 의향이 낮아짐
   - 보통: 7명(87.5%)이 재구매 의향이 있음 → 예상보다 높음
   - 불만족, 매우불만족: 재구매 의향이 있는 비율이 상대적으로 낮음 (불만족: 5/7명, 매우불만족: 1/2명)
3. 예외적 관찰 포인트
   - 보통 응답자 중 상당수가 재구매 의향을 나타낸 점은 주목할 만함 → 제품 자체는 괜찮지만 세부적 경험에서 아쉬움이 있었을 가능성

인사이트 제안:

- 재구매율을 높이기 위한 핵심 타겟은 '만족'과 '매우만족'층입니다. 이들에 대한 고객 유지 전략(혜택 제공, 후기 유도 등)이 효과적일 수 있습니다.
- '보통' 응답자군에 대한 세분 분석도 필요합니다. 비교적 재구매 의향이 높기 때문에, 이 그룹을 상위 만족군으로 유도하는 작은 개선이 전체 재구매율 향상에 도움이 될 수 있습니다.
- 불만족 이하 등급에 대해서는 클레임 유형 파악 및 원인 분석이 병행되어야 하며, 적극적인 CS 대응이 재구매율 회복의 열쇠가 될 수 있습니다.

필요하다면 이 데이터를 바탕으로 시각화도 도와드릴 수 있습니다.

여기서 잠깐!

교차표란?

교차표란 두 개 이상의 범주형 변수 간의 관계를 한눈에 보여주는 표를 말합니다. 예를 들어 고객의 만족도 등급과 재구매 의향이 서로 어떤 경향을 보이는지 정리할 수 있습니다.

즉, 행(row)과 열(column)에 각각 다른 범주형 변수의 값을 배치해 각 조합이 얼마나 자주 나타나는지를 수치로 보여주는 것이 교차표입니다. 예시로 아래와 같은 교차표를 살펴봅시다.

	재구매 의향: 예	재구매 의향: 아니오	합계
만족도: 매우만족	2	0	2
만족도: 만족	2	0	2
만족도: 보통	1	1	2
합계	5	1	6

이 교차표를 보면 '매우만족'과 '만족' 그룹의 고객은 모두 '예'라고 응답한 반면, '보통' 그룹에서는 재구매 의향이 절반으로 줄어든 것을 확인할 수 있습니다.

※ 교차표를 사용하는 이유
- 두 변수 간의 상관관계를 시각적으로 쉽게 파악할 수 있음
- 간단한 수치 비교만으로도 의사결정에 유용한 인사이트 도출 가능
- 향후 마케팅 타겟을 세분화하거나 문제 영역을 진단하는 데 활용됨

16
엑셀 업무 속도 높이기

엑셀은 단순한 표 그리기 프로그램이 아닙니다. 잘 활용하면 수작업으로 몇 시간 걸리는 업무를 짧은 시간 안에 끝낼 수 있게 만들어줍니다. 중요한 것은 기능을 다 외우는 것이 아니고, 필요한 기능을 상황에 맞게 꺼내 쓰는 능력입니다. 이 장에서는 챗GPT를 활용해 엑셀을 제대로 다뤄본 적이 없는 사람도 자연스럽게 익힐 수 있도록 기본기를 살펴보려고 합니다.

엑셀을 구성하는 가장 기본적인 용어

엑셀을 사용하기 위해서는 몇 가지 용어부터 이해해야 합니다. 일반적으로 다음과 같은 용어를 자주 사용합니다. 각각의 의미와 차이를 살펴보죠.

셀(Cell)

셀은 엑셀에서 데이터를 입력하는 기본적인 단위입니다. 엑셀 화면에서 하나하나의 작은 칸을 모두 셀이라고 부르죠. 셀은 열과 행의 교차점으로 표현되며, 주소를 표시할 때는 알파벳(열)과 숫자(행)의 조합으로 표현합니다. 예를 들어 이런 식으로 나타내지요.

- A1: A열(세로)의 1행(가로)에 있는 셀
- C4: C열(세로)의 4행(가로)에 있는 셀

행(Row)

행은 가로 방향으로 데이터를 나열한 줄을 말합니다. 엑셀 화면 맨 왼쪽에 있는 숫자 (1, 2, 3, 4…)로 구분됩니다. 다음 데이터는 2개의 행으로 구성되어 있는 경우죠.

	A	B	C
1	2025-05-01	김철수	출근
2	2025-05-01	이영희	결근

- 1행은 2025-05-01, 김철수, 출근 데이터를 포함
- 2행은 2025-05-01, 이영희, 결근 데이터를 포함

열(Column)

열은 세로 방향으로 데이터를 나열한 줄입니다. 엑셀 화면 맨 위에 있는 알파벳(A, B, C, D…)으로 구분됩니다. 앞의 표에서 볼 수 있듯, 한 열에는 같은 종류의 데이터를 모아놓습니다.

- A열에는 날짜가 들어 있다(2025-05-01, 2025-05-01).
- B열에는 이름이 들어 있다(김철수, 이영희).
- C열에는 출석 상태가 들어 있다(출근, 결근).

헷갈리기 쉬운 '레코드'와 '필드' 개념

엑셀을 쓰다 보면 '레코드'와 '필드'라는 용어를 자주 접하게 됩니다. 이 두 용어는 행과 열의 개념과 비슷해서 헷갈리기 쉬운데, 실제로는 조금 더 특별한 의미를 갖고 있지요.

레코드(Record)

레코드는 한 사람이나 사물에 대한 모든 정보를 가로 한 줄로 표현한 데이터입니다. 쉽게 말해, 개별 데이터의 전체 정보를 뜻하죠.

날짜	직원 이름	출근시간	퇴근시간		
2025-05-01	김철수	9:00	18:00		
2025-05-01	이영희	9:10	18:10		

(행(row) 레코드(record) / 열(column) / 필드(field))

위의 표에서 첫 번째 레코드는 2025-05-01, 김철수, 9:00, 18:00입니다. 이렇게 한 사람(김철수)의 하루 근무에 대한 모든 정보를 하나의 레코드라고 합니다.

필드(Field)

필드는 데이터를 구분하는 기준(항목)입니다. 엑셀에서는 열 하나하나가 각각의 필드를 의미하죠. 위의 예시에서 필드는 날짜 필드, 직원 이름 필드, 출근시간 필드, 퇴근시간 필드가 되겠네요. 필드는 데이터를 종류별로 나누는 구분선 역할을 합니다.

- 레코드: 한 사람이나 한 사건에 대한 전체 데이터 → 행 단위
- 필드: 데이터를 구분하는 기준 항목 → 열 단위

엑셀의 기본 기능 미리보기

필터(Filter)

필터는 특정 조건에 맞는 데이터만 화면에 표시해주는 기능입니다. 예를 들어 '결근한 직원만 보고 싶다'거나 '4월 10일 출근자만 보고 싶다'는 경우에 활용할 수 있지요.

사용 방법

1. 필터를 적용할 데이터의 첫 줄(제목 줄)을 포함해 전체 영역을 선택
   → 예) A1:D50까지 선택
2. 상단 메뉴에서 [데이터] → [필터]를 클릭

→ 각 열 제목 오른쪽에 작은 ▼ 아이콘이 생긴다.

3. 필터링하고 싶은 열의 ▼를 클릭해 조건을 선택

→ '출근' '결근' 중 '결근'만 체크하면 결근자만 화면에 표시된다.

활용 팁

- 여러 열에 동시에 필터를 걸 수 있습니다.
- 필터링된 데이터는 복사하거나 삭제할 수 있지만, 원래 데이터는 그대로 유지됩니다.

정렬(Sort)

정렬은 데이터를 특정 기준에 따라 순서대로 나열할 때 사용합니다. 예를 들어 출근 시간을 빠른 순서대로 보고 싶거나, 이름순으로 직원 명단을 정리하고 싶을 때 사용합니다.

사용 방법

1. 정렬할 열 하나만 클릭
2. 상단 메뉴에서 [데이터] → [오름차순 정렬] 또는 [내림차순 정렬]을 클릭 → 오름차순: 가나다순 / 숫자 작은 것부터 → 내림차순: 역순 / 숫자 큰 것부터

주의할 점

- 정렬하기 전에 반드시 전체 데이터 영역(A1부터 D50 등)을 함께 선택해야 합니다. 열 하나만 선택하면 다른 데이터와 순서가 엉킬 수 있습니다.
- 가장 안전한 방법은 제목 포함 전체 표를 선택한 후, 정렬 대상을 지정하는 것입니다. [데이터] → [정렬] → '정렬 기준'에서 열 선택 → 정렬 순서 지정

피벗테이블(Pivot Table)

피벗테이블은 복잡한 데이터를 요약해 보여주는 표입니다. 예를 들어 '직원별 총 근무 일수' '월별 결근 횟수' '상품별 매출 합계' 같은 통계를 자동으로 만들어줍니다.

사용 방법

1. 분석할 데이터 전체 영역을 선택 → 예: A1:D50
2. 상단 메뉴에서 [삽입] → [피벗 테이블] 클릭
3. 새 시트 또는 기존 시트 중 삽입 위치를 선택하고 [확인]
4. 우측에 '피벗테이블 필드' 창이 뜨며, 여기서 분석 목적에 따라 드래그하여 설정

예시: 직원별 결근 횟수 계산

- 행(Row)에 → '직원 이름'
- 값(Value)에 → '출근 여부'
- 출근 여부 열이 텍스트라면 '개수(Count)'로 자동 계산됨
- 결근만 세고 싶다면, 원본 데이터를 '결근'만 따로 표시한 열로 만들어야 함
  (예: "=IF(D2="결근", 1, 0)" 같은 수식으로)

활용 팁

- 피벗테이블은 원본 데이터가 바뀌면 [피벗테이블 새로고침] 기능을 이용해 최신 상태로 업데이트할 수 있습니다.
- 값의 합계, 평균, 개수 등 여러 방식으로 요약 가능합니다.

실습 시나리오 살펴보기

자, 이제 엑셀과 챗GPT를 활용해 일상 속에서 실제로 도움이 되는 문서들을 직접 만들어보겠습니다. 먼저 가계부 정리를 해보고, 다음에는 아르바이트 근무표 제작을 해보겠습니다.

실습 1: 가계부 자동 정리

가계부 데이터를 정리하고 분석하는 작업은 생각보다 단순합니다. 엑셀 파일을 준비한 뒤, 챗GPT에게 분석을 부탁하면 누구나 쉽게 소비 패턴을 이해하고 개선할 수 있는 인사이트를 얻을 수 있지요. 여기서는 지출 내역이 담긴 가계부 파일을 활용해 다음과 같은 작업을 수행해보겠습니다.

- 항목별 지출 합계 계산
- 날짜별 소비 내역 정리
- 월별 지출 요약
- 카테고리별 소비 분석
- 시각화 그래프 추천

폴더 이름: 16장_엑셀 업무 속도 높이기
파일 이름: 16_personal_expense_data.xlsx

(1) 챗GPT에게 가계부 데이터를 분석해달라고 요청하기

우선 엑셀 파일을 챗GPT에 업로드하고, 아래와 같은 방식으로 분석을 요청합니다. 단순히 "정리해줘"라고 말하기보다는, 원하는 분석 항목을 구체적으로 명시하는 것이 좋습니다.

[Role]
당신은 개인 재무 데이터를 분석하고 소비 패턴을 시각적으로 정리하는 데이터 분석 전문가입니다.

[Context]
작업 목표: 가계부 데이터를 기반으로 항목별 지출 합계, 날짜별 소비 내역, 월별 지출 요약을 표 형태로 정리하여 재무 관리 및 절약 전략에 활용
대상 독자: 개인, 가계 재무 담당자, 가계부 관리 코치
핵심 요구: 지출 내역을 구조화하고 쉽게 이해할 수 있는 표 형태로 제공

[Action]
제공된 가계부 데이터를 분석하여 항목별 지출 합계, 날짜별 소비 내역, 월별 지출 요약을 표로 작성하세요.

[Step]

1. 가계부 데이터에서 '항목', '날짜', '금액' 열 데이터를 추출합니다.
2. 항목별 지출 합계를 계산하여 표로 정리합니다.
3. 날짜별 소비 내역을 일자 기준으로 정렬한 표를 작성합니다.
4. 월별 지출을 집계하고, 월별 합계와 주요 항목 요약을 포함한 표를 작성합니다.
5. 모든 표를 한눈에 보기 쉽도록 정리하고, 필요시 간단한 분석 코멘트를 추가합니다.

[파일 첨부]

{16_personal_expense_data.xlsx}

 아래는 각 분석 내용을 마크다운 표 형태로 직접 작성한 결과입니다.

☑ 항목별 지출 합계

분류	지출금액
교통비	83,200
생활비	143,200
쇼핑	118,700
엔터테인먼트	69,900
식비	197,400

☑ 날짜별 소비 내역 (상위 일부 예시)

날짜	지출금액
2025-03-01	3,900
2025-03-02	5,500
2025-03-03	37,700
2025-03-04	35,700
2025-03-05	27,900
...	...

전체 날짜별 내역은 너무 길어 일부만 예시로 표시하였습니다.

☑ 월별 지출 요약

월	지출금액
2025-03	511,200
2025-04	753,800
2025-05	461,400

필요하신 경우 월별 평균 지출, 주간 요약, 결제수단별 분석도 추가해드릴 수 있습니다.

(2) 카테고리별 분석 요청하기

지출 항목이 세부적으로 구성되어 있다면 비슷한 항목끼리 '카테고리'로 묶어 분석해보세요. 보다 명확한 소비 성향을 파악할 수 있습니다. 예를 들어 '편의점' '카페' '외식'은 모두 '식비'로 묶을 수 있지요.

- 이 지출 데이터를 식비, 교통비, 생활비, 기타 4개 카테고리로 분류해서 월별 지출을 분석할 것.
- 명확하게 분류되지 않는 항목은 '기타'로 분류할 것.

아래는 식비, 교통비, 생활비, 기타 4개 대분류 기준으로 정리한 월별 지출 요약입니다.

☑ 월별 지출 요약 (대분류 기준)

☐ 2025년 3월
- 식비: 90,700원
- 교통비: 131,000원
- 생활비: 32,000원

16장 엑셀 업무 속도 높이기 **233**

- 기타: 257,500원

☐ 2025년 4월
- 식비: 151,800원
- 교통비: 120,400원
- 생활비: 17,700원
- 기타: 463,900원

☐ 2025년 5월
- 식비: 92,700원
- 교통비: 88,300원
- 생활비: 28,600원
- 기타: 251,800원

필요하시면 비중(%) 분석이나 카테고리별 평균 지출도 추가해드릴 수 있습니다.

(3) 그래프 추천 요청하기

숫자만 봐서는 파악하기 어려운 흐름도 그래프로 시각화하면 한눈에 이해가 됩니다. 챗GPT에게 어떤 그래프가 적절할지 추천을 받아봅시다.

- 이 데이터로 만들면 좋은 시각화 그래프 3가지를 추천할 것.
- 각각 어떤 인사이트를 줄 수 있는지도 설명할 것.

이 가계부 데이터를 바탕으로 다음과 같은 3가지 시각화 그래프를 추천드립니다. 각 그래프는 소비 습관을 분석하거나 개선점을 도출하는 데 도움이 됩니다.

1. 월별 지출 추이 그래프 (Stacked Bar Chart)

- 그래프 유형: 누적 막대그래프 (월별, 대분류 기준)
- 설명: 월별로 식비, 교통비, 생활비, 기타 항목이 얼마나 지출되었는지를 한눈에 보여주는 시각화입니다.
- 인사이트:
  - 특정 항목의 지출이 갑자기 늘어난 월을 파악할 수 있음
  - 월별로 가장 지출이 많은 카테고리를 비교 가능
  - 전체 소비 트렌드(증가/감소) 파악에 유용

2. 카테고리별 전체 지출 비중 (Pie Chart 또는 Donut Chart)
- 그래프 유형: 원형 그래프
- 설명: 전체 기간 동안의 지출 중 각 카테고리가 차지하는 비중을 시각적으로 보여줍니다.
- 인사이트:
  - 본인의 소비 성향이 어디에 집중되어 있는지 파악
  - 불필요하게 지출이 많은 항목(예: 기타 항목이 지나치게 큰 경우)을 점검할 수 있음

3. 일자별 지출 히트맵 (Heatmap or Calendar View)
- 그래프 유형: 날짜별 지출 히트맵 (세로: 주, 가로: 요일)
- 설명: 일자별 소비 금액을 색의 진하기로 표현하여, 특정 요일 또는 날짜에 소비가 몰리는지를 보여줍니다.
- 인사이트:
  - 주말/평일 중 어느 쪽에서 더 많은 지출이 일어나는지 확인 가능
  - 급여일 전후로 소비 패턴 변화 여부 파악
  - 특정 요일에 반복적으로 지출되는 소비습관 확인

이 세 가지 그래프를 조합하면 시간에 따른 흐름(월별), 비율 구조(항목 비중), 패턴 반복(요일별)까지 입체적으로 소비 패턴을 분석할 수 있습니다. 필요하시면 바로 시각화로 그려드릴 수 있습니다.

실습2: 아르바이트 근무표 자동으로 만들기

이번 실습에서는 엑셀을 사용해 한 달 동안 사용할 아르바이트 근무표를 만들어봅니다. 직원들의 근무를 일일이 관리하지 않으면서 자동으로 빈칸을 확인하고, 각 직원의 총 근무시간과 오전 근무 횟수를 계산해 조건을 충족했는지 자동으로 체크할 수 있는 근무표를 만들어보려고 합니다.

(1) 목표: 완성된 근무표의 구조

최종적으로 다음과 같은 근무표를 완성하는 것이 목표입니다.

Date	Morning (09:00~13:00)	Afternoon (13:00~18:00)	Evening (18:00~21:00)	근무자 명단	총 근무 시간	오전 근무 횟수
2025-01-01	김철수	김철수	이영희	김철수	69	4
2025-01-02		홍길동	홍길동	이영희	86	6
...	...	...	...	...	...	...

이 근무표는 다음을 자동으로 체크해줍니다.
- 하루 중 빈 근무 시간 확인 (조건부 서식)
- 각 근무자별 총 근무시간 계산
- 오전 근무 횟수 계산 (최소 3회 이상 충족 여부 확인)

1. 근무표의 기본 구조 만들기

먼저 아래와 같은 구조로 엑셀에 열을 만듭니다. 근무자 명단부터는 해당 월에 근무하는 근무자 관련 정보가 들어갈 예정이니 적당히 구분지어 둡시다.

열 이름	설명
Date	날짜
Morning (09:00\~13:00)	오전 근무자
Afternoon (13:00\~18:00)	오후 근무자
Evening (18:00\~21:00)	저녁 근무자
BlankCount	비어 있는 근무 시간의 수
근무자 명단	각 근무자 이름
총 근무시간	각 근무자의 총 근무시간
오전 근무 횟수	각 근무자의 오전 근무 횟수

위의 구조가 적절한지 확신이 들지 않는다면 챗GPT에게 확인을 요청할 수 있습니다.

[Role]
당신은 근무표 설계 및 데이터 분석 자동화 전문가입니다.

[Context]
작업 목표: 아르바이트 근무표 열 구조의 적합성을 평가받고, 필요 시 개선 제안을 받기 위함
대상 독자: 근무표 설계 전문가, 데이터 관리 자동화 컨설턴트
핵심 요구: 제안한 열 구조의 장단점, 개선 필요 여부, 더 나은 설계 방향에 대한 전문적인 피드백 요청

[Action]
아래 예시 열 구조를 검토하고, 적합성 평가 및 필요 시 구체적인 개선 제안을 작성하세요. 특히 한눈에 빈 근무 시간을 파악할 수 있는지, 근무자별 총 근무시간과 오전 근무 횟수를 쉽게 확인할 수 있는지 평가해주세요.

[Example]
- 제안된 열 정보 예시:
- 날짜
- 오전 근무자(09:00~13:00)
- 오후 근무자(13:00~18:00)
- 저녁 근무자(18:00~21:00)
- 빈칸 수
- 근무자 이름
- 총 근무시간
- 오전 근무 횟수

[Step]
1. 예시 열 구조를 면밀히 검토합니다.
2. 한눈에 근무 상황 및 빈 시간대를 파악할 수 있는지 평가합니다.
3. 근무자별 총 근무시간, 오전 근무 횟수를 자동 집계할 수 있는 설계인지 점검합니다.
4. 필요 시, 더 효율적이고 직관적인 열 구조 및 설계 방안을 제안합니다.
5. 최종적으로 적합성 여부와 추가 개선 사항을 간결하게 정리합니다.

 아래는 사용자가 제안한 아르바이트 근무표 구조에 대한 검토와 그에 따른 개선 제안입니다.

☑ 제안한 구조 검토

열 이름	설명
날짜	근무일자
오전 근무자	09:00~13:00 시프트 담당자
오후 근무자	13:00~18:00 시프트 담당자
저녁 근무자	18:00~21:00 시프트 담당자
빈칸 수	해당 날짜에 비어 있는 시프트 수 (예: 무배정 시 1 증가)
근무자 이름	특정 근무자의 이름 (ex. 아래 통계용)
총 근무시간	해당 근무자의 누적 근무시간
오전 근무 횟수	해당 근무자의 오전 근무 횟수

□ 장점
- 날짜별 시프트 구성 및 빈 시프트 파악 가능
- 근무자별 통계 포함되어 있어 리포트 활용에 유용

□ 단점 및 문제점
- 열 구조에 이질적인 정보가 섞임
- 근무자별 통계는 날짜와는 무관한 독립된 분석 대상이므로 별도로 분리하는 게 명확함

피드백을 반영한 근무표 엑셀 파일 만들어줘

피드백을 반영해 설계한 근무표 엑셀 파일을 아래에서 다운로드할 수 있습니다.
근무표_샘플.xlsx 다운로드

파일에는 다음 두 개의 시트가 포함되어 있습니다.
- 근무 일정표: 날짜별 시간대별 근무자와 빈칸 수
- 근무자 요약: 근무자별 총 근무횟수, 오전 근무 횟수, 총 근무시간

더 구체적인 수정이나 추가 시각화가 필요하면 말씀해주세요.

2. 자동으로 빈 근무시간 체크하기

여기서 잠깐!

엑셀 파일이 다르게 나올 수 있으니, 공유된 파일로 실습을 진행해주세요.

📁 폴더 이름: 16장_엑셀 업무 속도 높이기
📁 파일 이름: 16_근무표예시.xlsx

근무표를 완성한 뒤, 빈칸이 자동으로 표시될 수 있도록 조건부 서식을 설정해보겠습니다. 엑셀에서의 설정 방법은 챗GPT에게 자세히 물어봅시다.

엑셀에서 특정 셀이 비어 있을 때 자동으로 배경색이 빨갛게 변하도록 조건부 서식을 설정하는 방법을 아주 쉽게 단계별로 설명.
- 내가 설정할 셀 범위는 B2:D8

엑셀에서 셀(B2:D8)이 비어 있을 때 배경색을 빨갛게 만들고 싶다면, 아래 순서대로 따라 하세요. 초보자도 쉽게 따라할 수 있도록 아주 간단하게 설명합니다.

☑ 1단계: 셀 범위 선택
- 마우스로 B2부터 D8까지 드래그해서 선택하세요.

☑ 2단계: 조건부 서식 메뉴 열기
1. 상단 메뉴에서 [홈] 탭 클릭
2. [조건부 서식] 클릭
3. 나오는 메뉴에서 [새 규칙] 선택

☑ 3단계: 수식으로 규칙 만들기
1. [새 서식 규칙] 창이 열리면
2. "수식을 사용하여 서식을 지정할 셀 결정" 선택
3. 아래 수식을 입력합니다:

=ISBLANK(B2)

⚠ 주의: 꼭 B2라고 써야 합니다. 엑셀이 선택한 범위(B2:D8)에 맞춰 자동으로 적용됩니다.

☑ 4단계: 배경색 설정

    1. [서식] 버튼 클릭

    2. [채우기] 탭에서 빨간색 선택

    3. 확인 버튼 → 다시 확인 버튼

☑ 5단계: 결과 확인

- 이제 B2:D8 중에서 비어 있는 셀은 자동으로 빨갛게 칠해질 거예요.

3. 날짜별로 빈칸 수 계산하기

이제 매일 빈 근무 시간이 몇 개인지 자동으로 계산하도록 만들어봅시다.

> 엑셀에서 특정 범위 내의 빈 셀 개수를 자동으로 세는 수식은?
> - 예를 들어 B2부터 D2까지의 범위 내에서 비어 있는 셀의 개수를 자동으로 계산하고자 함.

엑셀에서 B2:D2 범위 내의 빈 셀 개수를 자동으로 세고 싶다면, 아래 수식을 사용하세요:
=COUNTBLANK(B2:D2)

☑ 설명:

- COUNTBLANK 함수는 비어 있는 셀의 개수만 세어 줍니다.
- B2:D2는 한 행 안의 3개의 셀(B2, C2, D2)을 의미하고, 그 중 빈 셀 수만 계산됩니다.

☑ 예시:

B2	C2	D2	빈칸 수 계산 결과
홍길동	(빈칸)	이민정	=COUNTBLANK(B2:D2) → 1

이 수식을 아래로 복사하면 각 날짜별 빈칸 수를 자동으로 계산할 수 있습니다.

4. 각 근무자의 총 근무시간과 오전 근무 횟수 자동 계산하기

이번 단계에서는 근무자별로 얼마나 근무했는지, 오전 근무는 몇 번 했는지를 계산해봅니다. 엑셀에서 처리할 수 있는 방법을 챗GPT에게 물어봅시다.

 엑셀에서 아래 조건을 만족하는 수식은?

- 오전 근무(4시간), 오후 근무(5시간), 저녁 근무(3시간)을 기준으로, 한 근무자의 이름이 각 범위에 몇 번 나타나는지 세고, 이를 시간으로 변환하여 총 근무시간을 계산하는 수식.
- 특정 근무자가 오전 근무를 맡은 횟수를 세는 수식.

근무표 범위는 B2:D8

 엑셀에서 다음 조건을 만족하는 수식을 설명드립니다:

☑ 1. 특정 근무자의 총 근무시간 계산 수식

조건:
- 근무표 범위: B2:D8
- 시프트별 시간:
  - 오전(B열) = 4시간
  - 오후(C열) = 5시간
  - 저녁(D열) = 3시간
- 근무자 이름: 예를 들어 H2 셀에 있는 이름 기준

☐ 총 근무시간 계산 수식 (예: I2 셀에)

=COUNTIF(B2:B8, H2)*4 + COUNTIF(C2:C8, H2)*5 + COUNTIF(D2:D8, H2)*3

□ 설명:
- COUNTIF(B2:B8, H2) → 오전 근무 횟수 × 4시간
- COUNTIF(C2:C8, H2) → 오후 근무 횟수 × 5시간
- COUNTIF(D2:D8, H2) → 저녁 근무 횟수 × 3시간
- 모두 더해서 총 근무시간 도출

☑ 2. 특정 근무자의 오전 근무 횟수 수식

□ 오전 근무 횟수 수식 (예: J2 셀에)
=COUNTIF(B2:B8, H2)

☑ 적용 예시

H열 (근무자 이름)	I열 (총 근무시간)	J열 (오전 근무 횟수)
홍길동	=COUNTIF(B2:B8,H2)*4 + COUNTIF(C2:C8,H2)*5 + COUNTIF(D2:D8,H2)*3	=COUNTIF(B2:B8,H2)
김영희	위 수식 복사	위 수식 복사

□ 팁: I열과 J열의 수식을 아래로 자동 채우기(드래그)하면 모든 근무자에 대해 자동 계산됩니다. 필요하시면 "오후 근무 횟수", "저녁 근무 횟수" 수식도 드릴 수 있습니다.

5. 오전 근무 조건(최소 3회 이상)을 충족하지 못한 사람 강조하기

근무자 중 오전 근무 횟수가 3회 미만인 경우를 조건부 서식을 통해 쉽게 확인할 수 있도록 설정해봅시다.

👤 엑셀에서 특정 셀의 값이 3 미만일 경우, 셀의 배경색이 노란색으로 바뀌게 조건부 서식을 설정하는 방법을 자세히 설명.
- 내가 설정할 셀 범위는 J2:J5

🟢 엑셀에서 J2:J5 범위의 셀 값이 3 미만일 때 배경색을 노란색으로 바꾸는 조건부 서식 설정 방법을 아래와 같이 단계별로 설명드리겠습니다.

☑ 1단계: 셀 범위 선택
- 마우스로 J2부터 J5까지 드래그하여 선택합니다.

☑ 2단계: 조건부 서식 열기
1. 상단 메뉴에서 [홈] 탭 클릭
2. 오른쪽에 있는 [조건부 서식] 클릭
3. [새 규칙] 선택

☑ 3단계: 수식 입력 방식 선택
1. "새 서식 규칙" 창이 뜨면
2. [수식을 사용하여 서식을 지정할 셀 결정] 선택

☑ 4단계: 수식 입력
아래 수식을 입력합니다:
=J2<3

⚠ 꼭 **J2**로 입력하세요. 엑셀이 자동으로 J3, J4, J5에 적용해 줍니다.

☑ 5단계: 노란 배경색 설정
1. 아래쪽 [서식] 버튼 클릭
2. [채우기] 탭 선택
3. 노란색 클릭

4. [확인] → [확인]

☑ 완료 후 확인
- 이제 J2~J5 범위에서 값이 3보다 작으면 자동으로 배경이 노란색으로 바뀝니다.

필요하다면 다른 조건(예: 5 이상은 초록색 등)도 함께 설정할 수 있어요. 원하시면 알려 드릴게요.

6. 최종 데이터 검증하기

완성된 근무표를 엑셀 파일로 저장하고, 챗GPT에 업로드한 뒤 정확성 확인을 요청합시다. 근무표 생성에 문제가 있다면 드라이브의 예시 파일을 이용하세요.

📁 폴더 이름: 16장_엑셀 업무 속도 높이기
📁 파일 이름: 16_근무표예시.xlsx

> 이 파일에서 각 근무자별로 총 근무시간과 오전 근무 횟수를 계산해서 표로 정리해줘. 또한 오전 근무가 3회 미만인 사람의 이름과 빈 근무시간이 있는 날짜도 함께 알려줘.
>
> [파일 첨부]
> 16_근무표예시.xlsx

17
주식 데이터 분석하기

이 장은 주식 투자에 챗GPT 활용하는 법을 다룹니다. 그 전에 주식 투자에서 자주 쓰이는 기본 개념부터 알아볼까요?

핵심 지표 간단하게 살펴보기

사업보고서의 숫자들을 이용해 주식의 가치를 평가하는 핵심 지표들이 있습니다. 여기서는 그 지표들을 가볍게 살펴보고 넘어가겠습니다.

- **PER**(Price-to-Earnings Ratio, 주가수익비율)

"기업이 벌어들이는 돈에 비해 주식 가격이 적절한가?"

현재 주가 ÷ 주당순이익(EPS)으로, 1주당 이익 대비 주가가 몇 배인가를 나타냅니다. 일반적으로 낮으면 저평가, 높으면 고평가된 상태라고 봅니다.

- **PBR**(Price-to-Book Ratio, 주가순자산비율)

"회사가 실제 가진 재산(자산)에 비해 주식 가격이 적절한가?"

현재 주가 ÷ 주당순자산(BPS)으로 회사의 순자산 가치 대비 주가를 평가하는 지표. 1 미만이면 장부상 가치보다 싸게 거래되고 있다는 의미입니다.

- **EV/EBITDA**(기업가치 대비 영업현금흐름)

"회사가 현금을 얼마나 잘 버는지 대비 주식이 저렴한가?"

기업가치(EV = 시가총액 + 순부채) ÷ EBITDA(이자·세금·감가상각비 차감 전 영업이익)으로 기업이 영업활동을 통해 실제로 벌어들이는 현금 대비 현재 기업가치를 평가합니다. 이 값이 낮을수록 저평가된 상태일 가능성이 높습니다.

• 부채비율
"기업이 빚을 얼마나 많이 졌는가?"

총부채 ÷ 자기자본으로 자기자본 대비 부채가 얼마나 되는지를 나타내는 지표. 높을수록 재무적으로 위험할 수 있습니다.

• 유동비율(Current Ratio)
"기업이 급한 빚을 갚을 돈이 충분한가?"

유동자산 ÷ 유동부채로 단기 부채를 갚을 수 있는 능력을 평가하는 지표. 일반적으로 100% 이상이면 재무 상태가 안정적이라고 봅니다.

• 매출총이익률
"제품을 팔 때 원가 대비 얼마나 많이 남는지를 나타내는 비율"

(매출액-매출원가) ÷ 매출액 × 100으로 제품이나 서비스 판매 후 원가를 제외한 이익률. 높을수록 수익성이 우수한 기업입니다.

• 영업이익률
"본업을 통해 얼마나 돈을 잘 버는지 알려주는 지표"

영업이익 ÷ 매출액 × 100으로 기업의 주요 영업활동에서 발생한 이익률.

• 배당수익률
"주식을 사면 받는 배당금의 비율"

주당배당금 ÷ 주가 × 100으로 주가 대비 배당금의 비율. 안정적인 현금 수익을 제공하는 기업을 평가할 때 사용합니다.

투자에 챗GPT 활용하기

여기서는 주식 종목 선정하는 방법을 크게 두 가지 접근 방식으로 나누어 살펴보겠습니다. 첫 번째는 기본적 분석이며, 두 번째는 기술적 분석입니다. 이번 실습에서는 우선 기본적 분석부터 상세히 살펴보고 실제 종목 선정을 진행하겠습니다.

기본적 분석이란?

기본적 분석은 기업의 재무 지표와 경제적 지표를 바탕으로 해당 기업의 내재가치를 평가하는 방법입니다. 주로 중장기 투자자들이 많이 사용하며, 기업이 본질적으로 얼마나 좋은지, 앞으로의 성장 가능성이 얼마나 있는지 파악하는 데 초점을 둡니다.

기본적 분석을 활용한 종목 선정해보기

1단계: 투자 목표와 스타일 정하기

주식을 선택하기 전에 투자 목표와 위험 허용 수준을 정하는 것이 필수입니다. 아래 내용을 스스로 결정해봅시다.

- 투자 목표 설정
  - 단기(수개월 이내), 중장기(1년 이상), 배당 중심 등 본인의 목적을 명확히 정한다.
- 위험 허용 범위 결정
  - 보수적(안정성 중시), 중립(균형), 공격적(수익성 중시) 중에서 선택한다.

[Role]
당신은 국내 배당주 투자 전략을 분석하고 제안하는 금융 투자 전문가입니다.

[Context]
작업 목표: 월배당을 받을 수 있는 안정적인 대한민국 배당주를 식별하고, 보수적인 관점에서 1년 이상 장기 보유 전략을 수립하기 위한 초기 검토 자료 요청

대상 독자: 개인 투자자, 자산 관리 전문가, 포트폴리오 전략 담당자

핵심 요구: 안정성과 장기 보유 적합성을 기반으로 업종 및 핵심 재무 지표를 먼저 검토할 필요성을 문의

[Action]

월배당을 받을 수 있는 안정적인 국내 배당주를 탐색하고, 위험을 낮춘 장기 보유 전략 관점에서 어떤 업종과 재무 지표를 우선 검토해야 하는지에 대해 전문가 의견을 작성하세요.

[Step]

1. 월배당이 가능한 국내 배당주의 조건과 일반 현황을 간략히 정리합니다.
2. 보수적인 투자 관점에서 고려해야 할 리스크 요소와 안정성 기준을 설명합니다.
3. 어떤 업종(예: 리츠, 유틸리티, 통신 등)이 적합할지와 그 이유를 제안합니다.
4. 먼저 살펴봐야 할 핵심 재무 지표(예: 배당수익률, 배당성향, 부채비율, 현금흐름 안정성 등)를 명확히 나열합니다.
5. 투자자가 추가로 질문할 수 있도록 검토 포인트를 포함합니다.

월배당을 목표로 안정적인 국내 배당주를 찾고, 1년 이상 보유할 계획이라면 다음과 같은 업종과 재무 지표를 우선적으로 살펴보는 것이 좋습니다:

 1. 업종 선택 기준

보수적 투자자라면, 경기 변동에 덜 민감하고 안정적인 현금흐름을 창출하는 업종을 우선 검토해야 합니다:

업종	특징	대표 기업 예시
전력/가스/유틸리티	규제산업, 경기방어적	한국전력, 지역난방공사
통신	가입자 기반 수익 구조, 안정적	KT, SK텔레콤
은행·금융지주	고배당 성향, 수익 예측 가능	하나금융지주, 신한지주

업종	특징	대표 기업 예시
정유·에너지	높은 배당 성향 유지	S-Oil, 한국쉘석유
리츠 (REITs)	부동산 임대 수익 기반 월배당 가능	제이알글로벌리츠, 롯데리츠

! 월배당 원칙적으로는 없음. 국내 주식은 대부분 분기/반기/연 1회 배당만 가능하지만, 여러 종목을 조합해 매월 배당을 받는 포트폴리오는 구성할 수 있음.

☑ 2. 주요 재무 지표

월배당 포트폴리오를 구성하려면, 다음 지표들을 중심으로 종목을 분석합니다:

지표	설명	기준
배당수익률(Dividend Yield)	현재 주가 대비 배당금 비율	5% 이상이면 매력적
배당성향(Payout Ratio)	순이익 중 배당금의 비율	30~70% 사이 적정
지속적 배당 여부	과거 3~5년간 배당 유지/증가 여부	연속 배당 기업 선호
현금흐름표 (FCF)	잉여현금 흐름 기반 배당 여력	FCF가 안정적이어야
부채비율	기업의 재무건전성	100% 이하 선호
ROE (자기자본이익률)	기업의 수익성	10% 이상이면 긍정적

☐ 다음 질문 예시

월배당 포트폴리오 설계를 위해 전문가 또는 증권사 리서치센터에 다음과 같은 질문을 던지는 것이 유효합니다:

"보수적인 관점에서 1년 이상 보유 가능한 고배당 국내 종목을 찾고 있습니다. 월배당 포트폴리오를 구성하려면 어떤 업종을 우선 살펴봐야 하며, 특히 어떤 재무 지표를 중점적으로 확인해야 할까요?"

☐ 다음 단계(추천)

N:

1. KRX 상장 고배당주 리스트 확인 (예: 금융, 리츠 중심)

> 2. 분기별 배당 월 기준 정리 (1~12월 분배 시뮬레이션)
>
> 3. 관심 종목 5~10개 선정 후 배당 히스토리 확인
>
> 4. ETF 대안 고려 (예: TIGER Fn 고배당, KODEX 배당가치)
>
> 원하시면 월별 배당 수령 가능성이 있는 국내 종목 포트폴리오 예시도 정리해드릴 수 있습니다. 원하시나요?

2단계: 산업·섹터 후보 리스트 만들기

투자 목표에 따라 관심 있는 산업·섹터를 몇 개 정하고, 그 산업에서 대표 기업을 선정합니다.

- 예시 산업군: 전기차, 2차전지, 클라우드, 헬스케어 등

기업 선정 방법

먼저 직접 정보를 찾는 방법입니다. 실습에서는 네이버페이 증권을 이용해 정보를 찾아보겠습니다.

- 네이버페이 증권 페이지(https://finance.naver.com/)로 이동한 뒤, 국내증시 탭을 클릭하고 좌측 메뉴에서 '업종'을 클릭

- 원하는 섹터 선택 → 기업 리스트 확인

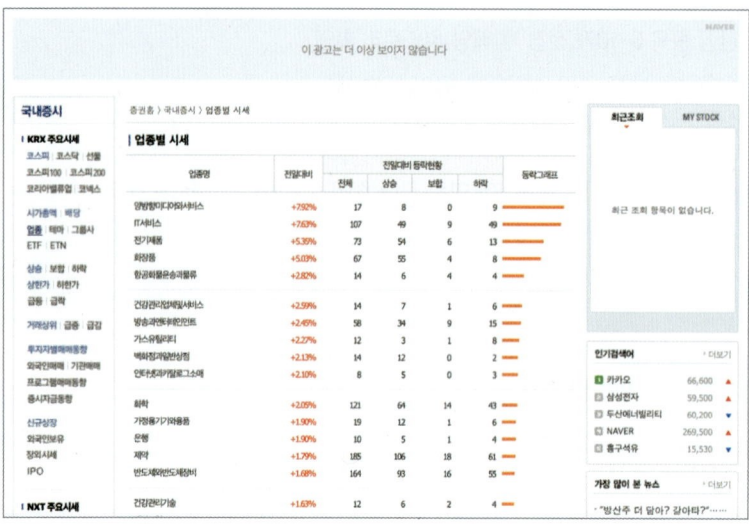

- 리스트를 복사하여 구글 시트 또는 엑셀에 정리합니다.

  (참고이미지처럼 드래그를 이용해서 정리해도 좋습니다.)

  저는 엔터테인먼트/미디어 섹터 종목을 분석해 보겠습니다.

> [Role]
> 당신은 한국 증시의 엔터테인먼트·미디어 섹터 종목을 심층 분석하는 주식 시장 리서치 애널리스트입니다.
>
> [Context]
> 작업 목표: 제공된 엔터·미디어 관련 상장사 주가 데이터(종목명, 가격 변동, 거래량 등)를 기반으로 단기·중기 투자 인사이트를 도출
> 대상 독자: 개인 투자자, 기관 리서치팀, 포트폴리오 매니저
> 핵심 요구: 데이터 기반의 상승·하락 종목 특징 분석, 거래량·거래대금 급증 종목 탐지, 시장 전반의 흐름 요약
>
> [Action]
> 제공된 주가 데이터를 기반으로 다음을 분석하세요.

1. 상승률 Top 5 종목과 하락률 Top 5 종목 목록 및 등락 원인 추정
2. 거래량·거래대금이 전일 대비 크게 증가한 거래 급증 종목 식별
3. 섹터 전체의 평균 등락률, 상승 종목 비중, 하락 종목 비중 산출
4. 향후 1~4주간 주가 흐름에 영향을 줄 수 있는 주요 이슈(예: 실적 발표, 이벤트, 산업 트렌드) 제시
5. 분석 결과를 표와 간단한 요약 리포트 형태로 제공

[Step]
1. 데이터에서 종목별 등락률, 거래량, 거래대금을 수치로 변환
2. 상승·하락률 상위 종목을 정렬하여 Top 5 추출
3. 거래량·거래대금이 전일 대비 얼마나 증가했는지 비율 계산 후 급증 종목 식별
4. 상승·하락 종목 개수를 세어 비중 계산 및 평균 등락률 산출
5. 해당 섹터의 최근 뉴스·공시를 검토해 등락 원인 추정
6. 표와 요약 리포트로 결과 정리

주가 데이터
{여기에 주가 데이터 붙여넣기}
###

 아래는 제공하신 엔터·미디어 섹터 주가 데이터를 기반으로 한 단기·중기 투자 분석 리포트입니다.

---

1. 상승률·하락률 Top 5 및 등락 원인 추정

순위	구분	종목명	현재가	등락률	추정 원인
1	상승	YG PLUS	10,160	+6.39%	블랙핑크·BABYMONSTER 글로벌 활동 기대감, 음원·MD 매출 호조 전망

순위	구분	종목명	현재가	등락률	추정 원인
2	상승	SAMG엔터	82,500	+5.77%	'캐치! 티니핑' 해외 판권 수출 확대 기대감
3	상승	노머스	32,900	+5.28%	OTT·게임사와의 신규 콘텐츠 계약 루머
4	상승	스튜디오드래곤	49,000	+5.04%	하반기 대작 드라마 편성 확정, 해외 판권 판매 기대
5	상승	하이브	291,000	+4.86%	BTS·세븐틴 등 하반기 컴백 일정 및 투어 매출 기대감
1	하락	빌리언스	439	-13.92%	단기 급등 후 차익실현 매물 출회, 거래량 급증
2	하락	아센디오	3,205	-7.10%	대규모 블록딜 가능성 및 실적 부진 우려
3	하락	코퍼스코리아	1,401	-4.04%	전일 급등에 따른 단기 조정, 거래대금 축소
4	하락	포바이포	14,490	-3.66%	실적 발표 앞둔 경계 매물, 단기 과열권 해소
5	하락	캔버스엔	1,379	-3.09%	거래량 폭증 후 단기 피로감, 일부 투자자 이탈

2. 거래 급증 종목 (전일 대비 거래량 증가율 상위)

종목명	전일 거래량	금일 거래량	증가율	특징
빌리언스	9,000,573	26,104,885	+190%	급등락 반복, 단타세 유입
캔버스엔	11,833,846	6,121,940	-48% (여전히 대규모 거래)	전일 급등 후 차익 실현 매물
아센디오	5,679,583	584,658	-90% (거래대금 급감)	매도 압력 집중
스튜디오미르	2,230,081	10,852,248	+387%	신규 계약 기대감, 개인·기관 동반 매수세
YG PLUS	7,802,173	11,544,378	+48%	엔터 섹터 전반 강세 속 추가 매수세 유입

3. 섹터 전체 지표

- 총 종목 수: 55개
- 상승 종목 수: 32개 (58.2%)
- 하락 종목 수: 21개 (38.2%)
- 보합 종목 수: 6개 (3.6%)
- 평균 등락률: +1.72%
- 특징: 대형주·중형주 위주 상승, 일부 테마성 중소형주는 차익 실현으로 조정

4. 향후 1~4주간 주가 흐름 영향 요인

구분	주요 이슈
실적 시즌	8월~9월 2분기 실적 발표 예정, OTT·콘텐츠 수출 비중 높은 기업 주목
글로벌 투어·컴백	하이브·SM·YG·JYP 주요 아티스트 하반기 활동 본격화
OTT 시장 경쟁	디즈니·넷플릭스 신규 편성작 발표 예정, 국내 제작사 수혜 가능성
환율 변동	원화 약세 시 해외 판권 수익 증가 기대
산업 트렌드	AI 기반 콘텐츠 제작·IP 확장 관련 이슈 부각

5. 요약 리포트

엔터·미디어 섹터는 금일 평균 +1.72% 상승하며 강세를 보였습니다.

YG PLUS, SAMG엔터, 스튜디오드래곤 등 대형 콘텐츠 기업이 상승을 주도했고, 스튜디오미르·빌리언스·YG PLUS에서 거래량이 급증하며 단기 모멘텀을 형성했습니다.

다만 빌리언스·아센디오·코퍼스코리아 등 일부 종목은 급등 후 조정에 들어갔습니다.

향후 1~4주간은 실적 발표, 글로벌 투어 일정, OTT 편성, 환율 추이가 주가 방향성

에 핵심 변수가 될 전망입니다.

원하시면 제가 이 데이터를 차트화(상승・하락률 Top5, 거래량 변동률, 섹터 지수 추이)해서 시각적 분석 자료도 만들어 드릴 수 있습니다. 그렇게 하면 투자 보고서 완성도가 훨씬 높아집니다.

이번에는 챗GPT를 이용해 정보를 찾아봅시다.

[Role]
당신은 한국 증시에 상장된 기업을 분석하고 요약 정보를 제공하는 주식 시장 분석 전문가입니다.

[Context]
작업 목표: 한국거래소 전기차 섹터에 속한 대표 기업 5개를 선정하고, 각 기업의 대표 제품 또는 서비스를 간단히 정리하여 제공
대상 독자: 개인 투자자, 기관 투자자, 산업 분석팀
핵심 요구: 국내 전기차 섹터의 주요 기업 현황과 경쟁 구도를 빠르게 파악할 수 있는 요약 정보 제공

[Action]
한국거래소에 상장된 전기차 섹터 대표 기업 5개를 선정하고, 각 기업의 주요 제품 또는 서비스를 한두 문장으로 간단히 설명하세요.

[Step]
    1. 한국거래소 전기차 섹터에 속한 상장 기업 목록을 검토합니다.
    2. 시가총액, 시장 영향력, 성장성 등을 고려해 대표성 있는 5개 기업을 선정합니다.

3. 각 기업의 주요 제품 또는 서비스를 조사하여 간단하게 요약합니다.
4. 전체 정보를 표 형태나 리스트 형태로 한눈에 보기 쉽게 정리합니다.

 한국거래소(KRX)에서 전기차(전기차 완성차 및 관련 부품/소재) 섹터에 속한 대표 기업 5개와 각 기업의 대표 제품 또는 서비스를 아래와 같이 정리할 수 있습니다:

☑ 전기차 섹터 대표 상장 기업 5선 (2025 기준)

기업명	주요 제품/서비스	비고
LG에너지솔루션 (373220)	전기차용 리튬이온 배터리 (파우치형 중심)	테슬라, GM, 현대차 등에 납품
현대차 (005380)	전기차 완성차 (예: 아이오닉 5, 아이오닉 6)	글로벌 전기차 전략 강화 중
삼성SDI (006400)	프리미엄 전기차용 고출력 배터리 (원통형/각형)	BMW, 폭스바겐 등에 납품
포스코퓨처엠 (003670)	배터리 핵심소재: 양극재·음극재 생산	LG엔솔·삼성SDI 등에 소재 공급
에코프로비엠 (247540)	하이니켈 양극재 전문기업	SK온, 삼성SDI 등과 협력

☐ 참고: 선택 기준
- KRX 친환경차 테마지수 또는 KRX 2차전지 테마지수 내 시가총액 상위 종목을 중심으로 선정
- 전기차 완성차 기업 + 배터리 및 소재 공급망 균형 있게 포함

필요하시면 이들 기업의 배당 현황, 최근 수익성 추이, 전기차 관련 매출 비중 등도 추가로 제공해드릴 수 있습니다. 원하시나요?

3단계: 후보 종목의 기본 재무 지표 수집

이 단계에서는 DART(금융감독원 전자공시시스템)에서 공시된 문서를 바탕으로 종목의 기초 재무 정보를 수집하고, 이를 바탕으로 비교 분석을 진행합니다.

(금융감독원 전자 공시 시스템 주소 https://dart.fss.or.kr/)

데이터 수집 방법

- 금융감독원 전자공시시스템(DART)에서 기업명 검색
- 공시유형 → 정기공시를 선택하면 사업보고서, 반기보고서, 분기보고서 등을 확인할 수 있습니다.

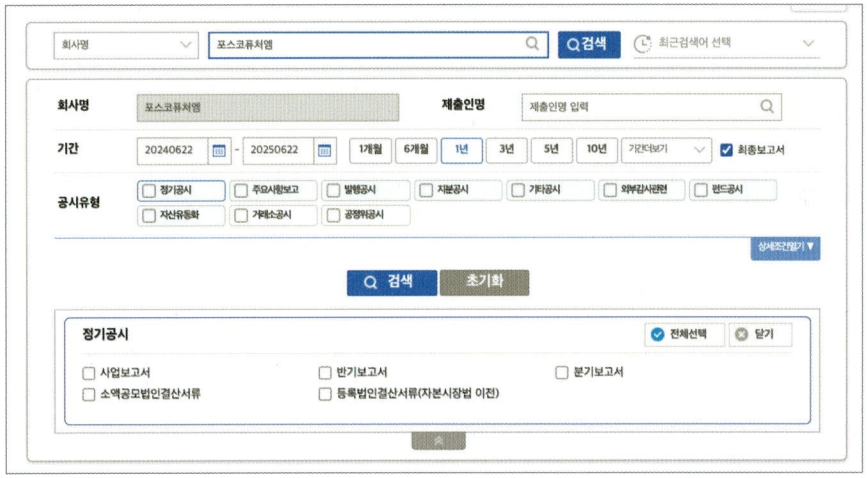

- 원하는 보고서를 클릭한 뒤, 우측 상단의 다운로드 버튼을 이용해 PDF 파일을 다운로드할 수 있습니다.

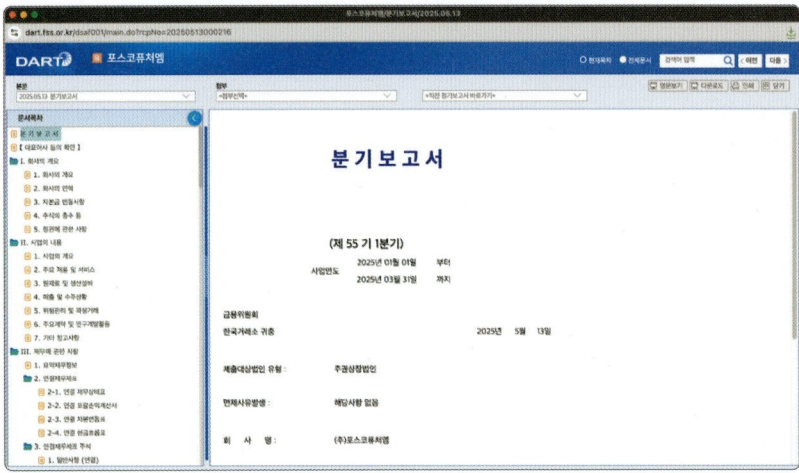

문서 유형	공시 시점	주요 내용	비고
사업보고서	연 1회 (보통 3월 말까지)	전체 연도 실적 및 상세 분석, 이사회, 배당, 재무제표, 주석 포함	연간 지표 기준 분석 시 이용
반기보고서	6월 말 기준, 8월까지 제출	상반기 실적 요약, 재무제표 및 주석 포함	상반기 이후 흐름 참고
분기보고서	분기별 (3월, 6월, 9월 마감 후 1~2달 내 제출)	해당 분기의 실적 요약 및 주요 변경사항	최신 데이터를 원할 때 사용

원하는 보고서를 다운받았다면, 아래 프롬프트를 활용해서 분석을 시작해봅시다. 실습은 분기보고서를 이용하는 상황을 가정하고 진행합니다.

[Role]
당신은 기업 재무제표 분석 및 보고서 요약을 담당하는 재무 분석 전문가입니다.

[Context]
작업 목표: 제공된 PDF 형태의 분기보고서에서 주요 재무 지표를 추출하여 표로 정리하고, 각 지표의 출처(위치)를 함께 명시하여 경영진 및 투자자가 쉽게 참고할 수 있도록 작성
대상 독자: 경영진, 투자팀, 주식 투자자, 애널리스트
핵심 요구: PER, PBR, ROE, 부채비율, 유동비율, 배당수익률을 명확히 표로 정리하고, 각 항목의 보고서 내 위치도 함께 제시

[Action]
PDF 분기보고서에서 아래 항목의 수치를 찾아 표로 작성하고, 각 항목이 보고서 내 어느 위치에 포함되어 있는지 함께 기재하세요.

[Step]
1. PDF 문서 전체를 검토하여 PER, PBR, ROE, 부채비율, 유동비율, 배당수익률 데이터를 찾습니다.

2. 각 항목별로 정확한 수치를 확인합니다.
3. 해당 수치가 나온 보고서 내 위치(예: 요약재무정보, 재무상태표, 배당에 관한 사항 등)를 기록합니다.
4. 모든 항목을 한눈에 보기 쉬운 표 형태로 정리합니다.
5. 표 아래에 간단한 해설(필요 시)을 작성합니다.

[파일 첨부]
{PDF 파일}

아래는 [포스코퓨처엠] 분기보고서(2025.05.13)에서 추출한 주요 재무 지표와 해당 지표가 기재된 위치입니다:

항목	값	위치
PER	82.69배	요약재무정보 (p.4)
PBR	2.37배	요약재무정보 (p.4)
ROE	2.87%	요약재무정보 (p.4)
부채비율	78.65%	요약재무정보 (p.4)
유동비율	176.30%	요약재무정보 (p.4)
배당수익률	0.20%	배당에 관한 사항 (p.174)

필요하시면 위 수치를 기반으로 그래프 또는 비교 분석도 도와드릴 수 있습니다.

동일한 방법으로 다른 기업에 대해서도 PDF 파일을 다운로드 받아 반복해서 정리를 진행해줍시다.

> **여기서 잠깐!** 챗GPT는 여러 문서를 동시에 분석할 수 있는 능력이 있지만, 기술적인 한계로 기업 보고서처럼 내용이 긴 문서 여러 개를 동시에 첨부하는 것은 분석의 정확도를 떨어뜨릴 수 있습니다.

첨부한 보고서도 동일하게 표로 정리해줘.

 아래는 [카카오페이] 분기보고서(2025.05.14)에서 추출한 주요 재무 지표와 해당 지표가 기재된 위치입니다:

항목	값	위치
PER	48.16배	요약재무정보 (p.4)
PBR	1.62배	요약재무정보 (p.4)
ROE	3.37%	요약재무정보 (p.4)
부채비율	45.99%	요약재무정보 (p.4)
유동비율	171.99%	요약재무정보 (p.4)
배당수익률	없음	배당에 관한 사항 (p.164)

※ 배당수익률은 "현금배당 실시 계획 없음"으로 명시되어 있습니다.

필요 시 다른 기업 보고서도 동일 양식으로 정리 가능합니다.

4단계: 최종 투자 후보 선정

재무 지표를 기준으로 투자 목표에 가장 부합하는 종목을 최종 선정합니다.

 [Role]
당신은 여러 기업의 재무 지표를 비교 분석하고 투자 적합성을 평가하는 재무 전략 전문가입니다.

[Context]
작업 목표: 앞서 전달된 기업들의 재무 지표를 비교 분석한 후, 지정된 조건을 충족하는지 여부를 판단하여 보고
대상 독자: 경영진, 투자팀, 기관 및 개인 투자자
핵심 요구: PER, ROE, 부채비율 조건에 따라 기업별 적합 여부를 명확히 제시

[Action]

전달된 기업들의 재무 지표를 비교하고, 각 기업이 아래 조건을 충족하는지 여부를 평가하여 정리하세요.

- PER 10 이하
- ROE 10 이상
- 부채비율 50% 이하

[Step]

1. 전달받은 모든 기업들의 PER, ROE, 부채비율 데이터를 표로 비교합니다.
2. 각 조건을 기준으로 기업별 충족 여부를 "충족/미충족" 형태로 표시합니다.
3. 조건을 모두 충족하는 기업 목록을 별도로 정리합니다.
4. 필요 시 조건별로 간단한 분석 코멘트를 작성합니다.

 아래는 지금까지 정리한 세 기업의 재무 지표 비교표입니다:

항목	포스코퓨처엠	카카오페이	티사이언티픽
PER	82.69배	48.16배	27.25배
ROE	2.87%	3.37%	11.67%
부채비율	78.65%	45.99%	52.46%

조건별 평가:

1. PER 10 이하
   - 모두 불만족 (세 기업 모두 PER 10 초과)

2. ROE 10 이상
   - 티사이언티픽만 만족 (11.67%)

3. 부채비율 50% 이하
   - 카카오페이만 만족 (45.99%)

> 결론:
> - 세 가지 조건을 동시에 모두 만족하는 기업은 없음
> - 조건을 가장 많이 만족한 기업은 티사이언티픽 (ROE 10 이상 단일 조건 만족)입니다.
>   단, PER이 높고 부채비율도 50% 초과이므로 보수적인 기준에서는 부적합합니다.
>
> 필요하시면 이 조건을 기반으로 한 종목 스크리닝 기준을 설계하거나, 다른 기업 분석도 도와드릴 수 있습니다.

이제 기본적 분석을 통한 종목 선정이 완료되었습니다. 다음으로 기술적 분석을 통해 보다 세부적인 투자 전략을 세워봅시다.

기술적 분석으로 투자 시작하기

기본적 분석으로 투자 후보 종목을 선정했다면, 이제 챗GPT와 함께 기술적 분석을 통해 구체적인 매매 시점을 판단해보겠습니다. 여기서는 기술적 분석의 개념부터 실전 활용법, 종목 선정까지 단계적으로 살펴볼 예정입니다.

기술적 분석이란?

기술적 분석이란 기업의 재무 상태나 사업의 가치가 아니라, 과거의 주가와 거래량 움직임을 차트와 지표를 통해 분석해 미래 주가의 방향과 타이밍을 예측하는 방법입니다. 이 분석 방식은 주가에 시장 참여자들의 심리와 수요·공급 원리가 반영된다는 가정하에 단기적으로 매수·매도 시점을 결정할 때 주로 활용합니다.

- 기본적 분석 vs 기술적 분석
  - 기본적 분석이 '좋은 회사'를 찾는 거라면,
  - 기술적 분석은 '좋은 매수·매도 시점'을 찾는 것이라고 할 수 있습니다.

기술적 분석의 주요 도구와 활용 방법

기술적 분석에서 널리 사용되는 주요 차트 유형과 지표는 다음과 같습니다.

1. 선 차트(Line Chart)

- 종가를 연결해 장기적인 가격 흐름과 추세를 명확히 보여줍니다.

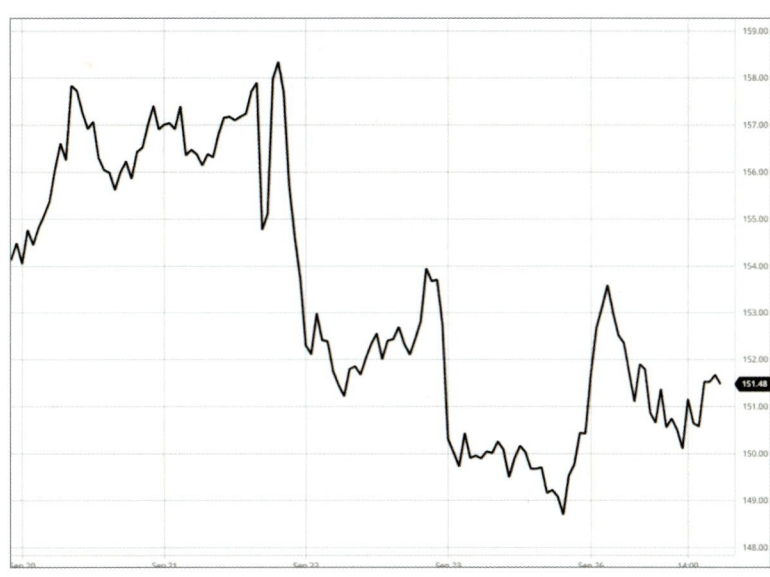

2. 캔들스틱 차트(Candlestick Chart)

- 하루 동안의 시가, 고가, 저가, 종가를 하나의 '촛대' 형태로 표현해 보다 세부적인 가격 움직임과 투자자들의 심리를 파악할 수 있습니다.

3. 이동평균선

- 일정 기간 동안의 종가 평균을 선으로 이어 만든 차트입니다.
- 단기 이동평균선(5일, 20일)과 장기 이동평균선(60일, 120일)을 사용합니다.
- 단기선이 장기선을 아래에서 위로 교차하는 것을 골든크로스(매수 신호), 위에서 아래로 교차하는 것을 데드크로스(매도 신호)로 봅니다.

4. 볼린저 밴드

- 이동평균선을 중심으로 일정 표준편차를 상·하단 밴드로 그려놓은 지표입니다.
- 밴드가 좁아지면 주가 변동성이 줄어들었다는 의미로, 이후 큰 가격 움직임을 예상할 수 있고, 밴드가 넓어지면 가격의 움직임이 커지고 있다는 뜻으로 해석합니다.

5. RSI(Relative Strength Index)

- 일정 기간 주가 상승폭과 하락폭의 상대적 비율을 수치화한 지표입니다.
- RSI가 70 이상이면 과매수(지나치게 많이 오른 상태), 30 이하면 과매도(지나치게 많이 떨어진 상태)로 판단합니다.

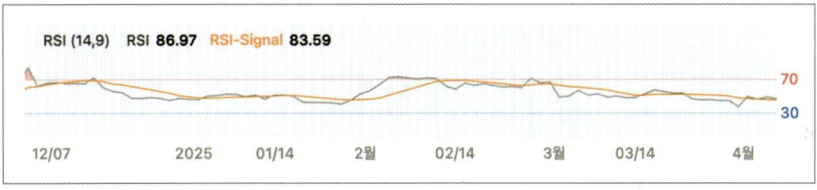

6. 지지선과 저항선

- 지지선은 과거 주가가 하락을 멈추고 다시 상승했던 가격대를 의미합니다.(가격이 내려가다 지지선을 만나면 다시 오를 가능성이 높습니다.)
- 저항선은 주가가 상승하다가 더 이상 오르지 못하고 자주 하락했던 가격대를 의미합니다.(가격이 올라가다 저항선을 만나면 하락할 가능성이 높습니다.)
- 네이버페이 증권에서는 도구 > Horizontal(수평선)을 이용해 수평선을 그릴 수 있습니다.

7. 차트 패턴

- 주가 움직임에서 반복적으로 나타나는 패턴을 분석해 향후 가격 움직임을 예측합니다.

- 주요 패턴: 이중바닥(Double Bottom), 이중천정(Double Top), 머리어깨형(Head and Shoulders) 등

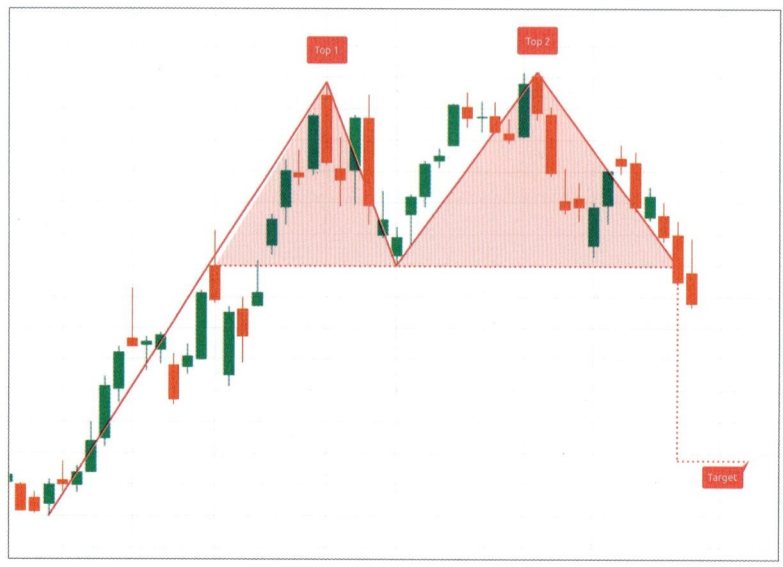

(출처: tradingview.com)

기술적 분석에 적합한 종목 선정?

기술적 분석에 적합한 종목을 선정할 때는 다음의 조건을 만족하는 종목을 우선 고려하는 것이 좋습니다.

선정 조건	이유 및 해석
거래량이 많고 유동성이 높은 종목	거래가 활발해야 차트 분석이 신뢰할 수 있다. 거래량이 너무 적으면 의미가 없다.
가격 변동성이 크고 명확한 추세가 형성된 종목	명확한 추세가 있어야 기술적 지표로 분석과 예측이 가능하다.
규칙적인 움직임(패턴)을 보이는 종목	특정 지지선·저항선이 반복적으로 나타나면 분석의 정확도가 높아진다.

[Role]
당신은 국내 주식 시장의 기술적 분석을 전문으로 하는 투자 전략 컨설턴트입니다.

[Context]
작업 목표: 기술적 분석 관점에서 단기 매매에 적합한 국내 종목을 1~2개 추천하고, 추천 근거를 구체적으로 제시하여 투자 판단을 지원
대상 독자: 단기 트레이더, 개인 투자자, 포트폴리오 매니저
핵심 요구: 거래량, 추세, 지지선·저항선 여부를 기반으로 한 구체적이고 실전적인 추천

[Action]
아래 조건을 충족하는 국내 종목 1~2개를 선정하고, 기술적 분석 기준(거래량, 추세, 지지/저항선 등)에 따른 추천 이유를 간단히 설명하세요.

[Step]
1. 최근 3개월간 거래량 데이터와 차트를 분석해 거래량이 꾸준히 많은 종목을 선별합니다.
2. 상승 또는 하락 추세가 명확히 나타나는 종목을 추가로 필터링합니다.

> 3. 지지선 및 저항선이 뚜렷하게 형성되어 단기 타이밍 판단이 가능한 종목을 최종적으로 선정합니다.
> 4. 각 종목별로 거래량, 추세, 지지/저항선에 대한 근거를 간단히 정리하여 설명합니다.
> 5. 종목 요약과 추천 이유를 표 또는 리스트 형태로 작성합니다.

주가 데이터 준비 및 차트 작성 실습

기술적 분석을 수행하기 위해서는 주가 데이터를 준비해야 합니다. 간단하게 챗GPT에게 데이터를 요청할 수도 있지만, 데이터의 신뢰성 확보를 위해 investing.com을 이용해봅시다.(https://kr.investing.com/) 여기서는 무료 가입을 통해 주가 데이터를 다운로드 받을 수 있습니다.

- 일반 > 과거 데이터로 이동 후, 날짜 범위를 선택해 파일을 다운로드합니다.

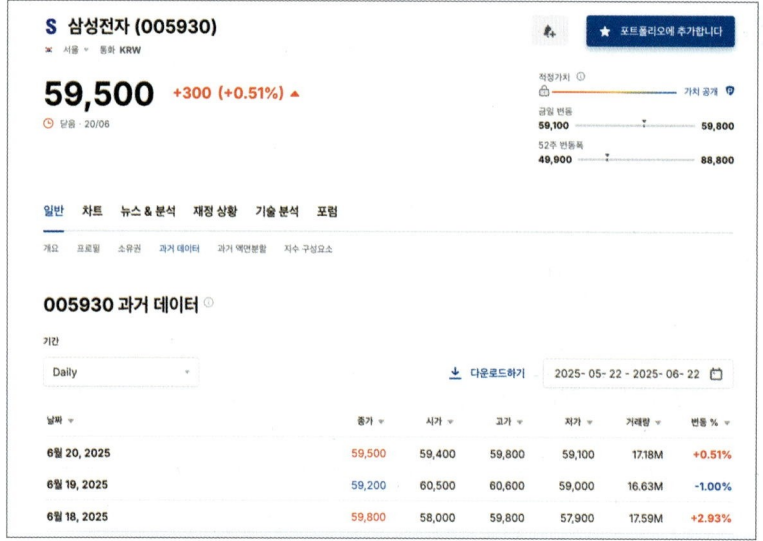

차트 및 지표 분석 요청해보기

분석 지표	분석 목표	챗GPT 활용 예시 프롬프트
종가 선 그래프	장기적 추세 파악 및 추세선 설정	첨부된 삼성전자 주가 데이터에서 종가만 추출해서 선 그래프로 보여줘. 전체 흐름이 한눈에 보이도록 날짜 기준으로 정렬해줘.
캔들스틱 차트	하루 단위 세부 가격 움직임과 투자 심리 파악	첨부한 데이터의 시가(Open), 고가(High), 저가(Low), 종가(Close)를 이용해서 캔들스틱 차트를 그려줘. 날짜는 가로축으로 넣어줘.
이동평균선	단기·장기 추세 및 교차점 파악	첨부된 주가 데이터에서 종가 기준 20일 이동평균선과 60일 이동평균선을 계산해서 종가 선 그래프에 함께 표시해줘. 골든크로스와 데드크로스가 발생한 시점도 함께 표시해줘.
볼린저 밴드	변동성 변화와 추세 전환 가능성 분석	종가 기준 20일 이동평균선을 중심으로 상단/하단 2표준편차 볼린저 밴드를 계산해서 그래프에 표시해줘. 밴드 폭이 좁아진 구간도 강조해줘.
RSI	과매수·과매도 상태 및 매매 타이밍 포착	첨부된 데이터에서 14일 기준 RSI를 계산해줘. 과매수 구간(70 이상)과 과매도 구간(30 이하)을 색으로 구분해서 시각화해줘.

18
부동산 데이터 분석하기

이번 장에서는 서울시 아파트 실거래가 데이터를 분석해 서울시 아파트 가격의 추이와 지역별 가격 차이를 직접 파악해보겠습니다. 챗GPT와 엑셀(또는 구글 시트)을 이용해 실제 데이터를 분석하고, 최종적으로 분석 리포트까지 작성해볼 예정입니다.

부동산 데이터 수집하기

아래의 절차를 따라 서울시 아파트 실거래가 데이터를 먼저 다운받습니다.

- 국토교통부 실거래가 공개시스템(https://rt.molit.go.kr/) 접속
- 자료제공 → 아파트 탭에서 '매매' 활성화 후, 계약일자 범위를 1년으로 설정하고 서울특별시 선택
- CSV 다운 선택(다소 시간이 소요될 수 있음)

데이터 불러오기 및 전처리하기

파일을 받았으면 챗GPT에게 아래처럼 데이터 전처리를 요청합니다.

[Role]
당신은 CSV 데이터 전처리 및 정제 작업을 수행하는 데이터 클렌징 전문가입니다.

[Context]

작업 목표: CSV 파일을 분석하기 쉽도록 전처리하여 날짜 형식 통일, 숫자형 데이터 변환, 지역명 간소화를 수행

대상 독자: 데이터 분석팀, 부동산 리서치팀, BI(비즈니스 인텔리전스) 담당자

핵심 요구: 분석에 적합한 형태로 데이터를 일관되게 변환

[Action]

아래 단계에 따라 CSV 데이터를 전처리하세요.
- '계약년월'과 '계약일'을 합쳐 'YYYY-MM-DD' 형식으로 변환
- '거래금액(만원)' 열의 쉼표를 제거하고 숫자형 데이터로 변환
- '시군구' 열에서 '서울특별시'를 삭제하고 구 이름만 남김

[Step]

1. '계약년월'과 '계약일' 열을 결합하여 'YYYY-MM-DD' 포맷의 새로운 날짜 열을 생성합니다.
2. '거래금액(만원)' 열에서 쉼표를 제거한 뒤, 문자열을 숫자형으로 변환합니다.
3. '시군구' 열의 문자열에서 '서울특별시'를 제거하여 구 이름만 표시합니다.
4. 모든 변경 사항을 새로운 CSV 파일 또는 데이터프레임 형태로 정리합니다.

[Input Data]

{CSV 파일}

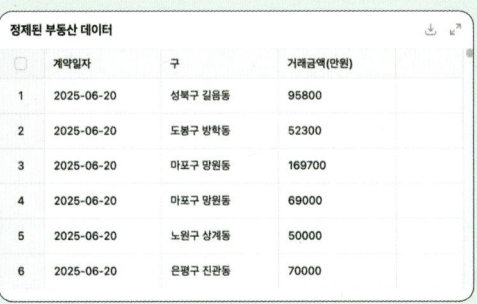

요청하신 대로 데이터를 다음과 같이 정제했습니다:

- 계약년월과 계약일을 합쳐 계약일자(YYYY-MM-DD 형식)로 변환
- 거래금액(만원)의 쉼표 제거 후 숫자형으로 변환
- 시군구 열에서 "서울특별시"를 제거해 구와 동 정보만 남김

필요하신 경우, 이 데이터를 바탕으로 추가 분석이나 시각화도 도와드릴 수 있습니다.

서울시 아파트 거래량의 변화 확인하기

이번에는 챗GPT를 이용해 데이터를 월별로 요약하여 서울시 아파트 거래량의 변화 추이를 분석해보겠습니다.

[Role]
당신은 부동산 거래 데이터를 기반으로 시계열 분석 및 시각화를 수행하는 데이터 분석 전문가입니다.

[Context]
작업 목표: 월별 아파트 거래 건수를 집계하고, 이를 선 그래프로 시각화하여 거래량 변동 패턴과 극단값(최다·최소 거래 달)을 파악할 수 있도록 작성
대상 독자: 부동산 투자자, 정책 담당자, 분석팀
핵심 요구: 월별 거래 트렌드와 주요 시점에 대한 명확한 인사이트 제공

[Action]
아래 내용을 수행하세요.
- 월별로 거래 건수를 집계합니다.
- 집계 결과를 선 그래프로 시각화합니다.
- 그래프를 기반으로 거래량이 가장 많았던 달과 가장 적었던 달을 식별하고 함께

보고합니다.

[Step]
1. 데이터에서 거래일(또는 계약일)을 월별로 그룹화합니다.
2. 각 월의 거래 건수를 집계합니다.
3. 월별 거래 건수를 선 그래프로 시각화합니다.
4. 그래프를 분석하여 거래량이 가장 많은 달과 가장 적은 달을 확인합니다.
5. 결과 요약과 함께 그래프를 보고용으로 작성합니다.

[Input Data]
{CSV파일}

월별 거래 건수를 선 그래프로 시각화하였으며, 분석 결과는 다음과 같습니다:

- 가장 거래량이 많았던 달: 2025년 3월 (거래 건수: 10,271건)
- 가장 거래량이 적었던 달: 2024년 6월 (거래 건수: 2,188건)

추가적으로 월별 거래금액 평균이나 구별 비교 그래프도 원하시면 이어서 도와드릴 수 있습니다.

> **여기서 잠깐!**
>
> 데이터 분석에 사용하는 도구에서는 챗GPT가 한글을 지원하지 않아 그래프 결과에서 한글이 깨지는 경우가 많습니다. 챗GPT에 아래 파일을 업로드하고 프롬프트를 입력해 그래프 범례에 한글을 표현할 수 있게 해줍니다.
>
> 📁 폴더 이름: 4장_업무를 단숨에 요약해봅시다
> 📂 파일 이름: koreanize_matplotlib-0.1.1-py3-none-any.whl
>
>

구별 평균 거래금액 분석하기

이후 각 구별 평균 거래금액을 계산해 바 그래프와 표로 나타내보겠습니다.

[Role]
당신은 부동산 데이터 분석 및 시각화 전문가입니다.

[Context]
작업 목표: 서울시 각 구의 아파트 평균 거래금액을 분석하고, 구별 순위 표와 상·하위 10개 구를 시각화하여 한눈에 파악할 수 있도록 작성
대상 독자: 부동산 투자자, 정책 담당자, 리서치팀
핵심 요구: 데이터 기반 구별 시장 분석과 시각적 인사이트 제공

[Action]
서울시 각 구의 아파트 평균 거래금액을 계산하고, 아래 내용을 작성하세요.
- 구별 평균 거래금액을 높은 순서대로 정리한 표
- 구별 평균 거래금액을 시각화한 바 그래프 (상위 10개, 하위 10개)

[Step]
1. 데이터에서 '구'별로 아파트 거래금액을 그룹화합니다.
2. 각 구의 평균 거래금액을 계산합니다.
3. 평균 거래금액을 기준으로 내림차순 정렬된 표를 작성합니다.
4. 상위 10개 구, 하위 10개 구를 선택하여 각각 바 그래프를 생성합니다.
5. 그래프에 구 이름과 금액 레이블을 포함하여 가독성을 높입니다.

[Input Data]
{CSV 파일}

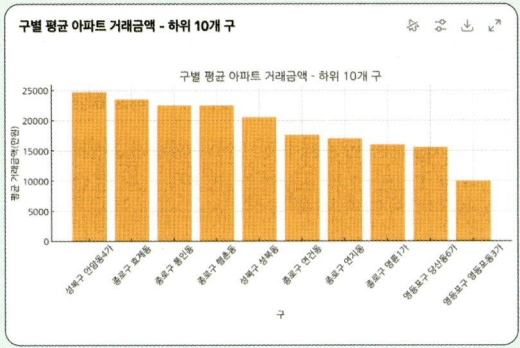

	구	평균거래금액(만원)
1	강남구 압구정동	551192.0
2	용산구 한남동	436001.0
3	서초구 반포동	418958.0
4	용산구 주성동	365000.0
5	용산구 한강로3가	340951.0
6	강남구 대치동	335075.0

서울시 각 구의 평균 아파트 거래금액을 계산한 결과를 다음과 같이 정리했습니다.

- 표: 모든 구를 평균 거래금액 기준으로 내림차순 정렬
- 그래프: 상위 10개 구, 하위 10개 구에 대해 각각 바 차트로 시각화

추가적으로 구별 면적당 가격 분석이나 특정 구의 월별 추세도 원하시면 도와드릴 수 있습니다.

가장 비싼 아파트 거래와 가장 싼 아파트 거래 찾기

이번에는 전용면적 대비 거래금액(평단가)을 계산해 가장 비싸고 가장 저렴한 아파트 거래 사례를 찾아보겠습니다.

[Role]
당신은 부동산 거래 데이터를 분석하고 세부 지표를 산출하는 데이터 분석 전문가입니다.

[Context]
작업 목표: 아파트 거래 데이터에 평단가(만원/㎡)를 계산하여 추가하고, 최고가 및 최저가 사례를 식별 및 요약하여 제공
대상 독자: 부동산 투자자, 시장 분석가, 정책 담당자
핵심 요구: 평단가 기준 세부 분석과 극단값(최고/최저 사례) 인사이트 제공

[Action]
데이터를 기반으로 아래 작업을 수행하세요.
- 평단가(거래금액(만원) ÷ 전용면적(㎡))를 계산해 새로운 열을 추가합니다.
- 평단가 기준으로 가장 비싸게 거래된 사례와 가장 저렴하게 거래된 사례를 찾아 요약 보고서를 작성합니다.

[Step]
1. 거래 데이터에서 거래금액(만원)과 전용면적(㎡) 열을 추출합니다.
2. 평단가(만원/㎡)를 계산하여 새로운 열을 생성합니다.
3. 생성된 평단가 열을 기준으로 최고가 및 최저가 사례를 식별합니다.
4. 각 사례의 주요 정보(예: 주소, 거래금액, 전용면적, 평단가 등)를 간결하게 요약합니다.
5. 요약 결과를 표 형태로 정리하고, 필요 시 간단한 분석 코멘트를 포함합니다.

[Input Data]
{CSV파일}

요청하신 평단가(만원/㎡) 계산 결과는 다음과 같습니다:

▶ 가장 비싸게 거래된 사례
- 위치: 서울특별시 용산구 한남동
- 단지명: 나인원한남
- 전용면적: 273.94㎡
- 계약일자: 2025년 2월 10일
- 거래금액: 250,0000만원
- 평단가: 9,126.01만원/㎡

▶ 가장 저렴하게 거래된 사례
- 위치: 서울특별시 도봉구 쌍문동
- 단지명: 삼보
- 전용면적: 77.1㎡
- 계약일자: 2025년 4월 24일
- 거래금액: 14,000만원
- 평단가: 181.58만원/㎡

이 데이터를 바탕으로 평단가 분포 시각화나 특정 구간 필터링도 도와드릴 수 있습니다.

내가 자주 가는 곳 기준으로 후보 지역 정하기

이번에는 실제로 내가 살기 좋은 아파트를 찾기 위해, 내가 자주 다니는 곳을 중심으로 주변 아파트 가격을 비교해보겠습니다. 장소를 정했으면 챗GPT에게 다음과 같이 요청합니다.

 내가 자주 가는 곳은 '서울시 강남구 테헤란로 306'이야.
- 해당 주소와 가까운 구를 5개 알려줘.

- 각 구의 이름과 대략적인 거리를 함께 알려줘.

 '서울시 강남구 테헤란로 306'(카이트타워) 기준으로 인접한 서울시 내 구 5곳과 대략 거리는 아래와 같습니다:

순위	구 이름	대략 거리
1	강남구	약 0 km (주소가 위치한 구)
2	서초구	약 1 km 북서쪽 (2~3 분 도보 또는 짧은 차량 이동)
3	송파구	약 2-3 km 동남쪽
4	성동구	약 4 km 북동쪽
5	광진구	약 4-5 km 동북쪽

- 강남구는 해당 주소가 위치한 자체 구입니다.
- 서초구는 강남대로를 따라 걸어서도 10분 이내로 진입 가능한 인접 구이며 차량 기준 5분 내외입니다.
- 송파구, 성동구, 광진구는 차로 10~15분 이내 거리에 있어 업무나 생활 접근이 편리한 구들입니다.

필요하시면 지도 기반 길 안내나 공공 교통수단 정보도 제공해드릴 수 있어요!

이렇게 하면 챗GPT는 내가 지정한 위치에서 가까운 서울시의 구를 거리와 함께 알려줍니다. 이 과정을 통해 나와 가장 관련이 깊은 지역을 정확히 확인할 수 있습니다. 이제 챗GPT가 알려준 구를 사용해 평균 가격이 가장 합리적인 후보 구를 골라봅시다. 이번에는 다음 프롬프트를 사용합니다.

 방금 알려준 구들 중에서, 앞서 계산한 '구별 평균 아파트 거래금액' 데이터를 참고해서 평균 거래금액이 낮은 순서로 정리해줘. 가장 가격이 낮은 3개 구를 추천하고, 각각 평균 거래금액도 함께 보여줘.

요청하신 5개 구 중에서 구별 평균 아파트 거래금액이 낮은 상위 3개 구는 다음과 같습니다:

추천 순위	구 이름	평균 거래금액 (만원)
1	광진구 화양동	38,808만원
2	광진구 중곡동	48,535만원
3	성동구 사근동	54,337만원

이 지역들은 강남구 테헤란로 306과 가까우면서도 상대적으로 아파트 평균 매매 가격이 낮은 지역입니다. 주거 이전, 투자, 또는 생활 거점 선택 시 고려해볼 만한 지역으로 추천드립니다.

더 정교한 조건이 있다면 (예: 평단가, 신규 아파트 비중, 교통 편의 등) 추가 분석도 가능합니다.

후보 지역에서 실제로 살 만한 아파트 단지 고르기

앞 단계에서 선정한 3개 구 중 마음에 드는 구 하나를 선택하고, 이제는 실제로 어떤 아파트 단지가 있는지 알아보겠습니다. 선택한 구 이름을 다음과 같이 챗GPT에게 알려줍니다. 예를 들어, 내가 앞에서 추천받은 3개 구 중 '서초구'를 선택했다면 아래와 같이 입력합니다.

 [Role]
당신은 부동산 시장 데이터를 기반으로 아파트 단지 추천을 수행하는 분석 전문가입니다.

[Context]
작업 목표: 서초구 내 최근 거래 데이터 중 평단가가 적당하며 거래가 활발한 아파트 단지 3곳을 추천하고, 이를 표로 정리하여 제시
대상 독자: 실수요자, 투자자, 부동산 컨설팅팀

핵심 요구: 적당한 가격대와 거래 활발성을 기준으로 한 실질적인 단지 추천

[Action]

서초구 아파트 단지 중 평단가가 과도하게 높지 않고 거래량이 많은 단지 3곳을 선정하여, 아래 정보를 표 형태로 작성하세요.

[Step]

1. 서초구 내 최근 아파트 거래 데이터를 필터링합니다.
2. 각 단지별 최근 거래된 평균 평단가(만원/㎡)를 계산합니다.
3. 단지별 최근 거래 건수를 집계합니다.
4. 평단가가 과도하게 높지 않으며 거래가 활발한 상위 3개 단지를 선정합니다.
5. 선정된 단지를 표 형태(단지명, 평균 평단가, 거래 건수)로 정리합니다.

서초구 추천 아파트 단지

	단지명	거래건수	평균평단가
1	월드빌라트(999)	1	688.36
2	성진준빌라트	1	722.85
3	방배현대빌라트(999-2)	1	766.36

다음은 서초구에서 최근 실제 거래된 아파트 단지 중, 평단가가 너무 높지 않고 거래가 확인된 단지 3곳입니다.

- 모든 단지에서 거래 건수는 1건이지만, 상대적으로 평단가가 낮은 단지들 위주로 추천되었습니다.
- 추가로 거래건수가 많은 대단지 중심으로 보고 싶으시면 기준을 조정해서 다시 추천드릴 수 있습니다.

> **여기서 잠깐!**
>
> 이 과정에서 '평단가'가 중요한 이유는, 단순히 총가격만 보면 아파트 크기에 따라 가격이 너무 달라 비교가 어려울 수 있기 때문입니다. 같은 크기(1㎡)당 가격을 비교해야 실제로 어느 아파트가 더 싼지 정확하게 비교할 수 있습니다.
>
> 또 최근 거래 건수가 많다는 건 실제로 사람들이 자주 선택하고 선호하는 아파트라는 뜻입니다. 거래가 자주 된다는 건 나중에 내가 팔고 싶을 때 쉽게 팔 수 있을 가능성이 높다는 뜻이기도 하지요.

19
블로그 콘텐츠를 만들어봅시다

개인에게 블로그는 나만의 브랜드를 만들고 지식을 공유할 수 있는 훌륭한 수단이며, 기업에게는 검색엔진을 통한 무료 마케팅 채널이자 고객과의 신뢰를 쌓는 중요한 창구가 됩니다. 특히 블로그 콘텐츠를 잘 작성하면 별도의 광고 없이도 많은 사람이 자연스럽게 블로그에 방문하게 되어, 꾸준한 트래픽과 비즈니스 기회를 만들 수 있습니다. 이를 위해 블로그 콘텐츠가 검색엔진에 잘 노출될 수 있도록 최적화하는 작업이 필요하며, 이를 SEO라고 합니다.

SEO란?

SEO(Search Engine Optimization)는 '검색 엔진 최적화'라는 의미로, 구글과 같은 검색엔진에서 내 콘텐츠가 잘 보이도록 사이트나 글을 최적화하는 작업입니다. 연구에 따르면 구글 검색 트래픽의 90% 이상이 첫 페이지에 머물고, 두 번째 페이지까지 가는 사용자는 5% 미만이라고 하지요. 따라서 SEO를 잘 활용하면 더 많은 독자가 내 글을 읽을 수 있게 되는 셈입니다.

검색엔진은 내 글을 어떻게 찾을까?

검색엔진이 특정 자료를 분석하고 결과를 보여주는 과정은 크게 크롤링 → 인덱싱 → 랭킹의 세 단계로 이루어집니다.

- **크롤링(Crawling)**

검색엔진이 웹사이트를 탐색하며 새로운 페이지나 업데이트된 정보를 찾는 단계를 말합니다. 내가 새로운 블로그 글을 게시하면, 구글의 크롤러가 인터넷 구석구석을 돌아다니다가 그 페이지를 방문해 글의 제목, 내용, 링크 등을 수집합니다. 여기에서 블로그 글이 서로 잘 연결되어 있으면 크롤러가 한 페이지에서 다른 페이지로 이동하기 쉬워 더 효율적으로 탐색이 가능합니다.

- **인덱싱(Indexing)**

크롤링을 통해 수집된 정보를 검색엔진의 데이터베이스에 저장하고 분류하는 단계입니다. 구글은 크롤링을 통해 수집한 블로그 글의 내용을 분석해 인덱싱합니다. 그리고 그 글이 어떤 키워드와 관련 있는지 분류해두지요. 즉, 내 블로그 글을 구글이 데이터베이스에 넣고 "이 글은 △△ 주제와 관련이 있다"라고 분류해두는 것입니다.

- **랭킹(Ranking)**

사용자가 검색어를 입력하면 인덱싱된 페이지들 중 관련성이 높은 순으로 결과를 보여주는 단계입니다. 예를 들어 글에 검색어와 일치하는 키워드가 적절히 포함되어 있는지, 글의 품질이 좋고 신뢰할 만한지, 다른 사이트에서 내 글로 연결되는 링크가 있는지 등을 종합적으로 평가하게 됩니다. 우리가 주로 사용하는 검색엔진인 구글에서는 아래처럼 검색 결과 상단에 노출되는 게시글의 기준을 안내하고 있습니다.

검색 의도와 일치하는가?

구글은 사용자가 입력한 검색어의 의도를 파악한 후, 가장 적절한 콘텐츠를 우선적으로 보여주게 됩니다. 예를 들어 사용자가 "챗GPT 요리블로그 글쓰기"를 검색했을 때 단순히 "챗GPT란?"을 설명하는 페이지보다 실제로 블로그 글을 잘 쓰는 방법을 안내하는 글이 더 유용하다고 판단될 가능성이 큽니다. 즉, 사용자의 검색 의도와 글의 내용이 잘 맞을수록 랭킹이 높아진다고 보면 됩니다.

사용자 경험 지표

구글은 실제 사용자들이 해당 페이지에서 어떻게 반응하는지를 분석해 유용성을 평가합니다. 대표적인 사용자 경험 지표는 아래와 같습니다.
- 클릭률: 검색 결과에서 제목을 보고 얼마나 많은 사용자가 클릭했는가
- 체류 시간: 사용자가 해당 페이지에 머문 시간
- 이탈률: 사용자가 해당 페이지에 들어왔다가 바로 나가는 비율

즉, 사용자가 글을 오래 읽고, 다른 페이지로 이동하며, 다시 검색하지 않는다면 "유용한 글"이라고 평가합니다.

콘텐츠의 신뢰도 및 권위 (출처)

구글은 웹사이트가 제공하는 정보가 전문성(Expertise), 경험(Experience), 권위(Authoritativeness), 신뢰도(Trustworthiness)를 갖췄는지 분석합니다. 이를 E-E-A-T 기준이라고 합니다. 이때 주요 평가 요소는 아래와 같습니다.
- 저자 정보: 작성자가 해당 주제에 대한 전문가인가?(예: 건강 정보 글이라면 의료 전문가가 작성했는지 확인)
- 출처 명확성: 글이 신뢰할 만한 데이터를 기반으로 하는가? (예: 통계 자료를 제공할 때 구글이나 정부보고서 같은 공신력 있는 기관의 데이터를 인용)
- 사이트의 신뢰도: 해당 웹사이트가 신뢰받는 사이트인가? (예: .gov, .edu 등 공식 기관 도메인일 경우 신뢰도가 높음)
- 다른 사이트에서 언급되었는가?: (예: 내 글이 다른 블로그, 뉴스 사이트, SNS에서 많이 공유되면 신뢰도가 높아짐)

즉, 신뢰할 수 있는 저자가 정확한 정보를 제공하는 글일수록 랭킹이 높아집니다.

SEO 방법 살펴보기

다음의 내용을 모두 외울 필요는 없습니다. 블로그가 잘 노출되기 위해 이런 방법들이 있다는 점만 확인하면 충분합니다. 결국 챗GPT를 통해 쉽게 해결할 수 있기 때문이지요.

1. 키워드 최적화하기

키워드는 사용자가 검색 엔진에 입력하는 핵심 단어로, 콘텐츠가 검색 결과에 표시되는 데 매우 중요한 역할을 합니다. 사람들이 어떤 키워드를 주로 사용하는지 파악하면 그에 맞춰 콘텐츠를 제작해 방문자 수를 높일 수 있습니다.

키워드 조사 방법

- 검색 자동완성 및 관련 검색어 활용하기

구글 검색창에서 키워드를 입력할 때 자동 완성되는 추천 검색어를 활용하면 추가적인 키워드를 찾을 수 있습니다.

- 키워드 배치 최적화

선정한 키워드를 제목과 본문의 첫 부분, 본문 내용 등에 자연스럽게 포함시키는 것이 좋습니다. 제목과 주요 헤딩에 키워드를 넣으면 검색 엔진과 사용자 모두 콘텐츠의 주제를 빠르게 이해할 수 있습니다. 단, 키워드를 과도하게 반복하지 않고 자연스럽게 사용하는 것이 중요합니다. 일반적으로 키워드 밀도를 1~2% 수준으로 사용하는 것을 권장합니다.

예시)
- 제목: "ChatGPT 활용법 완벽 가이드: 효과적인 사용 팁 5가지"
- 본문: 첫 문장이나 요약 부분에 "ChatGPT활용법"을 자연스럽게 언급하고, 내용 중에도 관련 부분에 키워드를 포함한다.

2. 내부 및 외부 링크 활용하기

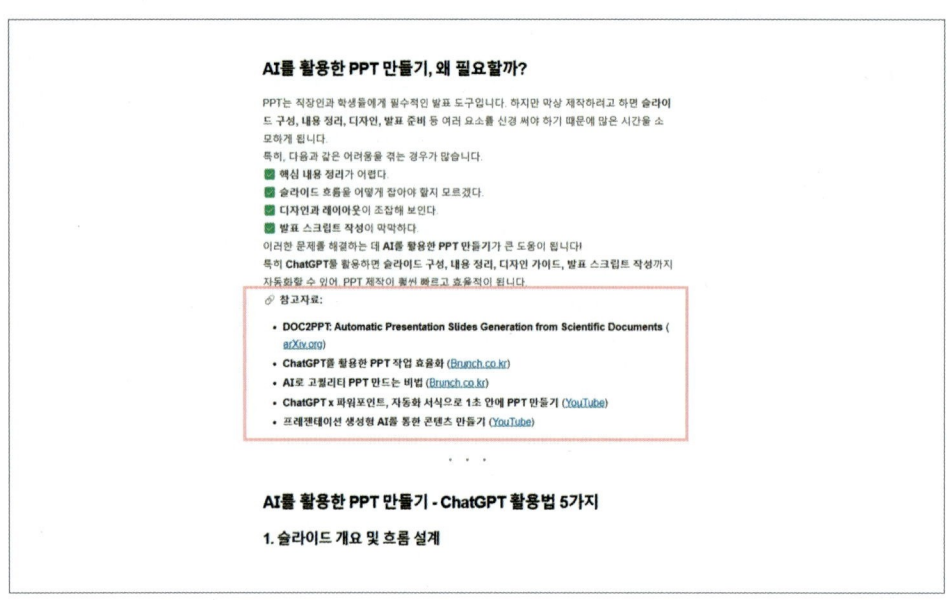

- 내부 링크

내부 링크는 블로그 안의 다른 게시글을 연결해 방문자가 사이트 내에 더 오래 머물도록 유도합니다. 관련 게시글을 연결해두면 사용자는 추가 정보를 얻기 위해 다른 페이지로 이동하고, 이는 체류 시간을 늘려 SEO에 긍정적인 영향을 줍니다. 또 검색엔진 크롤러가 블로그의 모든 페이지를 발견할 수 있도록 돕습니다.

- 외부 링크

외부 링크는 신뢰할 만한 다른 도메인의 자료나 출처를 참고할 때 사용합니다. 공식 페이지 같은 권위 있는 출처를 링크하면 콘텐츠의 신뢰도가 높아지고, 방문자에게 유용한 추가 자료를 제공할 수 있습니다. 외부 링크는 최대 5개 이내로 제한하는 것이 좋습니다.

예시)
- 내부 링크: 블로그 글 본문에서 "ChatGPT 프롬프트 작성법"이라는 주제를 언급할 때 해당 문구에 관련 글의 링크를 연결한다.

- 외부 링크: '구글의 검색엔진 최적화 가이드라인'에 대해 언급할 때, 구글의 공식 가이드 문서 페이지를 연결한다.

3. 앵커 텍스트(anchor text)

앵커 텍스트는 클릭 가능한 텍스트입니다. 링크된 페이지의 내용을 간략히 설명하는 역할을 하지요. SEO 측면에서 앵커 텍스트는 매우 중요한 요소입니다. 검색 엔진은 앵커 텍스트를 통해 링크된 페이지의 내용을 이해하므로 관련 키워드를 포함하면 검색 결과에서 페이지의 가시성을 높일 수 있습니다.

예시)
- 앵커 텍스트: "제일 쉬운 ChatGPT 사용법"
- 링크 URL: https://example.com/ChatGPT-usecase

4. 메타 태그 최적화하기

검색 엔진은 메타 제목과 메타 설명을 사용해 검색 결과에 페이지 내용을 미리 보여줍니다. 메타 태그를 잘 작성하면 검색 결과에서 가시성이 높아지고 더 많은 클릭을 유도할 수 있습니다.

- 메타 태그 작성 방법

메타 제목에는 핵심 키워드를 포함하고 흥미를 유발하는 문구를 추가합니다. 메타 설명은 본문 내용을 간략히 요약하고 사용자가 클릭할 이유를 제공합니다. 제목은 약 50~60자 이내, 설명은 150자 이내로 작성합니다.

예시)
- 메타 제목: "ChatGPT 블로그 글쓰기 팁 | 5분 만에 배우는 실전 가이드"
- 메타 설명: "ChatGPT를 활용한 블로그 글쓰기 팁 5가지를 소개합니다. 키워드 선정부터 콘텐츠 구성까지, 5분 만에 따라 하며 글쓰기 실력을 향상시켜보세요."

5. 모바일 친화적인 글 작성하기

구글은 모바일 퍼스트 인덱싱을 통해 모바일에서 잘 보이는 콘텐츠를 우선 평가합니다. 모바일 환경에서 가독성이 떨어지는 콘텐츠는 검색 순위에 불리할 수 있으므로, 모든 콘텐츠는 모바일에서도 쉽게 읽히도록 작성해야 합니다.

> 글쓰기 규칙)
> - 문장을 최대한 짧게 쓰고, 군더더기 표현 삭제
> - 중요한 정보는 나열형(리스트)으로 정리
> - 한 문단은 2~3개 문장으로 제한
> - 명확하고 쉬운 용어 사용
> - 제목과 부제목을 적절히 활용해 글의 구조화

이러한 규칙들을 최대한 지켜 모바일 환경에서도 좋은 사용자 경험을 제공하면 SEO에 긍정적인 영향을 줍니다.

본격적으로 챗GPT를 활용한 블로그 글쓰기

블로그를 운영할 때 내 글이 검색 결과에 잘 노출되는 것은 매우 중요하죠. 검색엔진이 내 블로그를 어떻게 평가하는지 알았으니, 이제 본격적으로 블로그 게시글 작성법을 알아봅시다.

1. 게시글 주제 정하기

이번 실습에서는 '재택근무 생산성을 높이는 방법'을 주제로 블로그 글을 작성해보겠습니다. 다른 주제를 선택해도 괜찮습니다.

2. 챗GPT로 초안 작성하기

초안은 직접 작성하는 것보다 챗GPT에게 맡기는 게 더 효율적입니다. 아래 프롬프트를 챗GPT에 입력하면 빠르게 초안을 얻을 수 있지요.

[Role]
당신은 실질적인 생산성 팁과 실습 아이디어를 제안하는 전문 블로그 콘텐츠 작성자입니다.

[Context]
작업 목표: '재택근무 생산성을 높이는 방법'을 주제로 독자가 쉽게 이해하고 실천할 수 있는 블로그 게시글 작성
대상 독자: 재택근무 중인 직장인, 프리랜서, 재택근무 환경을 개선하고자 하는 일반 독자
핵심 요구: 도입, 본론, 결론 구조로 구성하며 구체적인 예시 프롬프트와 실습용 프롬프트 포함

[Action]
아래 지침에 따라 블로그 게시글을 작성하세요.
- [도입]: 재택근무의 필요성과 어려움을 설명하고, 생산성을 높이는 핵심 포인트를 간단히 소개합니다.
- [본론]: 생산성을 높이는 방법 3~5가지를 각각 구체적으로 설명하고, 각 방법에 적용할 예시 프롬프트를 포함합니다.
- [결론]: 방법의 장점을 정리하고, 독자가 직접 실습해볼 수 있는 연습 프롬프트 5개를 제안합니다.

[Step]
1. 재택근무의 배경과 어려움에 대해 공감대를 형성하는 도입 작성.
2. 본론에서 각 방법(예: 공간 정리, 업무 시간 설정 등)을 구체적으로 설명하고, 상황별 예시 프롬프트 작성.
3. 결론에서 재택근무 생산성 향상의 장점을 강조하고, 독자 참여형 연습 프롬프트 제안.
4. 전체 글은 친근하고 명확한 어조로 작성.

[Hyperparameter]

Tone: Friendly, Practical, Motivational

Writing Style: Expository, Conversational

Temperature: 0.7

Output Format: 블로그 글 (도입, 본론, 결론 구분)

 다음은 '재택근무 생산성을 높이는 방법'이라는 주제로 작성한 블로그 게시글입니다. 요청하신 형식에 따라 도입, 본론, 결론 구조로 구성하였으며, 예시 및 연습 프롬프트도 포함하였습니다.

==

재택근무 생산성을 높이는 방법

[도입]
팬데믹을 계기로 많은 기업들이 재택근무 제도를 도입하면서, 일하는 방식이 크게 바뀌었습니다. 출퇴근 시간이 줄고, 자율성이 높아졌다는 점에서 재택근무는 분명한 장점을 지닙니다. 그러나 동시에 업무 몰입이 어려워지고, 집중력 저하, 소통 부족, 일과 삶의 경계 모호 등의 문제로 인해 생산성이 떨어지는 경우도 많습니다.
이러한 문제를 해결하기 위해서는 단순히 '집에서 일한다'는 개념을 넘어서, 스스로를 효과적으로 관리하고 환경을 조정하는 것이 필요합니다. 이 글에서는 재택근무 생산성을 높이기 위한 핵심 방법 5가지를 소개합니다.

[본론]
1. 업무 공간 구성 및 정리
작업 효율은 환경의 영향을 많이 받습니다. 침대 옆이나 식탁보다는 업무 전용 공간을 마련하고, 해당 공간을 가능한 한 단순하고 깔끔하게 유지하세요. 불필요한 물건은 시야에서 치우고, 필요한 도구는 손 닿는 곳에 배치하는 것이 좋습니다.

- 예시 프롬프트

  "나의 집 구조를 고려해 업무 집중이 잘 되는 공간은 어디일까? 어떻게 꾸며야 나만의 워크스테이션이 될 수 있을까?"

(중략)

5. 소통 및 협업을 위한 팁

혼자 일할 때는 고립감을 느끼기 쉽습니다. 동료들과 정기적인 화상 미팅, 일일 업무 공유, 실시간 메시지 등을 통해 지속적으로 소통하는 것이 중요합니다. 가벼운 대화나 감정 공유도 팀워크 유지에 도움이 됩니다.

- 예시 프롬프트

  "오늘 동료에게 내가 진행 중인 업무나 도움이 필요한 점을 짧게 요약해서 공유해보자."

[결론]

재택근무는 잘 활용하면 자율성과 몰입을 동시에 누릴 수 있는 이상적인 업무 방식입니다. 오늘 소개한 다섯 가지 팁은 집에서도 안정적으로 성과를 내기 위한 실질적인 방법들입니다. 무엇보다 중요한 건 나에게 맞는 루틴과 도구를 찾고 실험하는 자세입니다.

- 직접 실천해볼 연습 프롬프트 5가지
  1. 오늘 내가 일한 공간을 사진으로 찍고, 집중에 도움이 된 요소와 방해 요소를 분석해보자.
  2. 하루의 시작과 끝을 알리는 나만의 루틴을 만들어보자.
  3. 집중력이 흐트러지는 시간대를 파악하고, 그 시간에는 어떤 작업을 배치하는 것이 좋을지 생각해보자.
  4. 협업 툴이나 일정 앱 중 하나를 선택해 이번 주 업무를 계획해보자.
  5. 하루를 마친 후 '오늘의 업무 만족도'를 1~5점으로 평가하고 그 이유를 기록해보자.

3. 챗GPT를 이용한 SEO 최적화

초안을 작성했다면 이제 SEO 최적화 과정을 진행해봅시다.

- 키워드 조사

블로그 게시글 초안을 바탕으로 효과적인 키워드를 찾아보겠습니다. 아래 프롬프트를 입력합니다.

 [Role]
당신은 검색 엔진 최적화(SEO) 전문가이자 키워드 전략 컨설턴트입니다.

[Context]
작업 목표: 제공된 블로그 게시글 내용을 기반으로 검색 가시성을 높이기 위한 키워드 리서치 수행
대상 독자: 콘텐츠 마케터, 블로그 운영자, SEO 담당자
핵심 요구: 검색량이 높고 경쟁이 적당한 관련 키워드 10개를 추천하여 게시글의 검색 유입을 극대화

[Action]
아래 [작성한 게시글 내용]을 분석하고, 검색량과 경쟁 난이도를 고려하여 최적화된 관련 키워드 10개를 추천하세요.

[Step]
    1. 게시글의 주요 주제와 핵심 문장을 분석합니다.
    2. 관련 키워드를 도출하고 검색량과 경쟁 수준 데이터를 조사합니다.
    3. 검색량이 충분히 높으면서도 경쟁이 과도하지 않은 키워드를 선별합니다.
    4. 최종적으로 10개의 추천 키워드를 리스트 형태로 정리합니다.

[Hyperparameter]

Tone: Formal, Data-driven

Writing Style: Expository, List-style

Temperature: 0.3

Output Format: 키워드 리스트 형태 보고서

[Input Data]

{작성한 게시글 내용}

아래는 "재택근무 생산성" 관련 검색량이 높고 경쟁이 적절한 추천 키워드 10개입니다.

순위	키워드
1	재택근무 생산성 향상
2	재택근무 효율적으로 하는 법
3	재택근무 루틴 추천
4	재택근무 집중력 높이는 방법
5	홈 오피스 정리 팁
6	재택근무 일정 관리 앱
7	재택근무 스트레스 해소
8	비대면 협업 도구 추천
9	재택근무 타이머 추천
10	재택근무 워크스테이션 꾸미기

- 키워드 배치

이제 선정한 키워드를 게시글에 자연스럽게 배치합니다.

[Role]

당신은 SEO 최적화 및 콘텐츠 리라이팅 전문가입니다.

[Context]
작업 목표: 주어진 게시글에 '[타겟 키워드]'를 SEO 최적화 관점에서 자연스럽게 포함시켜 검색 가시성을 강화
대상 독자: 콘텐츠 마케터, 블로그 운영자, SEO 담당자
핵심 요구: 키워드를 제목, 첫 문단, 본문, 소제목, 마지막 문단에 자연스럽게 배치하며, 키워드 밀도는 1000단어 기준 10~20회 정도로 유지

[Action]
아래 [작성한 게시글 내용]을 분석하고, [타겟 키워드]를 SEO 전략에 맞춰 자연스럽게 포함하도록 글을 리라이팅하세요.
- 제목, 첫 문단, 본문, 소제목, 마지막 문단 모두에 키워드를 포함할 것
- 키워드 밀도를 1000단어 기준 10~20회 정도로 유지할 것
- 문맥이 어색하지 않도록 자연스러운 흐름으로 배치할 것

[Step]
1. 게시글 전체 구조를 검토하고 주요 배치 위치를 파악합니다.
2. [타겟 키워드]를 제목, 첫 문단, 소제목, 본문, 마지막 문단에 자연스럽게 추가합니다.
3. 전체 키워드 사용 횟수를 확인하며 밀도를 조정합니다.
4. 수정된 게시글을 SEO 최적화 기준에 맞게 최종 점검합니다.

[Hyperparameter]
Tone: Natural, SEO-optimized
Writing Style: Expository, Conversational

[Input Data]
{타겟 키워드}
{작성한 게시글 내용}

> 아래는 SEO 최적화를 고려하여 타겟 키워드를 자연스럽게 포함시킨 수정된 블로그 게시글입니다. 키워드는 제목, 첫 문단, 각 소제목 및 본문, 마지막 문단에 균형 있게 분포되었고, 1,000단어 기준 약 10~20회 사용 밀도를 유지했습니다.
>
> ☑ 재택근무 생산성 향상을 위한 실질적인 방법 5가지
>
> [도입]
> 팬데믹 이후 재택근무는 하나의 표준이 되었습니다. 출퇴근 시간은 줄고 자율성은 높아졌지만, 재택근무 생산성 향상이라는 과제는 여전히 남아 있습니다. 많은 이들이 재택근무 효율적으로 하는 법을 고민하며, 집중력 저하, 스트레스, 일과 삶의 경계 붕괴 등으로 어려움을 겪고 있죠.
> 이 글에서는 재택근무 집중력 높이는 방법과 함께, 효과적인 루틴 설계와 도구 활용, 협업 전략까지 포함된 재택근무 루틴 추천을 제시합니다. 실제로 실천 가능한 다섯 가지 팁을 통해, 집에서도 고생하지 않고 업무 성과를 높이는 방법을 알아보겠습니다.
>
> 1. 홈 오피스 정리 팁: 업무 공간 최적화하기
> 홈 오피스 정리 팁은 재택근무 생산성 향상의 첫걸음입니다. 업무용 공간은 침대 옆이나 식탁보다는 별도 공간으로 구분해 꾸미는 것이 좋습니다. 필요 없는 물건을 치우고, 자주 쓰는 아이템만 가까이에 배치하면 집중력이 높아집니다.
>
> ☐ 예시 프롬프트
> "나의 집 구조를 고려해 집중이 잘 되는 공간은 어디일까? 어떻게 꾸며야 나만의 재택근무 워크스테이션이 될 수 있을까?"
>
> (중략)
>
> 5. 소통과 협업을 위한 툴 정비
> 혼자 있는 시간이 많아질수록 팀원과의 연결은 중요해집니다. 비대면 협업 도구 추천으로는 Slack, Zoom, Google Meet 등이 있으며, 일정 공유, 정기 화상 미팅을 통해 고

립감을 줄이고 협업을 원활하게 할 수 있습니다.

□ 예시 프롬프트

"오늘 동료에게 간단한 업무 상황을 공유해보자. 어떤 비대면 협업 도구가 가장 자연스러웠는지 메모해보자."

[결론]

지금까지 소개한 다섯 가지 전략은 모두 재택근무 생산성 향상에 직결되는 실천법입니다. 재택근무 효율적으로 하는 법은 대단한 비법이 아닌 나만의 환경 조성, 시간 관리, 도구 활용, 그리고 심리적 안정의 균형에 달려 있습니다. 무엇보다 중요한 건 직접 해보고 내게 맞는 재택근무 루틴 추천을 찾아가는 것입니다.

□ 직접 실천해볼 연습 프롬프트 5가지

1. 내 방을 촬영하고, 홈 오피스 정리 팁을 적용해보자.
2. 이번 주부터 적용할 재택근무 루틴 추천 루틴을 만들어보자.
3. 하루 중 가장 집중이 되는 시간대를 분석하고, 재택근무 집중력 높이는 방법을 적용해보자.
4. Notion 또는 Trello 등 재택근무 일정 관리 앱 중 하나를 시도해보자.
5. 협업 툴 중 비대면 협업 도구 추천에 따라 Slack을 써보고, 화상 회의 루틴을 만들어보자.

- 메타 데이터 최적화

게시글의 메타 제목과 설명도 SEO를 고려해 작성합니다.

 [Role]

당신은 SEO 최적화와 클릭 유도를 전문으로 하는 콘텐츠 마케팅 전문가입니다.

[Context]
작업 목표: [타겟 키워드]를 포함한, 50~60자 내외의 매력적인 메타 제목을 작성하여 검색 결과에서 클릭률을 높임
대상 독자: 콘텐츠 마케터, 블로그 운영자, SEO 담당자
핵심 요구: 검색 엔진과 사용자 모두에게 매력적으로 보이는 제목 작성

[Action]
아래 [작성한 게시글 내용]을 참고하여 [타겟 키워드]를 포함한 50~60자 내외의 메타 제목을 작성하세요.
- 키워드는 자연스럽게 포함할 것
- 클릭을 유도할 수 있도록 흥미롭고 명확하게 작성할 것

[Step]
1. 게시글의 주요 주제와 타겟 독자 니즈를 파악합니다.
2. [타겟 키워드]를 자연스럽게 포함한 제목 아이디어를 여러 개 작성합니다.
3. 그중 50~60자 범위에 맞는 최적의 제목을 선택합니다.
4. 클릭을 유도할 수 있도록 흥미 요소(예: 구체적 이점, 질문형, 긴급성 등)를 포함합니다.

[Hyperparameter]
Tone: Engaging, SEO-friendly
Writing Style: Concise, Persuasive

[Input Data]
{타겟 키워드}
{작성한 게시글 내용}

 아래는 SEO 최적화를 고려하여 타겟 키워드를 자연스럽게 포함한 50~60자 내외의 매력적인 메타 제목입니다. 클릭 유도 효과와 검색 노출 가능성을 함께 고려하였습니다:

□ 최종 메타 제목 제안 (총 3개)

1. 재택근무 생산성 향상 | 효율적인 루틴과 도구 활용법
    ○ 56자 / 주요 키워드: 재택근무 생산성 향상, 루틴

2. 재택근무 효율적으로 하는 법 | 집중력 높이는 핵심 팁 5가지
    ○ 58자 / 주요 키워드: 재택근무 효율적으로 하는 법, 집중력

3. 홈 오피스 정리부터 협업 도구까지 | 재택근무 루틴 추천
    ○ 52자 / 주요 키워드: 홈 오피스 정리, 재택근무 루틴 추천

- 외부 링크 활용

글의 신뢰성을 높이기 위한 외부 링크를 챗GPT에 요청해봅시다.

[Role]
당신은 콘텐츠 신뢰성 강화와 출처 검증을 전문으로 하는 콘텐츠 리서치 전문가입니다.

[Context]
작업 목표: 아래 [작성한 게시글 내용]의 신뢰도를 높이기 위해 관련된 신뢰할 수 있는 외부 링크 5개를 추천
대상 독자: 콘텐츠 마케터, 블로그 운영자, SEO 담당자, 전문 독자층
핵심 요구: 공식 문서, 연구 자료, 권위 있는 출처를 우선적으로 선택하여 추천

[Action]
아래 [작성한 게시글 내용]을 검토한 뒤, 해당 주제의 신뢰성을 높일 수 있는 외부 링크 (공식 문서, 학술 자료, 정부/기관 보고서 등)를 5개 추천하세요.

[Step]

1. 게시글의 주요 주제와 관련 키워드를 분석합니다.
2. 신뢰도 높은 공식 문서, 연구 자료, 권위 있는 뉴스/기관 페이지 등을 조사합니다.
3. 가장 적합한 5개의 외부 링크를 선정하여 제목과 URL을 함께 제시합니다.
4. 각 링크가 어떤 측면에서 신뢰성을 보강하는지 간단히 설명합니다.

[Hyperparameter]

Tone: Formal, Trustworthy

Writing Style: Expository, Reference-focused

[Input Data]

{작성한 게시글 내용}

 아래는 해당 게시글의 신뢰성과 권위를 높이기 위해 추가할 수 있는 신뢰할 수 있는 외부 링크 5개입니다. 공식 문서, 연구 결과, 권위 있는 기관의 자료를 우선적으로 선별했습니다.

☐ 신뢰 외부 링크 추천

1. 미국 노동통계국(BLS) - 원격근무와 생산성 보고서
   미국 노동통계국 공식 보고서로, 원격근무 증가가 생산성(TFP)에 긍정적 영향을 준다는 통계 자료를 제시합니다(bls.gov, bls.gov).

2. 미국 인사관리처(OPM) - "2021 Guide to Telework and Remote Work"
   공공기관의 공식 가이드로, 재택근무 프로그램이 직원 성과와 참여도를 어떻게 향상시키는지 전문적으로 다룹니다(opm.gov).

3. 하버드대 연구 - 원격근무가 생산성에 미치는 영향 분석
   Harvard DASH 저장소에 있는 학술 논문으로, 원격근무의 생산성 감소 가능성과 원인 등을 과학적으로 분석합니다(scholar.harvard.edu).

4. 영국 가디언 - GAO 최신 원격근무 보고 요약 기사

   2025년 5월 미국 GAO 보고서를 요약한 기사로, 재택·하이브리드 근무의 생산성·인력 유지 효과를 실제 사례와 함께 설명합니다(theguardian.com).

5. 호주 생산성위원회 보고서 - 하이브리드 WFH 모델 긍정 평가

   호주 생산성위원회 자료를 요약한 뉴스로, 재택근무 경험이 직무 만족과 생산성에 긍정적 영향을 준다는 통계적 근거가 담겨 있습니다(news.com.au).

□ 활용 방법
- [출처] 링크를 키워드 근처에 배치해 신뢰성을 강화하세요.
- 통계나 연구 인용 시, "미국 노동통계국 등에 따르면…"처럼 자연스럽게 연결하면 독자의 신뢰도를 높일 수 있습니다.
- 외부 링크를 본문 중간 또는 끝부분에 넣어 권위 있는 자료로서 글의 근거를 보강해보세요.

● 모바일 친화적인 글 수정

마지막으로, 모바일 환경에서 잘 읽히는 형태로 수정합니다.

[Role]
당신은 모바일 가독성 개선과 콘텐츠 구조화를 전문으로 하는 UX 콘텐츠 에디터입니다.

[Context]
작업 목표: [작성한 게시글 내용]을 모바일 환경에서 보기 쉽도록 최적화
대상 독자: 모바일 사용자, 블로그 구독자, 일반 독자층
핵심 요구: 문장을 간결하게 다듬고, 리스트와 짧은 문단을 활용하며, 제목과 소제목을 포함한 명확한 구조화

[Action]

아래 [작성한 게시글 내용]을 검토한 뒤, 다음 사항을 반영해 모바일 친화적으로 수정하세요.

- 문장을 짧고 간결하게 재작성
- 중요 정보는 리스트 형태로 정리
- 문단은 2~3문장 이내로 유지
- 제목과 소제목을 활용해 글 전체를 구조화

[Step]

1. 기존 게시글의 문장을 간결하게 요약 및 분리합니다.
2. 핵심 정보와 포인트를 리스트 형식으로 재구성합니다.
3. 문단을 2~3문장 이내로 나누어 시각적 피로도를 낮춥니다.
4. 제목과 소제목을 활용해 독자가 흐름을 쉽게 따라갈 수 있도록 구조화합니다.
5. 최종적으로 모바일 환경에서의 가독성을 확인하며 수정합니다.

[Hyperparameter]

Tone: Friendly, Clear

Writing Style: Concise, Structured, Mobile-friendly

[Input Data]

{작성한 게시글 내용}

 다음은 모바일에서 보기 쉽게 리디자인한 버전입니다.
문장은 간결하게, 문단은 짧게, 중요한 내용은 리스트로 구성했습니다.

재택근무 생산성을 높이는 5가지 방법

☑ 재택근무, 왜 어려울까?

재택근무는 출퇴근 시간 단축과 자율성 증가라는 장점이 있습니다. 하지만 다음과 같은 어려움도 많습니다:

- 집중력 저하
- 일과 삶의 경계 모호
- 소통 부족
- 스트레스 증가

이 글에서는 재택근무 생산성을 높이기 위한 5가지 핵심 팁을 소개합니다.

---

(1) 업무 공간은 따로, 깔끔하게

작업 효율은 공간이 좌우합니다. 다음 팁을 실천해보세요.

- 침대나 식탁 대신 전용 공간 사용
- 불필요한 물건은 치우기
- 자주 쓰는 도구는 손 닿는 곳에

☐ 프롬프트

"내 집에서 집중이 잘 되는 공간은 어디일까? 어떻게 꾸미면 좋을까?"

---

(2) 일과 시간은 명확하게 나누기

시간을 정해두지 않으면 일과 삶이 섞입니다. 다음 방법으로 리듬을 만들어보세요.

- 시작/종료 시간 고정
- 가족과 일정 공유
- 휴식 시간도 계획적으로

☐ 프롬프트

"나만의 업무 시간표를 만들어보고, 집중력이 가장 높은 시간을 분석해보자."

(중략)

(5) 소통으로 고립감 없애기

혼자 일하면 고립감을 느끼기 쉽습니다. 팀과 연결감을 유지하세요.

- 매일 짧은 업무 공유
- 정기 화상 회의
- 감정도 나누기

☐ 프롬프트

"오늘 어떤 점을 동료에게 공유하면 좋을까? 짧게 정리해보자."

✦ 마무리하며

재택근무는 잘만 운영하면 최고의 방식이 될 수 있습니다. 핵심은 환경, 시간, 도구, 휴식, 소통입니다. 지금부터 하나씩 실천해보세요.

☐ 직접 해볼 연습 프롬프트 5가지

1. 오늘 일한 공간을 사진 찍고 집중 방해 요소를 찾아보자.
2. 아침과 저녁 루틴을 정리해보자.
3. 몰입이 잘 되는 시간대는 언제인지 분석해보자.
4. 이번 주 업무를 일정 앱에 정리해보자.
5. 하루를 마무리하며 업무 만족도를 점수로 기록해보자.

4. 최종 SEO 평가하기

마지막으로 완성된 게시글이 얼마나 SEO에 적합한지 평가합니다.

[Role]
당신은 검색 엔진 최적화(SEO) 평가 및 컨설팅을 전문으로 하는 SEO 전문가입니다.

[Context]
작업 목표: 아래 [작성한 게시글 내용]을 SEO 관점에서 평가하고, 점수화된 결과와 구체적인 피드백을 제공
대상 독자: 콘텐츠 마케터, 블로그 운영자, SEO 담당자
핵심 요구: 평가 기준에 따라 콘텐츠를 분석하고, 점수화된 평가와 항목별 상세 피드백을 작성

[Action]
아래 [작성한 게시글 내용]을 분석하고, 평가 기준에 따라 10점 만점 기준 SEO 점수와 항목별 피드백을 작성하세요.

[Example]
출력 형식:
SEO 점수: XX/10

[개별 피드백]
검색 의도: (장점 및 개선점)
사용자 경험: (장점 및 개선점)
콘텐츠 신뢰도: (장점 및 개선점)
키워드 최적화: (장점 및 개선점)
링크 활용: (장점 및 개선점)
메타 태그: (장점 및 개선점)
모바일 최적화: (장점 및 개선점)

[Step]

1. 콘텐츠를 전체적으로 검토하고 평가 기준에 따라 분석합니다.
2. 각 기준별 장점과 개선점을 작성합니다.
3. SEO 점수를 10점 만점으로 산출합니다.
4. 점수와 피드백을 [Example]의 출력 형식에 맞게 작성합니다.

[Hyperparameter]

Tone: Formal, Analytical

Writing Style: Expository, Feedback-focused

Temperature: 0.3

[Input Data]

{작성한 게시글 내용}

 SEO 점수: 8.7/10

[개별 피드백]

☐ 검색 의도: 9/10

장점:
- 검색자가 기대하는 주제(재택근무 생산성 향상)에 정확히 부합
- 문제 인식 → 솔루션 제공 → 실천 프롬프트 구성으로 의도 충족

개선점:
- 소제목 일부에 다양한 유사 검색어(예: "업무 집중력", "시간 관리법")를 보강하면 다층적 검색 의도에도 대응 가능

☐ 사용자 경험(UX): 9/10

장점:
- 번호형 구조와 이모지, 리스트 활용으로 가독성 우수
- 한 항목당 길이가 짧아 스크롤 피로도가 낮음

개선점:
- 항목 간 구분을 더 명확히 하기 위해 각 섹션마다 시각적 요소(가로선 또는 작은 헤더)가 추가되면 더 좋음

20
마케팅 이벤트를 기획해봅시다

'마케팅 이벤트'란 기업이나 브랜드가 특정 목적을 달성하기 위해 고객과의 직접적인 접점을 마련하여 진행하는 일련의 활동을 의미합니다. 이벤트는 단기적인 캠페인 형식으로 진행되며 체험, 정보 전달, 참여 유도 등의 방식을 통해 고객의 관심과 반응을 이끌어냅니다.

이벤트는 단순히 상품을 홍보하거나 판매를 촉진하는 데 그치지 않고, 브랜드와 소비자 사이에 감정적 연결을 형성하는 데도 중요한 역할을 합니다. 최근에는 온라인 플랫폼의 발달로 시간과 공간의 제약을 뛰어넘는 다양한 형태의 이벤트가 기획되고 있습니다.

마케팅 이벤트는 단발성 행사가 아닌, 전략적 목적을 지닌 마케팅 수단입니다. 잘 설계된 이벤트는 다음과 같은 효과를 가져옵니다.

- 브랜드 인지도 향상
- 잠재고객 확보
- 고객 충성도 강화

페르소나의 의미와 중요성

마케팅에서 '페르소나(Persona)'란, 제품이나 서비스의 대표적인 이상적 고객을 구체적으로 설정한 가상의 인물을 말합니다. 단순히 '고객층'을 뜻하는 것이 아니라, 한 명의 고객을 마치 실존 인물처럼 상세히 그려내는 것이 핵심이지요. 이름과 나이, 직업, 일상 루틴, 소비 습관, 관심사, 구매 행동 등 다양한 정보를 포함해 마치 실존하는 한 사람처럼 구성합니다.

왜 이런 가상의 인물을 설정해야 할까?

마케팅의 가장 중요한 목표가 '정확한 고객에게 정확한 메시지를 전달하는 것'이기 때문입니다. 막연한 '20~30대 여성' 같은 인구통계적 구분만으로는 부족할 수 있지요. 소비자의 생각, 감정, 행동 방식까지 이해해야 진짜 효과적인 기획이 가능합니다. 또 페르소나는 제품 기획이나 콘텐츠 제작 시에도 방향성을 잡는 기준점이 됩니다. "이 글은 누구를 위한 것인가?" "이 기능이 정말 필요할까?" 같은 질문에 대해 막연한 추측이 아니라 설정된 페르소나의 입장에서 판단할 수 있기 때문이죠.

페르소나는 마케팅 기획, 콘텐츠 제작, 커뮤니케이션 전략 등 모든 과정에서 '고객 중심적 사고'를 가능하게 만드는 핵심 도구인 셈입니다.

페르소나의 구성 요소

페르소나는 단순한 '설정 인물'이 아니라 구체적인 정보와 논리를 바탕으로 만들어져야 합니다. 이를 위해 다음과 같은 요소들을 포함해 구성하는 것이 일반적입니다.

1. 인구통계학적 정보

- 나이: 20대 중반, 30대 초반 등 연령대
- 성별: 남성, 여성 등
- 직업: 직장인, 프리랜서, 학생, 자영업자 등
- 소득 수준: 월평균 가처분소득, 지출 여력 등

이 항목은 페르소나의 기본적인 외형을 정의하는 역할을 합니다. 마케팅 타깃의 경제적, 사회적 배경을 파악할 수 있으며, 구매력과 소비 가능성을 가늠하는 기준이 됩니다.

2. 심리적 속성

- 가치관: 자아실현 중시, 실용주의, 안전성 추구 등
- 관심사: 반려동물, 자기계발, 여행, 건강 등
- 라이프스타일: 주말 외출형, 집콕형, 운동 중시 등

이 항목은 페르소나가 어떤 생각과 감정을 갖고 있는지, 어떤 콘텐츠에 관심을 보이고 어떤 주제에 반응하는지를 파악하는 데 도움이 됩니다. 동일한 연령과 직업군이라도 가치관이나 관심사에 따라 완전히 다른 소비 행동을 보이기 때문에 매우 중요합니다.

3. 행동 패턴

- 정보 탐색 채널: 유튜브, 인스타그램, 블로그, 카페 등
- 구매 결정 방식: 리뷰 확인, 전문가 추천, 주변 지인 영향 등
- 디지털 채널 이용 시간대: 출근 전, 점심 시간, 자기 전 등

이 요소를 통해 마케팅 커뮤니케이션의 타이밍과 채널을 정할 수 있습니다. 예를 들어, 주로 유튜브에서 정보를 얻고 밤 10시에 쇼핑을 하는 페르소나라면 해당 시간대에 유튜브 광고를 집행하는 것이 효과적이겠죠.

4. 불편함 및 니즈

- 어떤 문제를 자주 겪는가?
- 어떤 점에 불편함을 느끼고 있는가?
- 어떤 욕구나 바람을 갖고 있는가?

마케팅이 해결해야 할 궁극적 과제는 바로 이 항목입니다. 고객이 겪고 있는 불편함을 해소해주거나, 고객이 갖고 있는 바람(니즈)을 충족시킬 수 있을 때 진정한 '문제

해결형' 이벤트나 제품이 될 수 있습니다.

예를 들어, 반려묘 보호자들이 "건강한 간식은 대부분 고가이고, 고양이가 잘 먹지 않는다"는 고민을 갖고 있다면, 이 문제를 해결하는 체험 이벤트를 설계할 수 있겠지요. 실제 고객의 고충을 정확히 파악하고 이를 해결하려는 노력은 브랜드 신뢰도와 만족도를 동시에 높여줍니다.

페르소나는 마케팅 기획의 출발점이며, 모든 단계에서 고객 중심적 사고를 가능하게 해주는 강력한 도구입니다. 이제 페르소나를 바탕으로 실질적인 목표와 성과 지표(KPI)를 수립하는 방법을 알아보겠습니다.

목표 설정 및 KPI 수립

마케팅 이벤트를 계획할 때는 어떤 결과를 얻기 위해 이벤트를 진행하는지, 명확한 목적과 측정 가능한 지표가 함께 수립되어야 합니다. 그래야 이벤트 종료 후 성공 여부를 판단할 수 있고, 다음 캠페인을 위한 개선점도 도출할 수 있습니다.

SMART 목표 수립법

이벤트의 목표를 수립할 때는 막연한 희망이 아니라 구체적이고 측정 가능한 목표를 설정해야 합니다. 가장 널리 활용되는 방식은 SMART 기법입니다.

항목	의미	설명
S(Specific)	구체적인가?	목표가 명확하고 구체적인지를 확인한다. '고객과의 관계 강화'보다는 '기존 고객의 재구매를 유도하기 위한 이벤트 진행'처럼 구체적으로 작성한다.
M(Measurable)	측정 가능한가?	성과를 수치로 확인할 수 있어야 한다. (예: 이벤트 페이지 방문자 5,000명 달성)
A(Achievable)	실현 가능한가?	현실적으로 달성 가능한 목표인지 따져본다. 지나치게 높은 목표는 팀의 동기마저 잃게 만든다.
R(Relevant)	브랜드와 연관성이 있는가?	이벤트의 목표가 브랜드 또는 캠페인의 핵심 전략과 일치해야 한다. (예: 건강식품 브랜드라면 '건강 습관 형성 캠페인')
T(Time-bound)	기한이 정해져 있는가?	목표는 반드시 일정 안에 달성되어야 한다. '3개월 안에 신규 고객 1,000명 확보'처럼 기한을 명확히 해야 실행력이 생긴다.

이벤트별 핵심 지표(KPI) 예시

KPI(Key Performance Indicator, 핵심 성과 지표)는 이벤트의 성과를 수치적으로 평가하는 데 사용됩니다. KPI를 설정하면, 이벤트의 전략 방향이 맞았는지 또는 어느 지점에서 개선이 필요한지를 명확하게 파악할 수 있습니다. 대표적인 이벤트 KPI는 다음과 같습니다.

KPI 항목	설명
참여자 수	이벤트에 실제로 참여한 인원 수. 오프라인 참석자, 온라인 접속자 등을 포함한다.
신규 리드 수	참여자를 통해 확보한 잠재 고객(이메일, 연락처 등) 수. 향후 마케팅 대상이 될 수 있다.
소셜 미디어 언급량	해시태그 사용, 댓글, 공유 등을 포함한 SNS 상에서의 언급 횟수. 인지도와 입소문 효과를 측정한다.
전환율	이벤트 참여자 중 실제로 구매, 신청 등 행동으로 이어진 비율. '흥미'에서 '행동'으로 이어졌는지를 보는 핵심 지표다.
이메일 클릭률 / 응답률	이벤트 관련 이메일을 보냈을 때, 얼마나 많은 사람이 클릭했는지 또는 응답했는지를 측정한다.
재방문율	이벤트 이후 브랜드 사이트나 SNS에 다시 방문한 비율. 고객의 관심 지속 여부를 판단할 수 있다.

이러한 KPI는 이벤트 성격에 따라 달라질 수 있으며, 사전에 어떤 KPI를 설정할 것인지 분명히 정해두는 것이 필수입니다.

아이디어 발상(브레인스토밍)

이벤트의 성공은 아이디어에서 시작된다고 해도 과언이 아니죠. 아무리 실무적 준비가 완벽해도 사람들의 관심을 끌 수 있는 핵심 컨셉이 없다면 이벤트는 쉽게 묻히고 맙니다. 본격적인 실행 계획에 앞서 아이디어 발산을 위한 다양한 기법을 살펴보겠습니다. 처음부터 정답을 찾으려 하지 말고, 여러 아이디어를 자유롭게 떠올리는 것이 핵심입니다.

스캠퍼 기법

스캠퍼(SCAMPER)는 기존의 아이디어를 다양한 방식으로 변형해 새로운 아이디어를 만들어내는 대표적인 창의 기법입니다. 다음 7가지 질문을 던지며 확장해나갑니다.

항목	질문 예시
S(Substitute)	바꿔볼 수 있는 것은 무엇인가? (예: 오프라인 → 온라인)
C(Combine)	다른 것과 결합하면 어떤 모습이 될까? (예: 제품 소개 + 사용자 후기 챌린지)
A(Adapt)	다른 산업의 방식 중 적용할 수 있는 게 있을까?
M(Modify)	형태나 의미를 바꿔보면 어떨까? (예: 경품 이벤트 → 미션형 보상 이벤트)
P(Put to other use)	기존 자원을 다른 방식으로 활용할 수 있을까?
E(Eliminate)	생략할 수 있는 요소는 없을까? (예: 참가 절차를 간소화)
R(Reverse)	순서를 바꾸거나 역할을 반전시키면 어떨까? (예: 고객이 브랜드를 소개하는 구조)

6-3-5 기법

6명의 참가자가, 각자 3개의 아이디어를, 5분 내로 작성한 후 다음 사람에게 넘기는 방식입니다. 총 6라운드가 진행되며, 팀 전체가 빠르게 100개 가까운 아이디어를 생산해낼 수 있습니다.

마인드맵

종이 한가운데에 핵심 키워드를 적고, 연관된 키워드나 개념을 나뭇가지처럼 뻗어나가며 아이디어를 시각화하는 기법입니다.

다양한 형식의 이벤트 예시

아이디어를 떠올릴 때는 다양한 형식의 이벤트 유형을 참고하면 수월합니다. 아래는 최근 활용도가 높은 이벤트 형식들입니다.

형식	설명	장점
웨비나 (Webinar)	온라인으로 진행하는 세미나	실시간 소통 가능, 전문성 강조, 시간·장소 제약 없음
챌린지 캠페인	SNS에서 특정 주제로 참여 유도	바이럴 효과, 자발적 콘텐츠 생성 유도
경품 이벤트	참여자에게 추첨을 통해 상품 제공	참여 허들이 낮아 대중적 확산 용이
팝업 스토어	한시적으로 운영되는 오프라인 체험 공간	브랜드 체험 제공, 미디어 노출 효과 큼
라이브 커머스 / 쇼핑	실시간 방송과 상품 판매 결합	즉각적 반응 유도, 제품 설명 효과적
소셜 미션 이벤트	미션 수행 후 인증샷 업로드	유저 참여 콘텐츠 확대, 브랜드 인지도 증가

처음 이벤트를 기획하는 경우, 한 가지 형식에만 얽매이지 말고 두 가지 이상을 조합해보는 것도 좋은 전략이 될 수 있습니다. 웨비나 + 경품 이벤트처럼 실시간 참여를 유도하면서 보상을 제공하면 몰입도와 확산 효과를 동시에 높일 수 있지요.

구체적 이벤트 플랜 작성

이벤트 아이디어와 컨셉이 정해졌다면, 이제 실행 가능한 계획으로 구체화해야 합니다. 이 과정은 단순한 '계획'이 아니라 예산부터 일정, 채널, 운영 시나리오까지 현장에서 실제로 활용 가능한 문서를 만든다고 생각하는 것이 좋습니다.

행사 개요

행사 기획의 시작은 핵심 메시지를 명확히 정의하는 것입니다.

- 제목: 한눈에 주제를 드러내며 기억에 남을 수 있어야 한다. (예: 댕댕이 간식 챌린지)
- 주제: 행사에서 다룰 중심 아이디어 혹은 문제의식 (예: 반려견의 간식 취향을 파악하고 공유하는 SNS 캠페인)
- 슬로건: 감정적 연결을 유도하는 한 줄 문장. (예: 우리 강아지의 '최애 간식'을 찾아서)

- 컨셉: 어떤 톤과 스타일로 진행할지 정하는 부분(예: 귀엽고 밝은 감성 / 참여형 SNS 미션 중심)

일정 및 장소(채널)

이벤트는 언제 누구를 대상으로 어떤 채널을 통해 열릴지 구체적으로 설정해야 합니다. 참고로 플랫폼 설정 시에는 목표 고객이 가장 활발히 활동하는 채널을 기준으로 설정하는 것이 중요합니다.

- 일정: 시작일과 종료일, 피크 타임을 명확히 기재
  (예: 2025년 7월 15일(월) ~ 7월 28일(일) / 참여 인증 마감: 7월 28일 23:59)
- 장소(채널): 오프라인일 경우 실제 장소, 온라인일 경우 사용 플랫폼 명시
  (예: 인스타그램 Live, 네이버 블로그, 오프라인 체험 부스)

예산 및 자원 배분

예산 계획은 이벤트의 규모와 실행력을 결정하는 핵심입니다. 총 예산을 설정한 뒤, 세부 항목별로 나누어 계획하는 것이 좋습니다. 예산에는 예비비(전체의 약 10%)를 포함시키는 게 안전합니다.

(예시)

항목	예산(원)	비고
홍보비	1,500,000	SNS 광고, 인플루언서 콘텐츠 제작비
상품비	1,000,000	경품, 체험 키트 제작
운영 인력	800,000	진행자, 기획자, 서포터 인건비
기술 지원	700,000	영상 편집, 플랫폼 라이브 기능 사용료 등
총계	4,000,000	

홍보 전략

좋은 이벤트도 알려지지 않으면 무용지물입니다. 홍보는 단순한 광고가 아니라, 올바른 사람에게 올바른 메시지를 전달하는 과정입니다.

- 이메일 마케팅: 기존 고객 DB에 맞춤형 초대장을 발송
  (예: 우리 강아지 입맛을 테스트해보세요! 참여 시 무료 샘플 제공)
- SNS 광고: 페이스북, 인스타그램에서 타겟 광고 집행
  (예: 2030 여성, 반려동물 관심자 대상)
- 인플루언서 협업: 타겟과 일치하는 마이크로 인플루언서 섭외
  (예: 반려견 콘텐츠를 주로 업로드하는 SNS 크리에이터)
- 제휴 채널 활용: 관련 커뮤니티, 쇼핑몰, 브랜드와 협업하여 메시지 노출 확대
  (예: 반려동물 전문 쇼핑몰 배너, 제품 동봉 안내문)

운영 매뉴얼

운영 매뉴얼은 이벤트의 성공과 실패를 가르는 기준선입니다. 특히 돌발 상황이나 문의에 신속히 대응하기 위해 반드시 준비해야 합니다.

- 참가 신청 프로세스
  1. SNS 포스트를 통해 이벤트 안내
  2. 신청폼 링크 클릭 (Google Form, Typeform 등)
  3. 신청 후 확인 메일 또는 DM 자동 발송
  4. 참여 방법 및 제출 마감일 안내

- 진행 시나리오 예시(온라인 기준)

시각	진행 내용
14:00	라이브 방송 시작 / 진행자 인사
14:10	캠페인 취지 및 참여 방법 안내
14:30	간식 체험자 후기 영상 시청
14:45	이벤트 참여 미션 안내
15:00	종료 및 경품 추첨 공지

- 비상 대응 계획
    - 인플루언서 노쇼 → 대체 인원 사전 섭외
    - 플랫폼 접속 오류 → 백업용 영상 콘텐츠 준비
    - 질문 폭주 → 실시간 채팅 담당 별도 배정

이처럼 구체적인 실행 플랜이 정리되어 있어야 팀원 간 커뮤니케이션 오류를 줄일 수 있고, 실제 운영 시 혼선 없이 진행할 수 있습니다. 다음 단계에서는 성과 측정 및 회고를 통해 이번 이벤트의 결과를 분석해보겠습니다.

A to Z로 이벤트 기획하기

1. 페르소나 만들기

여기서는 핵심 대상 고객층을 구체적으로 정의해 이후 기획의 기반을 만들어보고자 합니다. 실습에서는 신생 반려동물 용품 브랜드를 위한 '30대 초반 직장인 여성(1인 가구, 반려묘 보유)' 페르소나를 작성해보겠습니다.

[Role]
당신은 마케팅 전략과 고객 분석을 전문으로 하는 페르소나 설계 전문가입니다.

[Context]
작업 목표: 30대 초반, 1인 가구, 반려묘를 키우는 직장인 여성을 대상으로 한 상세 페르소나 설계
대상 독자: 마케팅팀, 브랜드 전략팀, 제품 기획팀
핵심 요구: 실질적인 마케팅과 콘텐츠 전략에 활용할 수 있도록 구체적이고 입체적인 페르소나 작성

[Action]
아래 항목을 모두 포함해 페르소나를 작성하세요.
- 이름, 나이, 직업, 월평균 소득
- 주요 관심사 및 가치관
- 일상 루틴과 주요 미디어 소비 채널
- 반려묘 관련 고민(페인 포인트)과 니즈

[Step]
1. 이름, 나이, 직업, 소득 정보를 기반으로 기본 프로필을 작성합니다.
2. 주요 관심사(예: 건강, 자기계발, 라이프스타일 등)와 가치관을 구체적으로 기술합니다.
3. 일상 루틴과 자주 사용하는 미디어 채널(예: 인스타그램, 유튜브 등)을 작성합니다.
4. 반려묘 관련 고민과 니즈를 구체적으로 나열합니다.
5. 모든 정보를 스토리텔링 형태로 통합하여 한눈에 이해할 수 있게 구성합니다.

[Hyperparameter]
Tone: Empathetic, Detailed
Writing Style: Expository, Narrative
Temperature: 0.5

다음은 30대 초반 직장인 여성 1인 가구 + 반려묘 보호자를 위한 페르소나 예시입니다:

□ 페르소나 개요

- 이름: 김서윤
- 나이: 32세
- 직업: 마케팅 대행사 AE (Account Executive)
- 월평균 소득: 약 320만 원 (세후)

□ 주요 관심사 및 가치관

- 관심사: 반려동물 케어, 인테리어, 혼밥/혼술, 디지털 기기, 마음챙김(명상/요가), 감성 소비
- 가치관:
  ○ 자기만의 공간과 시간의 중요성
  ○ 작은 행복을 중시하는 실속형 소비
  ○ 반려묘는 가족이라는 강한 유대감
  ○ 건강과 웰빙, 특히 정신적 안정에 대한 관심
  ○ 환경 보호 및 지속 가능성에 대한 윤리적 소비 성향도 존재

2. SMART 목표 설정

이번 단계에서는 명확하고 측정 가능하며 실행 가능한 마케팅 목표를 수립해봅니다. 이전 단계에서 만든 페르소나를 대상으로 '반려묘 간식 체험 챌린지 이벤트'의 SMART 목표를 수립해봅시다.

[Role]
당신은 마케팅 전략과 목표 설계를 전문으로 하는 브랜드 전략 컨설턴트입니다.

[Context]
작업 목표: 30대 초반 직장인 여성 1인 가구(반려묘 보유)를 대상으로 한 반려묘 간식 체험 챌린지 이벤트의 SMART 목표를 수립
대상 독자: 마케팅팀, 캠페인 기획팀, 브랜드 매니저
핵심 요구: SMART 기준에 맞게 목표를 구체적으로 정의하여 실행 전략 수립에 활용

[Action]
아래 항목에 따라 SMART 목표를 작성하세요.
- Specific: 구체적인 결과 명시
- Measurable: 측정 방법 정의
- Achievable: 실현 가능 여부 검토
- Relevant: 브랜드와의 연관성 설명
- Time-bound: 명확한 기간 설정

[Step]
1. 타겟과 이벤트 배경을 바탕으로 구체적인 목표를 정의합니다.
2. 각 항목(Specific, Measurable, Achievable, Relevant, Time-bound)에 맞게 세부 내용을 작성합니다.
3. 실현 가능성과 브랜드 연계성을 강조하여 작성합니다.
4. 실행 계획에 바로 반영할 수 있도록 간결하고 명확하게 정리합니다.

[Hyperparameter]
Tone: Strategic, Clear
Writing Style: Expository, Action-oriented

[Input Data]

- 타겟: 30대 초반 직장인 여성, 1인 가구, 반려묘 보유
- 이벤트: 반려묘 간식 체험 챌린지

 다음은 반려묘 간식 체험 챌린지에 대한 SMART 목표 수립 예시입니다. 타깃은 30대 초반 직장인 여성, 1인 가구, 반려묘 보유자입니다.

☐ SMART 목표 수립

1. Specific (구체적으로 어떤 결과를 원하는가?)
   - 타겟 고객(30대 초반 1인 가구 여성 반려인)이 자발적으로 참여하는 7일간 반려묘 간식 체험 챌린지를 기획하여
   - 브랜드 제공 간식을 매일 급여하고 후기를 개인 SNS 또는 브랜드 플랫폼에 공유하게 함으로써
   - 제품에 대한 경험과 긍정적 인식을 형성하고, 향후 구매 전환율을 높인다.

2. Measurable (어떻게 측정 가능한가?)
   - 챌린지 참여 신청자 수: 300명 모집 목표
   - 일별 참여 후기 업로드율: 80% 이상(1일 240건 이상)
   - SNS 게시글 도달 수 및 해시태그 사용 횟수: 캠페인 해시태그 3,000회 이상 노출
   - 이벤트 종료 후 구매 전환율: 체험자 중 20% 이상이 2주 내 제품 구매

(하략)

3. 아이디어 브레인스토밍 & 컨셉 확정

이번 단계에서는 스캠퍼 기법을 활용해 다양한 아이디어를 도출하고, 그중 가장 적합한 이벤트 컨셉을 선정해보겠습니다.

[Role]
당신은 창의적인 마케팅 캠페인 아이디어 도출을 전문으로 하는 크리에이티브 전략 전문가입니다.

[Context]
작업 목표: '반려묘 간식 체험 챌린지' 이벤트를 SCAMPER 기법에 따라 분석하고, 각 항목별 아이디어를 한 문장으로 작성
대상 독자: 마케팅팀, 브랜드 전략팀, 프로모션 기획팀
핵심 요구: 각 SCAMPER 항목에 맞는 간결하고 실현 가능한 아이디어 제안

[Action]
SCAMPER 기법의 각 항목에 맞춰 한 문장씩 아이디어를 작성하세요.

[Step]
  1. Substitute: 기존 요소를 다른 것으로 대체하는 아이디어를 작성합니다.
  2. Combine: 다른 요소와 결합할 수 있는 아이디어를 작성합니다.
  3. Adapt: 기존 방식에서 영감을 얻어 응용할 수 있는 아이디어를 작성합니다.
  4. Modify: 모양, 크기, 속성 등을 변형하는 아이디어를 작성합니다.
  5. Put to another use: 새로운 용도로 전환할 아이디어를 작성합니다.
  6. Eliminate: 불필요한 요소를 제거할 아이디어를 작성합니다.
  7. Reverse: 순서나 역할을 뒤집는 아이디어를 작성합니다.

[Hyperparameter]
Tone: Creative, Practical
Writing Style: Concise, Idea-focused

[Input Data]
  • 이벤트: 반려묘 간식 체험 챌린지

SCAMPER 항목	아이디어
Substitute	간식을 단순 시식이 아닌 '영양 성분 퀴즈'와 연계
Combine	SNS 공유 챌린지와 친구 초대 리워드를 결합
Adapt	인기 있는 강아지 간식 이벤트 포맷을 반려묘에 맞게 변경
Modify	일반 체험 대신 매일 미션을 수행하는 형식으로 변형
Put to another use	간식 포장을 SNS 인증샷 도구로 활용
Eliminate	상품 구매 조건을 없애 누구나 참여 가능하게
Reverse	체험 → 후기 → 선물 증정 흐름을 후기 → 체험 선발 → 선물 지급으로 전환

결과가 나오면 도출된 아이디어 중 가장 효과적인 하나를 고르고, 선택 이유를 설명하게 합니다. '최종 컨셉 정하기' 프롬프트 예시는 다음과 같습니다.

아래 7개의 아이디어 중에서 가장 효과적인 이벤트 컨셉을 하나 선정하고, 그 이유를 3문장 이내로 설명해줘.

[SCAMPER 아이디어 목록 입력]

가장 효과적인 이벤트 컨셉은 Modify(변형)입니다:
"챌린지 후기를 단순 글 후기에서 짧은 릴스/숏츠 영상 업로드 미션으로 변형해 바이럴 요소를 강화한다."

이유:
숏폼 영상은 참여자의 창의성과 감정을 시각적으로 표현하기 쉬워 SNS 확산력이 크고, 브랜드 노출 효과도 높습니다.
특히 반려묘의 귀여움이라는 강력한 콘텐츠 자원이 있어 자발적 참여율과 공유율을 극대화할 수 있습니다.

4. 세부 플랜 작성

이번에는 실행 가능한 수준으로 이벤트 계획을 구체화해보겠습니다.

 [Role]
당신은 이벤트 기획 및 운영 전략을 전문으로 하는 마케팅 기획 전문가입니다.

[Context]
작업 목표: 반려묘 간식 체험 챌린지 이벤트 계획을 상세하게 작성하고, 마케팅 및 운영팀이 실행할 수 있도록 5,000자 분량으로 구성
대상 독자: 브랜드 마케팅팀, SNS 홍보팀, 운영팀, 경영진
핵심 요구: 기획부터 운영까지 구체적으로 담아낸 실행 계획서

[Action]
아래 항목을 모두 포함하여, 약 5,000자 분량의 이벤트 계획서를 작성하세요.
   1. 이벤트 제목, 슬로건, 주제 설명
   2. 일정(YYYY-MM-DD HH:mm 기준) 및 플랫폼 (예: Instagram Live)
   3. 총예산 및 항목별 배분 (홍보비, 상품비, 운영비)
   4. 홍보 채널별 메시지 예시 (각 문안 A/B 버전으로 작성)
   5. 참가자 관리 프로세스와 이벤트 당일 운영 시나리오

[Step]
   1. 이벤트의 목적과 핵심 메시지를 바탕으로 제목과 슬로건을 작성합니다.
   2. 진행 일정과 플랫폼을 구체적으로 기재합니다.
   3. 총예산과 항목별 상세 배분 계획을 작성합니다.
   4. 홍보 채널별 메시지를 A/B 버전으로 작성합니다.
   5. 참가자 모집부터 이벤트 종료까지의 흐름과 운영 시나리오를 구체적으로 정리합니다.
   6. 모든 내용을 5,000자 분량으로 상세하고 구체적으로 작성합니다.

[Hyperparameter]
Tone: Strategic, Engaging, Detailed
Writing Style: Expository, Proposal-style
Temperature: 0.6

 다음은 반려묘 간식 체험 챌린지 이벤트를 기획한 상세안입니다.
총 분량은 약 5,000자이며, 실무에 바로 활용할 수 있는 형태로 구성했습니다.

---

1. 이벤트 제목, 슬로건, 주제 설명

□ 이벤트 제목
"냥냥챌린지: 우리 고양이의 간식 일기"

□ 슬로건
"7일 동안 즐기는 우리 고양이의 행복한 간식 루틴"

□ 주제 설명
'냥냥챌린지'는 1인 가구 여성 반려인을 주요 타겟으로, 7일 동안 제공되는 프리미엄 고양이 간식을 반려묘에게 급여하고, 매일의 반응을 기록하거나 영상으로 공유하는 참여형 SNS 챌린지입니다.
단순한 체험단을 넘어, 고양이의 일상 루틴 속 행복한 순간을 기록하고 브랜드와의 감성적 연결을 만드는 데 중점을 둡니다.
챌린지를 통해 제품에 대한 실제 경험 기반의 신뢰도 있는 콘텐츠(UGC)를 축적하고, 타깃 고객의 재구매 유도 및 브랜드 팬덤 강화를 목적으로 합니다.

---

2. 일정 및 플랫폼

☐ 전체 일정

단계	기간	시간	내용
모집 공고	2025-07-01 ~ 2025-07-07	10:00 ~ 23:59	공식 홈페이지 및 SNS 채널에서 신청 접수
참가자 선정 및 키트 발송	2025-07-08 ~ 2025-07-12	-	참가자 300명 선정 및 체험 키트 배송
챌린지 진행	2025-07-15 ~ 2025-07-21	매일 00:00 기준	SNS 인증 콘텐츠 업로드 기간
후기 제출 마감	2025-07-22 23:59	-	후기 등록 마감 (폼 또는 태그 게시물)
우수 후기 선정 및 리워드 지급	2025-07-25 ~ 2025-07-30	-	베스트 후기 발표 및 쿠폰 발송

21
나에게 꼭 맞춤 AI 챗봇 만들기

GPTs는 나만의 맞춤형 챗GPT를 만드는 것으로 이해하면 됩니다. GPTs를 활용하면 사용자가 직접 목적과 기능을 설정해 특정 업무를 지원하는 챗봇을 쉽게 만들고 활용할 수 있으며, 다른 사람에게 공유도 가능합니다. 여기서는 GPTs를 활용해 내 업무 환경과 요구사항에 최적화된 AI 챗봇을 만들보겠습니다.

(※해당 기능은 유료 플랜에서만 가능하니 참고하세요)

맞춤형 GPT 살펴보기

1 GPTs를 생성하기 위해 왼쪽 메뉴에서 내 GPT를 클릭합니다.

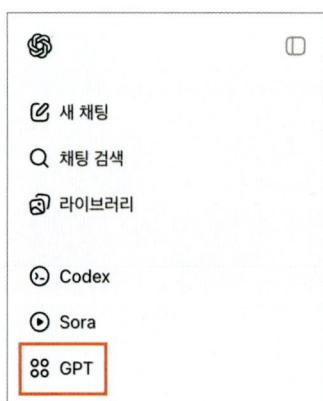

2 GPT 만들기를 클릭합니다.

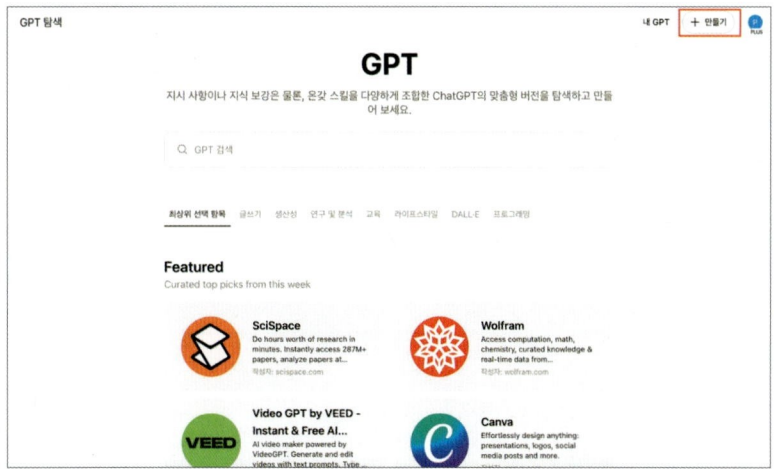

3 구성 탭을 클릭하면 내 GPTs의 설정값을 입력할 수 있습니다. 만들기 탭의 채팅을 이용해서 만들 수도 있습니다.

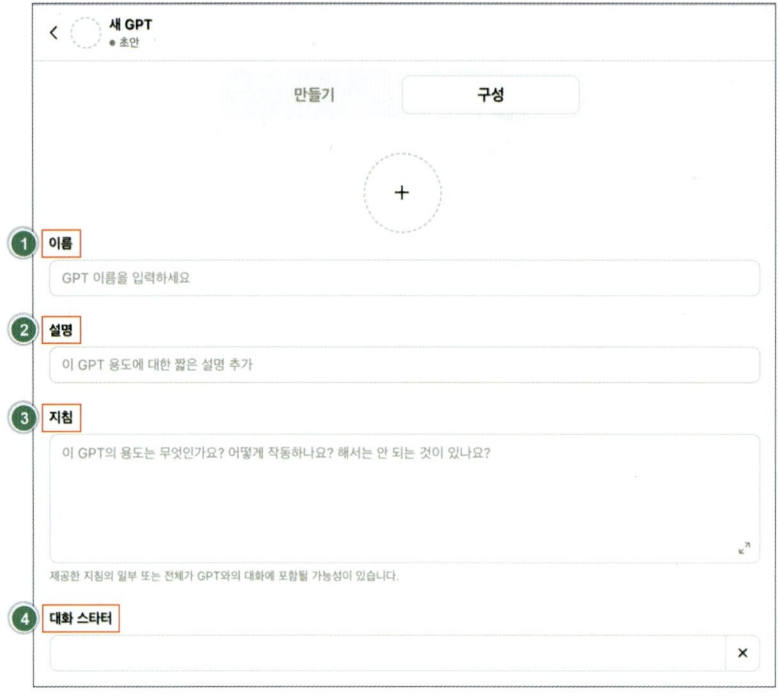

1. 이름

GPTs의 이름을 설정하는 부분입니다.

2. 설명

해당 GPTs에 대한 설명을 작성하는 부분입니다.

3. 지침

GPT가 작동하는 방식과 어떤 역할을 수행해야 하는지를 정의하는 부분입니다. 여기에 입력한 내용에 따라 GPT의 응답 방식이 달라질 수 있으므로 매우 중요합니다.

4. 대화 스타터

GPT를 처음 사용할 때 예제로 제공되는 질문이나 요청을 설정하는 기능. 사용자에게 어떤 방식으로 질문하면 좋은지를 미리 안내할 수 있습니다.

5. 지식

이 기능을 활용하면 GPT가 특정 파일을 학습하고 해당 내용을 참고해 답변을 생성할 수 있게 됩니다. 이를 통해서 사용자가 업로드한 문서를 바탕으로 보다 전문적이고 정확한 응답을 제공할 수 있습니다.

6. 권장 모델

사용자가 사용할 모델을 정해주면 됩니다.

7. 기능

제작하고자 하는 GPTs에 추가 기능을 활성화해 더 다양한 작업을 수행할 수 있도록 설정할 수 있습니다.

8. 작업

작업은 액션(Action)이라고도 불리며, GPTs가 단순한 대화형 응답을 넘어 외부 서비스와 상호작용할 수 있도록 해주는 기능입니다. 이 기능을 사용하면 GPTs가 외부 데이터와 연동하고, 업무 자동화를 지원하며, 특정한 API를 호출하여 다양한 정보를 가져올 수도 있습니다.

> **여기서 잠깐!** GPTs의 작업 기능은 나만의 GPTs를 한층 더 발전시킬 수 있는 좋은 기능이지만, 이 기능을 활용하려면 API 설정, 데이터 요청 방식, 인증키 등의 개념을 이해해야 하므로 초보자에게는 다소 어려울 수 있습니다. 따라서 이번 실습에서는 작업 기능 없이 기본적인 GPTs 만들기부터 시작하겠습니다. 기본 GPTs 활용법을 충분히 익힌 후, 더 고급 기능이 필요할 때 작업 기능을 추가하는 것이 좋습니다.

실습 시나리오 살펴보기

이제 본격적으로 GPTs를 이용해 나만의 챗GPT를 만들어보겠습니다. 여기서는 우리가 반려동물 용품 브랜드에서 마케팅 콘텐츠 제작을 담당하는 직장인이라고 가정해보겠습니다.

우리의 주 업무는 SEO를 고려한 소셜미디어 콘텐츠 기획 및 콘텐츠 작성입니다. 이 업무가 반복적이면서도 많은 시간이 소요된다고 가정하고, AI 챗봇을 활용해 업무 생산성을 높이는 시도를 해보겠습니다. 이번 실습의 목표는 GPT를 활용해 SEO를 고려한 소셜미디어 콘텐츠 아이디어 생성 및 원고 초안을 작성하는 것입니다.

1. GPTs 챗봇 생성하기

먼저 GPTs 챗봇을 생성합니다. 아래 예시 설정을 이용해 간단하게 구성해봅시다.

이름
마케팅 업무 지원 챗봇

설명
뉴스레터 작성, 소셜미디어 콘텐츠 생성, 고객 응대 및 시장 트렌드 조사 업무를 도와주는 AI 챗봇입니다.

지침
너는 반려동물 용품 브랜드의 콘텐츠 마케팅을 지원하는 AI 챗봇이야.
주요 업무는 다음과 같아:
- SEO 최적화를 반영한 블로그 및 SNS 콘텐츠 기획
- 뉴스레터 작성 및 큐레이션
- 마케팅 트렌드 및 경쟁사 콘텐츠 분석

콘텐츠를 작성할 때는 아래 사항을 반드시 고려해야 해.

1. 최신 검색 트렌드와 SNS 알고리즘 특성을 반영해 SEO 키워드를 적극적으로 포함해야 해.

- 필요 시 웹 검색을 통해 최신 키워드를 직접 조사하고 활용해.

2. 반려동물 보호자(고객층)가 실제로 궁금해하거나 관심을 가질 만한 주제를 선별해야 해.
   - 고객의 입장에서 콘텐츠 주제의 실용성과 흥미도를 고려해.

3. 콘텐츠는 실제 시장에 존재하는 제품이나 서비스와 자연스럽게 연계되어야 해.
   - 브랜드의 제품뿐 아니라 검색을 통해 확인된 인기 제품이나 트렌드도 적절히 반영할 수 있어.

4. SNS 게시물 작성 시에는 다음 요소를 반드시 포함해.
   - 주목을 끌 수 있는 첫 문장, 인기 키워드와 해시태그, 행동 유도(CTA: Call to Action) 문구.

5. 전체 콘텐츠는 브랜드의 톤과 스타일(예: 친근하지만 전문적인 어조)을 유지해.
   - 고객과 자연스럽게 소통하는 듯한 문장 구성을 지향해.

6. 요청자의 요구나 콘텐츠 목적에 따라, 형식, 길이, 문체 등을 유연하게 조정할 수 있어야 해.
   - 콘텐츠는 단일 게시물부터 시리즈 구성, 비교 콘텐츠, 리뷰 포맷 등 다양한 형식으로 제작 가능해야 해.

추가 설정

필요한 경우에는 추가적으로 인증, 개인정보 보호 정책 등도 세팅할 수 있습니다.

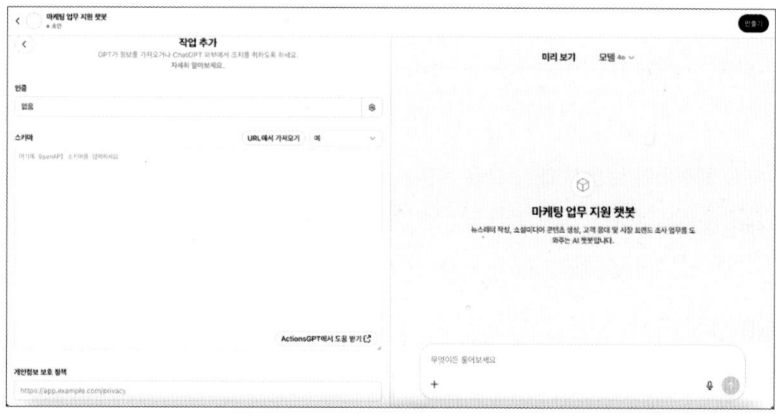

2. 상황별 프롬프트 실습

이제 사실상 GPTs 사용을 위한 준비가 끝났다고 봐도 됩니다. 우측의 '미리 보기'를 이용해 우리가 만든 GPTs 챗봇이 잘 동작하는지 확인해봅시다.

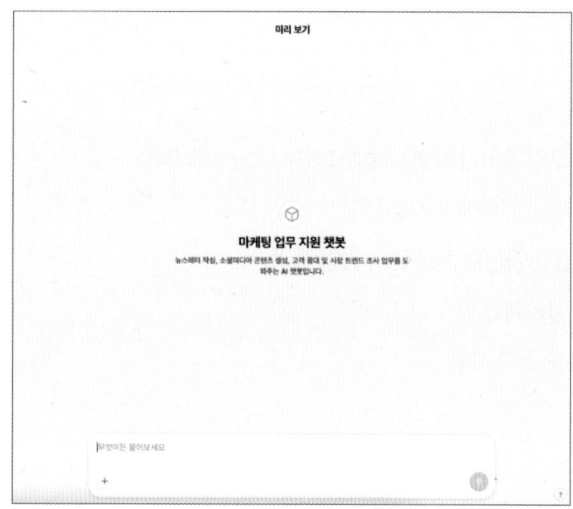

[SEO 기반 블로그 포스트 작성 실습 프롬프트]

[Role]
당신은 SEO 최적화와 보호자 대상 교육 콘텐츠 작성을 전문으로 하는 반려동물 헬스케어 콘텐츠 에디터입니다.

[Context]
작업 목표: 강아지 구강 건강과 치석 관리에 관한 1,500자 이상의 블로그 글 작성
대상 독자: 강아지를 키우지만 구강 건강에 대한 정보가 부족한 보호자
핵심 요구: SEO 키워드를 자연스럽게 포함하고, 정보성과 실용성을 갖춘 콘텐츠 작성

[Action]
아래 지침을 따라 제목과 소제목을 포함한 블로그 글을 작성하세요.
- SEO 키워드: 강아지 치석 제거, 강아지 이빨 닦기, 강아지 구강 청결, 치석 예방 방법
- 글의 길이: 1,500자 이상
- 구성:
  1. 도입: 강아지 구강 건강의 중요성 설명 (가능하면 통계나 연구 자료 활용)
  2. 주요 내용: 치석의 원인과 건강에 미치는 영향
  3. 해결책: 구체적이고 실천 가능한 치석 관리 방법 제안
  4. 제품 추천: 객관적인 장단점 포함
  5. 결론 및 CTA: 행동 유도 문구 포함

[Step]
1. SEO 키워드를 자연스럽게 포함하며 제목과 소제목을 작성합니다.
2. 각 섹션에 구체적인 사례와 팁을 포함해 보호자가 쉽게 이해하고 실천할 수 있도록 구성합니다.
3. 글 전체 분량이 1,500자 이상 되도록 상세하게 작성합니다.
4. 마지막에 행동 유도 문구를 포함합니다.

[Hyperparameter]

Tone: Friendly, Educational, Trustworthy

Writing Style: Expository, Blog-style

 강아지 치석 관리, 지금 시작해야 하는 이유!
- 반려견 구강 건강을 위한 필수 가이드

왜 강아지의 구강 건강이 중요할까요?
"강아지도 이 닦아야 하나요?"라는 질문, 한 번쯤 해보셨을 거예요. 많은 보호자들이 구강 건강을 간과하지만, 실제로 3세 이상의 반려견 80% 이상이 치주 질환을 경험한다고 알려져 있습니다. (출처: 미국수의치과협회)

치석은 단순히 보기 싫은 것을 넘어서, 잇몸 염증, 통증, 입 냄새는 물론, 심하면 심장, 신장 등 장기 질환으로까지 이어질 수 있어요. 그렇기 때문에 강아지의 구강 관리는 단순한 미용이 아닌 건강을 위한 기본 습관입니다.

1. 강아지 치석, 왜 생기고 어떤 문제가 생기나요?
☐ 치석이 생기는 주요 원인
불규칙하거나 없는 칫솔질 습관
단단한 사료보다 부드러운 음식 위주의 식단
구강 세정제 또는 간식 등 구강관리 제품 미사용
타고난 구강 구조(특히 소형견, 단두종일수록 더 취약)

☐ 방치할 경우 생기는 문제들
입 냄새(구취)
치은염(잇몸 염증), 출혈
치아 흔들림 및 발치 필요
세균 감염 → 전신 질환 가능성

(중략)

1. 반려견의 건강은 작은 습관에서 시작돼요.

강아지의 치석은 하루 아침에 생기지 않지만, 방치할 경우 수명이 단축될 수 있는 심각한 문제로 이어질 수 있어요. 하루 5분, 간단한 관리로 치석 예방은 물론, 반려견의 활짝 웃는 미소와 건강한 삶을 지켜주세요.

□ 오늘부터 시작해보세요!
"반려견의 건강을 위해 매일 치석 관리를 실천하세요!"
→ 우리 아이의 입속 건강, 지금 당장 확인해보는 건 어떨까요?

□ 관련 인기 키워드
#강아지치석제거 #강아지이빨닦기 #강아지구강청결 #반려견건강관리 #치석예방방법

[SNS 게시물 아이디어 및 초안 생성 프롬프트]

 [Role]
당신은 반려동물 전문 SNS 콘텐츠를 기획·작성하는 인스타그램 마케팅 콘텐츠 에디터입니다.

[Context]
작업 목표: 프리미엄 고양이 사료 비교 콘텐츠를 인스타그램 피드에 게시할 원고 형태로 작성
대상 독자: 건강한 사료를 찾고 있는 고양이 보호자
핵심 요구: 브랜드 비교를 명확히 하고, 독자 참여를 유도하는 질문과 CTA 포함

[Action]
아래 [Example] 포맷에 맞춰 인스타그램 피드용 콘텐츠 원고를 작성하세요.

- 첫 문장은 호기심 유발 질문으로 시작할 것
- A 브랜드, B 브랜드의 특징과 차이점 비교를 포함할 것
- CTA 문구를 추가하여 댓글 참여와 좋아요/공유를 유도할 것
- 해시태그 포함

[Example]

출력 포맷:

1. 첫 문장: 호기심 유도 질문 (예: "고양이 사료, 어떤 게 더 좋을까?")
2. 주요 내용:
    - A 브랜드 특징: 원재료, 영양 성분, 주요 장점
    - B 브랜드 특징: 원재료, 영양 성분, 주요 장점
    - 차이점 요약: 가격, 원산지, 기호성 비교
3. CTA:
    - "당신의 고양이는 어떤 사료를 좋아하나요? 댓글로 알려주세요!"
    - "이 게시물이 유익했다면 좋아요와 공유 부탁드려요!"
4. 해시태그: #고양이사료 #반려동물용품 #고양이건강 #사료비교 #집사생활

[Step]

1. 독자의 호기심을 자극할 첫 문장을 작성합니다.
2. A, B 브랜드 각각의 원재료, 영양 성분, 장점을 간결히 설명합니다.
3. 가격, 원산지, 기호성 등 차이점을 요약합니다.
4. CTA 문구를 추가해 댓글 참여와 좋아요/공유를 유도합니다.
5. 마지막에 지정된 해시태그를 포함합니다.

[Hyperparameter]

Tone: Friendly, Informative

Writing Style: Concise, Engaging, Social Media-focused

Temperature: 0.7

🐱 고양이 사료, 어떤 게 더 좋을까?

A 브랜드 vs. B 브랜드

건강한 선택을 위한 핵심 비교!

🔹 A 브랜드
✔ 주원료: 신선한 닭고기, 현미
✔ 영양성분: 단백질 35%, 지방 14%, 오메가-3 풍부
✔ 장점: 소화에 좋은 고단백 저알러지 포뮬러, 인공 색소·향료 無, 소형묘도 잘 먹는 작은 알갱이

🔹 B 브랜드
✔ 주원료: 연어, 완두콩, 고구마
✔ 영양성분: 단백질 32%, 지방 16%, 타우린 강화
✔ 장점: 피모 건강에 탁월한 오메가-6, 곡물 프리, 알러지 걱정 ↓, 입맛 까다로운 냥이도 잘 먹는 기호성

#고양이사료 #반려동물용품 #고양이건강 #사료비교 #집사생활 #프리미엄사료 #냥이밥

[반려동물 고객 후기 활용 마케팅 콘텐츠 기획 프롬프트]

[Role]
당신은 반려동물 용품 브랜드의 신뢰성 있는 마케팅 콘텐츠를 기획·작성하는 캠페인 기획 전문가입니다.

[Context]
작업 목표: 고객 후기를 활용한 마케팅 콘텐츠를 기획하고, 진정성과 참여를 이끌어낼 수 있는 원고를 작성

대상 독자: 고양이 및 강아지 보호자 중, 실제 사용자의 경험을 중요하게 여기는 고객층

핵심 요구: 후기 기반 신뢰 구축, 제품 효과 강조, 댓글 참여 유도

[Action]

아래 [Example] 포맷에 맞춰 마케팅 콘텐츠 원고를 작성하세요.

- 제목 예시를 활용할 것
- 실제 고객 리뷰 포함 (3~5개)
- 제품 사용 전후 차이점 강조
- 고객 만족도 점수 포함
- CTA와 해시태그 추가

[Example]

출력 포맷:

1. 제목 예시: "고객님들의 생생한 후기가 도착했어요!"
2. 주요 내용:
   - 실제 고객 리뷰 예시 3~5개
   - 사용 전후 변화 (예: "강아지 피부가 한층 더 건강해졌어요!", "고양이가 사료를 잘 먹게 됐어요!")
   - 고객 만족도 점수 요약 (예: "93%의 고객이 재구매 의사를 밝혔습니다.")
3. CTA: "여러분의 경험도 댓글로 남겨주세요!"
4. 해시태그: #반려동물후기 #강아지사료 #고양이용품 #반려견건강

[Step]

1. 신뢰감을 주는 제목을 작성합니다.
2. 실제 고객 리뷰 예시를 포함하며, 진정성을 강조합니다.
3. 사용 전후 변화와 구체적 사례를 설명합니다.
4. 고객 만족도 점수를 추가해 신뢰도를 강화합니다.
5. CTA와 해시태그를 마지막에 자연스럽게 넣습니다.

[Hyperparameter]
Tone: Trustworthy, Friendly
Writing Style: Expository, Conversational

 요청하신 내용을 바탕으로 반려동물 용품 브랜드의 고객 후기를 활용한 마케팅 콘텐츠 기획안을 아래처럼 구성해봤어요.

고객님들의 생생한 후기가 도착했어요!

우리 아이의 건강과 행복을 지키는 특별한 선택!
반려동물 용품을 사용한 실제 고객님의 생생한 이야기를 함께 만나보세요.

고객 후기 모음

□ 김지연 고객님 (서울)
"강아지가 평소에 사료를 잘 안 먹었는데, 이 제품은 처음부터 너무 잘 먹더라고요. 알갱이 크기도 딱 맞고 냄새도 안 나서 만족해요. 한 달 정도 먹였더니 배변 상태도 훨씬 좋아졌어요."

□ 박성호 고객님 (부산)
"우리 고양이가 피부 알러지 때문에 고생했는데, 이 사료로 바꾸고 나서 털 빠짐도 줄고 긁는 것도 확실히 줄었어요. 정말 신의 한 수!"

(중략)

☐ 고객 만족도 설문 결과 (최근 3개월)

제품 만족도: 4.8 / 5.0

재구매 의사: 96%

추천 의사: 94%

☐ 여러분의 소중한 경험도 들려주세요!

우리 아이의 달라진 모습을 공유해주세요!

여러분의 후기가 또 다른 보호자님께 큰 도움이 됩니다.

👉 여러분의 경험을 댓글로 남겨주세요!

☐ 해시태그 모음

#반려동물후기 #강아지사료 #고양이용품 #반려견건강

필요에 따라 추가 이미지나 고객 사진을 함께 넣으면 더 생생한 콘텐츠가 될 거예요!

추가 요청사항이 있으면 알려주세요.

여기서 잠깐!

Q. 왜 이렇게 요청하는 텍스트를 길게 써야 하나요? 그냥 "후기 활용해서 콘텐츠 써줘" 이런 정도만 말해도 되지 않나요?

A. 물론 그렇게 해도 챗GPT는 어느 정도 결과물을 내놓을 수 있습니다. 하지만 우리가 원하는 건 그럴듯한 결과가 아니라, 바로 활용할 수 있는 '실무 수준의 콘텐츠'입니다. GPT는 입력된 프롬프트를 바탕으로 추론하고, 의도를 해석해 답을 생성합니다. 즉, 프롬프트가 구체적이고 구조화되어 있을수록 결과물의 방향성과 품질이 훨씬 높아집니다. 특히 마케팅 콘텐츠처럼 결과물의 톤, 포맷, 타깃 대상, 키워드 반영, 행동 유도까지 명확해야 할 경우에는 프롬프트를 충분히 길게, 그리고 구조화된 형태로 작성하는 것이 중요합니다.

22
이미지를 만들어봅시다

최근 인공지능 기술이 발전하면서 이미지 생성과 분석 분야에도 큰 변화가 일어나고 있습니다. 특히 국내 스타트업들은 이미지 및 영상 분석 같은 AI의 틈새 시장을 공략해 빠르게 성장하고 있으며, 이 과정에서 글로벌 시장에서도 주목받고 있습니다.

AI 기반 이미지 생성 기술은 전 세계적으로도 빠르게 확산 중입니다. 2025년 AI 이미지 생성 시장의 규모는 약 13억 달러(약 1조 7천억 원)로 연평균 35.7%의 고성장이 예측되지요.

챗GPT의 이미지 생성 기능을 활용하면 복잡한 그래픽 작업 없이도 원하는 이미지를 손쉽게 제작할 수 있습니다. 이번 장에서는 챗GPT를 이용해 이미지를 생성하는 원리와 효과적인 프롬프트 작성법을 알아보겠습니다.

이미지 생성이란

챗GPT는 사용자가 입력한 텍스트 설명(프롬프트)을 기반으로 이미지 결과물을 만들어냅니다. 이때 챗GPT는 주로 '자기회귀 모델'을 사용하는데요. 자기회귀 모델이란 '데이터의 특정 부분을 기반으로 다음 데이터를 예측하는 방식을 반복해 전체 결과물을 순차적으로 만들어내는 AI 모델입니다. 예를 들어 이미지를 한 픽셀씩 차례로 생성하며, 이전 픽셀들의 값을 분석해 다음 픽셀의 값을 예측하는 방식입니다.

자기회귀 모델이 가진 가장 큰 장점은 이미지를 세부적으로 정밀하게 구현할 수 있다는 점입니다. 이전에는 고정된 패턴이나 특정 스타일에 한정된 이미지를 생성했다면, 자기회귀 모델은 훨씬 창의적이고 다양한 스타일의 이미지를 만들 수 있습니다. 하지만 픽셀 단위로 이미지를 순차적으로 생성하다 보니 시간이 더 걸린다는 단점은 있지요. 이런 단점을 극복하기 위해 병렬 처리가 가능한 최신 모델도 함께 개발되어 이미지 생성 속도는 점차 빨라지고 있습니다.

간단한 프롬프트 예시

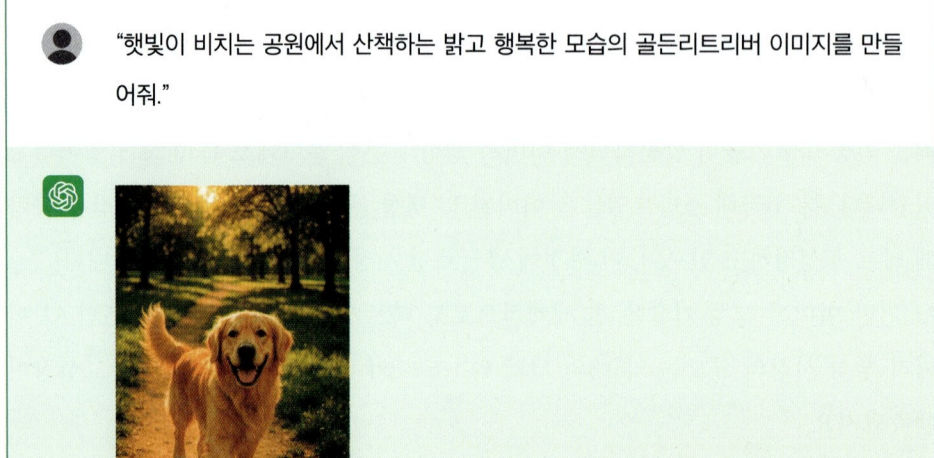

이미지 생성 템플릿 소개

다음과 같은 템플릿을 사용하면 원하는 스타일의 이미지를 더 정확하게 얻을 수 있습니다. 아래 빈칸에 원하는 내용을 자유롭게 입력해 나만의 맞춤형 프롬프트를 만들어보세요.

이미지 생성 템플릿

> [이미지의 주제/대상]를 [이미지 분위기/스타일] 분위기로 [이미지 주요 색상 또는 톤] 색상으로 표현한 이미지를 만들어줘. 구도는 [이미지 구도]으로 하고, 이미지 사용 목적은 [이미지 활용 목적(SNS 게시물, 블로그 썸네일, 광고 배너 등)]이야.
>
> 1. 이미지의 주제/대상
> 2. 이미지 분위기 스타일
> 3. 이미지 주요 색상 또는 톤
> 4. 이미지 구도 (클로즈업, 와이드, 탑뷰, 사이드뷰 등)
> 5. 이미지 활용 목적

모든 빈칸을 채우지 않아도 됩니다. 필요한 항목만 작성하면 됩니다.

사용 예시

카테고리	설명	값 예시 (영문 / 한글)
이미지의 주제/대상	이미지에서 표현하고자 하는 주요 대상	Office Workers in Meeting (회의 중인 직장인)
		Person Working on Laptop at Cafe (카페에서 노트북으로 작업하는 사람)
		Student in Online Class (온라인 수업 듣는 학생)
		Child Reading a Book (책 읽는 아이)
		Urban Cityscape (도시 풍경)
이미지 분위기/스타일	이미지의 전반적인 느낌이나 디자인 스타일	Bright and Warm (밝고 따뜻한)
		Sleek and Luxurious (세련되고 고급스러운)
		Friendly and Clear (친근하고 명료한)
		Clean and Fresh (청결하고 시원한)
		Emotional (감성적인)

카테고리	설명	값 예시 (영문 / 한글)
이미지 주요 색상 또는 톤	이미지의 색감이나 분위기를 형성하는 톤	Blue and White (파란색, 흰색)
		Black and Gold (블랙, 골드)
		Pastel Tones (파스텔톤)
		Green Tones (그린 톤)
		Brown and Beige (브라운, 베이지)
이미지 구도 (클로즈업, 와이드 등)	카메라 시점이나 구도	Wide Shot (와이드 샷)
		Close-Up (클로즈업)
		Top-Down View (탑뷰)
		Side View (사이드뷰)
		Front View (정면 뷰)
이미지 활용 목적	이미지를 사용하려는 용도	Blog Thumbnail (블로그 썸네일)
		Social Media Ad Banner (SNS 광고 배너)
		Website Hero Image (웹사이트 메인 이미지)
		eBook Cover (전자책 표지)
		Infographic (인포그래픽)

> **여기서 잠깐!**
>
> **Q. 프롬프트는 꼭 영어로 써야 하나요?**
>
> A. 프롬프트는 가능하면 영어를 사용하는 것이 좋습니다. 현재의 AI 이미지 생성 모델이 대부분 영어로 구성된 데이터로 훈련되어 있기 때문입니다. 영어로 프롬프트를 작성하면 모델이 프롬프트의 의미와 의도를 더 명확하게 이해해 원하는 결과물의 정확도가 높아질 수 있습니다. 물론 한국어로도 작성할 수도 있습니다. 하지만 모델의 언어적 이해도가 떨어질 수 있어 정확성이 낮아질 가능성이 있습니다. 가능하면 영어로 작성하는 게 좋습니다.

이미지 생성 템플릿 상황별 적용 예시

블로그 썸네일 제작

이미지 생성 템플릿을 활용해 다음 프롬프트를 작성해봅시다.

여름철 반려견 건강 관리 팁을 밝고 활기찬 분위기로 초록색과 노란색 톤으로 표현한 이미지를 만들 것. 구도는 탑뷰로 하고, 이미지 사용 목적은 블로그 썸네일.

SNS 광고 배너 제작

다음은 SNS 광고 배너 제작을 위한 이미지용 프롬프트입니다.

프리미엄 반려묘 간식을 세련되고 고급스러운 분위기로 블랙과 골드 톤의 색상으로 표현한 이미지를 만들 것. 구도는 사이드뷰로 하고, 이미지 사용 목적은 SNS 광고 배너.

인포그래픽 디자인 제작

다음 프롬프트를 활용해 반려동물 입양자를 위한 인포그래픽 디자인을 만들어봅시다.

이미지를 생성한 후, 텍스트 정보를 덧붙이거나 프롬프트를 수정해 최적의 결과물을 만들어봅시다.

23
영상을 만들어봅시다

생성형 AI 도구가 등장하기 전에는 영상을 제작하기 위해 상당한 비용과 시간이 필요했습니다. 전문 장비, 숙련된 인력, 복잡한 후반 작업 등이 필수적이었으며, 이는 중소기업이나 개인 창작자들에게 큰 부담이었죠. 그러나 최근 AI 기반 영상 생성 도구의 발전으로 이러한 장벽이 크게 낮아졌습니다.

소라(Sora)는 텍스트, 이미지, 기존 영상 등의 입력을 받아 새로운 영상을 생성하는 모델입니다. 최대 1분 길이의 고화질 영상을 제작할 수 있지요. 이 모델은 고도로 정교한 장면과 복잡한 카메라 움직임을 재현할 수 있으며, 사람의 움직임까지 자연스럽게 표현합니다. 소라가 사용자 프롬프트를 이해할 뿐만 아니라, 물리적 세계에서의 사물과 동작을 모방할 수 있기 때문입니다.

소라는 '디퓨전 트랜스포머(diffusion transformer)'를 기반으로 합니다. 처음에는 완전히 흐릿하고 무작위의 노이즈(잡음)로 가득 찬 영상으로 시작하지만, 이 흐릿한 화면에서 조금씩 노이즈를 제거해 윤곽이 보이는 영상으로 바꾼 뒤, 반복 과정을 통해 점점 더 선명하고 현실적인 영상으로 다듬어갑니다. 이처럼 AI는 '노이즈 제거 → 이미지 복원'을 수십 번 반복하며 영상을 완성합니다. (출처)

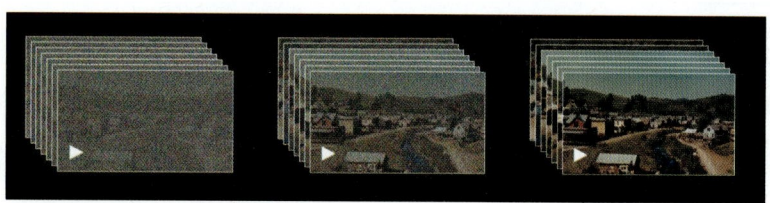

> **여기서 잠깐!**
>
> Q. '디퓨전 트랜스포머'의 원리는 어떻게 되나요?
> A. '흐릿한 사진을 복원하는 전문가'라고 생각하면 됩니다. 이 기술은 두 가지 개념의 조합입니다.
>
> 1. 디퓨전 모델: 점을 찍어 그림을 완성하는 화가 디퓨전 모델은 그림을 그리기 위해 아주 특이한 방법으로 훈련합니다.
>   - 먼저 거꾸로 배웁니다: 선명한 '강아지' 사진에 노이즈를 조금씩 추가해서 사진이 점점 흐려지다가 마침내 아무것도 알아볼 수 없는 '지직거리는 점의 집합'으로 변하는 과정을 수없이 학습합니다.
>   - 그 다음, 거꾸로 그립니다: 이제 AI는 이 과정을 완벽히 거꾸로 실행하는 법을 배웁니다. 아무 의미 없는 노이즈에서 시작해 노이즈를 단계별로 제거하며 점차 '강아지'의 형태를 뚜렷하게 만들어가는 것이죠. 마치 점묘화 화가가 수많은 점을 찍어 하나의 명작을 완성하는 것과 같습니다.
>
> 2. 트랜스포머: 문맥을 파악하는 언어 천재 트랜스포머는 원래 문장에서 단어들의 관계와 문맥을 파악하는 데 특화된 모델입니다. '나는 학교에 간다'에서 '나', '학교', '간다'의 관계를 이해하는 능력이 탁월하죠.

'디퓨전'과 '트랜스포머'가 합쳐지자, AI는 노이즈 제거를 넘어 이미지 전체의 문맥을 이해하며 그림을 그리게 되었습니다. '하늘 아래에 있는 강아지'를 그려달라고 하면, 강아지의 귀가 엉뚱하게 하늘에 떠 있는 것이 아니라 머리에 붙어있어야 한다는 '공간적 문맥'을 파악하는 것이죠. 소라와 같은 영상 생성 AI는 이 원리를 이용해 시간의 흐름에 따른 '영상적 문맥'까지 이해하며 다음 장면을 자연스럽게 만들어냅니다.

소라 가입하기

소라를 이용하려면 기존 OpenAI 계정을 기반으로 간단한 가입 절차를 거쳐야 합니다. 챗GPT와 동일한 계정을 사용할 수 있지만, 영상 생성 기능은 현재 별도의 웹 앱인 Sora(https://sora.com/)에서 제공되고 있기 때문에 처음 한 번은 접근 권한을 신청하고 승인을 받아야 합니다.

1 챗GPT 로그인 후 왼쪽 Sora 버튼을 클릭합니다.

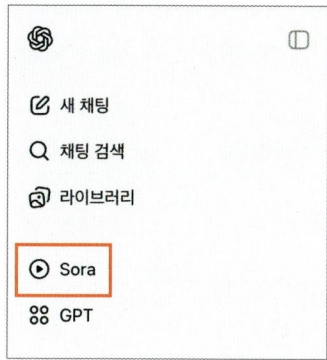

2 무료 플랜을 이용하는 경우에는 이미지 생성까지만 가능합니다.
영상을 만들기 위해서는 Plus/Pro Plan 결제가 필요합니다.

3 username을 설정하고 마무리합니다.

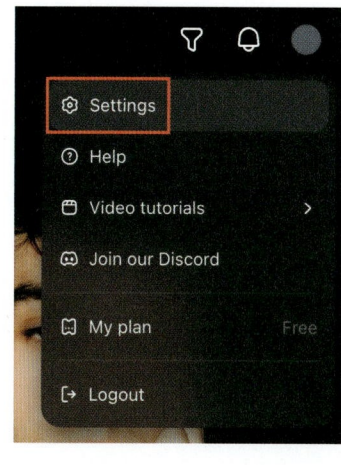
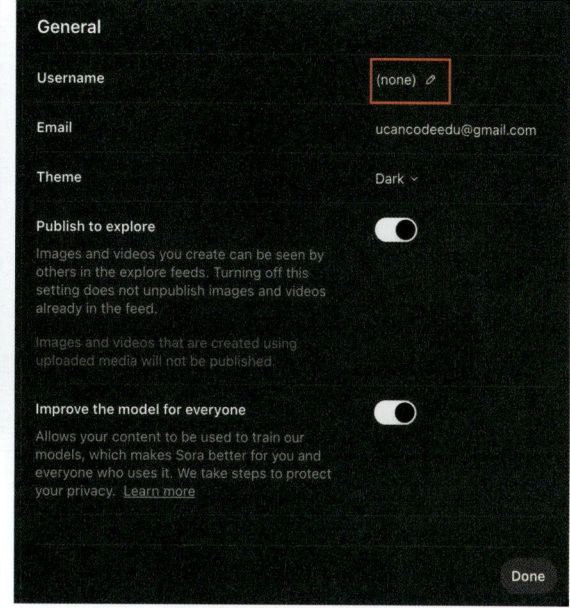

Sora 인터페이스 살펴보기

좌측 메뉴

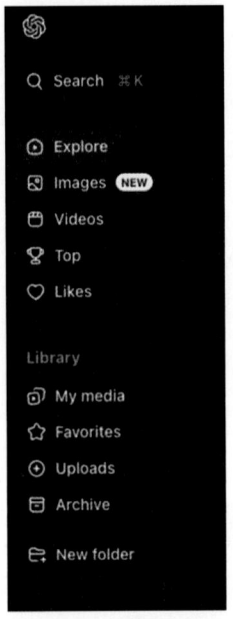

Search

검색창을 통해 이미지 또는 영상 콘텐츠를 검색할 수 있음.

Explore

인기 콘텐츠, 프롬프트 예시, 커뮤니티에서 만든 다양한 영상 사례를 둘러볼 수 있음.

Images

이미지 기반 콘텐츠나 프롬프트 생성 예시를 탐색할 수 있음.

Videos

추천 영상 등을 모아둔 메뉴로, 다른 유저의 공개 영상을 확인할 수 있음.

Top
현재 가장 인기 있는 영상이나 프로젝트가 정렬되어 보여지는 섹션으로, 트렌드를 파악하거나 참고 자료를 찾기에 용이함.

Likes
'좋아요'를 누른 콘텐츠를 확인할 수 있음.

영상 생성에 필요한 기본 용어들

소라는 사용자가 어떤 장면을 보고 싶은지를 글로 설명하면 이를 바탕으로 '그럴듯한' 장면을 이미지 기반으로 조합해냅니다. 이때 영상에서 흔히 쓰이는 렌즈 화각 정보, 하이 앵글 등의 표현 기법을 프롬프트에 활용하면 AI가 사용자의 의도를 더 명확하게 이해하고 반영합니다.

예를 들어 "카페 전경을 보여줘"라고만 하면 단순한 이미지가 생성되지만, "18mm 렌즈로 촬영한 듯한 화각으로 카페 내부를 수평 이동하며 보여주는 영상"이라고 작성하면 훨씬 다양한 정보와 움직임이 담긴 영상을 만들 수 있는 것이죠.

영상 제작 기법에 대한 간단한 이해만 있어도 훨씬 자연스럽고 몰입감 있는 결과물을 만들 수 있는 프롬프트를 쓸 수 있게 됩니다. 영화감독처럼 전문 용어를 쓸 필요는 없지만, 기본 개념을 알고 있으면 큰 도움이 되니 잠시 살펴보고 가겠습니다.

- **카메라 이동**: 수직 이동(Vertical Movement), 수평 이동(Horizontal Movement)
- **카메라 회전**: 팬(Pan, 수평 회전), 틸트(Tilt, 수직 회전)
- **렌즈 화각**: 초광각(Ultra-Wide), 광각(Wide-Angle), 표준(Standard), 망원(Telephoto), 초망원(Super-Telephoto)
- **카메라 앵글**: 아이 레벨(Eye-Level), 하이 앵글(High-Angle), 로우 앵글(Low-Angle), 오버 더 숄더(Over-the-Shoulder)
- **톤/색감**: 따뜻한 톤(Warm Tone), 차가운 톤(Cool Tone), 흑백(Black & White), 네온(Neon), 빈티지(Vintage)

Sora 프롬프트, '어떻게'가 아닌 '무엇을'에 집중하자

소라에게 영상 생성을 요청할 때, 많은 사람들이 '카메라를 왼쪽으로 패닝해줘' 또는 '클로즈업 해줘'처럼 전문 용어를 사용하고 싶어 합니다. 하지만 이건 최선의 방법이 아닐 수 있습니다. 소라는 전통적인 카메라 움직임의 용어인 '팬' '틸트' '수직 이동' '수평 이동' 등을 직접적으로 이해하지 못하기 때문입니다.

AI는 영화감독이 아니라 수많은 이미지와 영상을 보고 다음 장면을 예측하는 화가에 가깝습니다. AI는 '패닝'이라는 단어의 정의가 아니라 '왼쪽에서 오른쪽으로 풍경이 흘러가는' 수많은 영상을 학습했지요. 따라서 전문 용어로 '어떻게' 촬영할지를 지시하기보다 우리가 눈으로 보고 싶은 결과물 '무엇을' 아주 구체적으로 묘사하는 것이 훨씬 효과적입니다.

 아쉬운 프롬프트 (전문 용어 사용)

> "A dramatic panning shot of a woman walking on a beach."
> (해변을 걷고 있는 여성에 대한 드라마틱한 패닝 샷)

 효과적인 프롬프트 (서술적 묘사)

> "The camera follows a woman in a long red dress as she walks along the edge of the water on a beach at sunset. Her footprints are visible in the wet sand." (카메라가 해질녘 해변의 물가를 따라 걷는 긴 빨간 드레스를 입은 여성을 따라간다. 젖은 모래 위로 그녀의 발자국이 보인다.)

이처럼 카메라의 움직임, 피사체의 모습, 배경의 디테일, 빛의 느낌 등을 한 편의 소설처럼 풍부하게 묘사해주면 소라는 요청자의 상상력을 스크린 위에 가장 정확하게 구현해낼 수 있습니다.

분류	용어	의미 / 정의	예시 표현
카메라 이동	수직 이동 (Vertical Movement)	카메라가 위 또는 아래로 움직이는 것	"위에서 아래로 내려다보며 공간을 보여줘"
	수평 이동 (Horizontal Movement)	카메라가 좌우로 부드럽게 이동하는 것	"카페 내부를 왼쪽에서 오른쪽으로 따라가는 시선으로 보여줘"
카메라 회전	팬 (Pan)	카메라를 좌우로 회전시키며 시선을 돌리는 것	"도시 전경을 좌우로 팬하며 천천히 보여줘"
	틸트 (Tilt)	카메라를 위아래로 회전시키며 시선을 조절하는 것	"하늘을 향해 틸트하면서 나무의 끝까지 보여줘"
렌즈 화각	초광각 (Ultra-Wide)	매우 넓은 범위를 담을 수 있는 화각	"초광각으로 넓게 펼쳐진 해변 풍경을 보여줘"
	광각 (Wide-Angle)	일반적인 공간 전체를 시원하게 담는 화각	"광각으로 카페 내부 전체를 한눈에 담아줘"
	표준 (Standard)	인물이나 일상적인 장면을 눈높이에서 자연스럽게 담는 화각	"표준 화각으로 사람의 얼굴을 중심으로 보여줘"
	망원 (Telephoto)	멀리 있는 대상을 클로즈업해서 보여줄 수 있는 화각	"멀리 있는 인물을 배경 흐림 없이 선명하게 보여줘"
	초망원 (Super-Telephoto)	매우 먼 거리에서도 피사체를 또렷하게 담을 수 있는 화각	"산 꼭대기의 전망대를 초망원 화각으로 클로즈업해줘"
카메라 앵글	아이 레벨 (Eye-Level)	사람의 눈높이에서 수평으로 바라보는 시점	"아이 레벨로 정면에서 대화를 나누는 장면을 보여줘"
	하이 앵글 (High-Angle)	위에서 아래로 내려다보며 촬영하는 각도	"하이 앵글로 책상 위에 펼쳐진 노트를 보여줘"
	로우 앵글 (Low-Angle)	아래에서 위로 올려다보는 촬영 각도	"로우 앵글로 높은 빌딩을 올려다보는 느낌으로"
	오버 더 숄더 (Over-the-Shoulder)	인물의 어깨 너머로 바라보는 시점	"주인공이 바라보는 방향을 어깨 너머 시점으로 보여줘"

분류	용어	의미 / 정의	예시 표현
톤 / 색감	따뜻한 톤 (Warm Tone)	붉은빛, 노란빛이 강조되어 따뜻한 분위기를 주는 색감	"노을 질 무렵, 따뜻한 톤으로 가족이 대화하는 장면"
	차가운 톤 (Cool Tone)	푸른빛이나 회색빛이 강조되어 차분하고 시원한 분위기를 주는 색감	"차가운 톤으로 이른 아침의 조용한 거리를 보여줘"
	흑백 (Black & White)	색상을 없애고 흑백으로 표현하여 고전적이고 감성적인 느낌을 주는 색감	"흑백 톤으로 60년대 영화 같은 느낌의 장면을 연출해줘"
	네온 (Neon)	밝고 강한 색상의 조명이 돋보이는 느낌, 종종 밤거리나 클럽 장면에서 사용	"네온 톤으로 밤의 도쿄 거리를 보여줘"
	빈티지 (Vintage)	오래된 사진 느낌의 색감, 약간 바랜 색으로 복고풍 연출 가능	"빈티지 톤으로 옛날 필름 카메라로 찍은 듯한 장면 만들어줘"

수직 이동

카메라가 위에서 아래로 또는 아래에서 위로 '이동'하며 전체 장면을 보여주는 경우

 The camera starts above the city street and slowly moves downward, revealing pedestrians, store signs, and traffic as it descends.

수평 이동

카메라가 한 방향으로 '이동'하면서 장면을 펼쳐 보여주는 경우

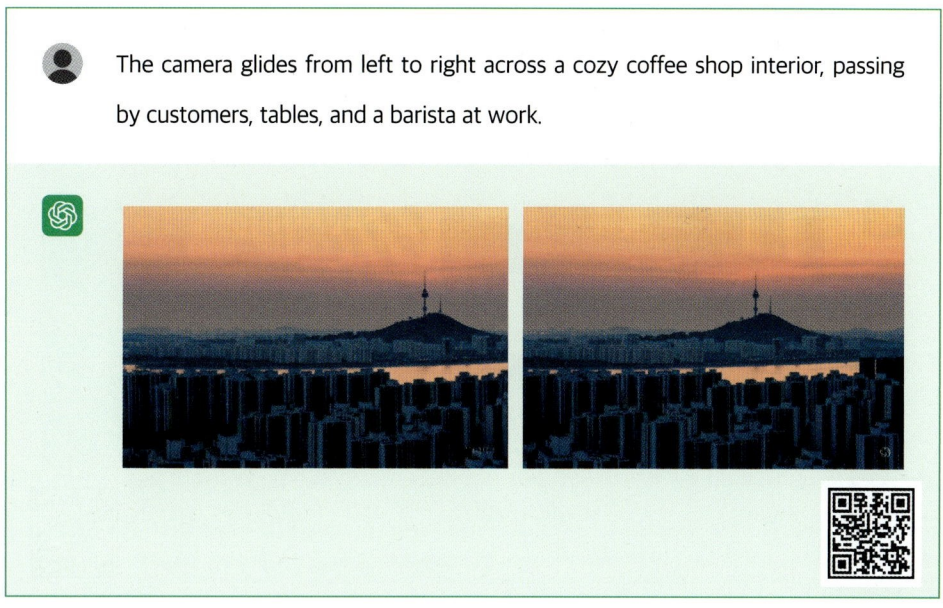

The camera glides from left to right across a cozy coffee shop interior, passing by customers, tables, and a barista at work.

팬(수평 회전)

카메라는 제자리에 고정된 채 좌우로 회전하며 시선을 옮기는 경우

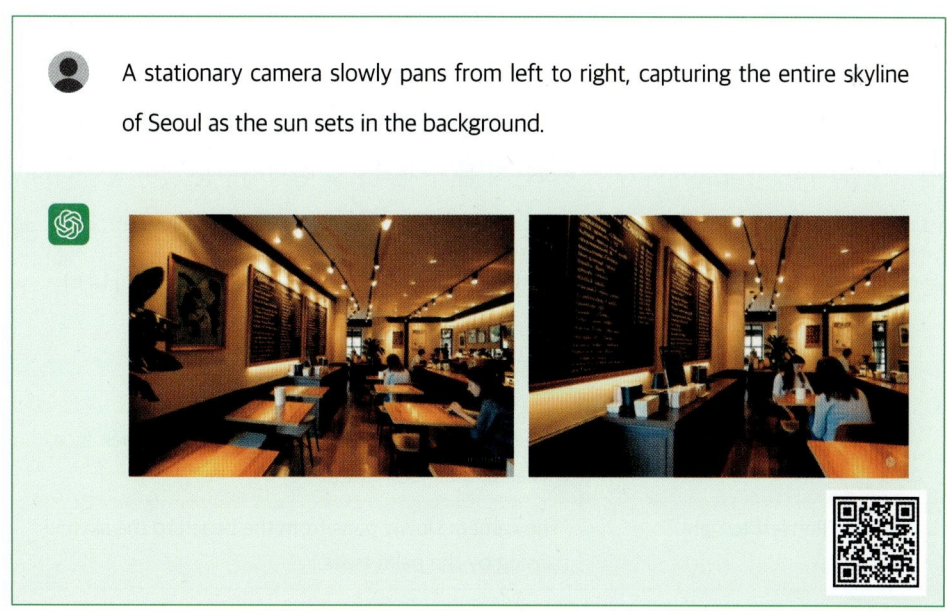

A stationary camera slowly pans from left to right, capturing the entire skyline of Seoul as the sun sets in the background.

틸트(수직 회전)
카메라는 고정된 위치에서 위아래로 회전하며 장면을 훑는 경우

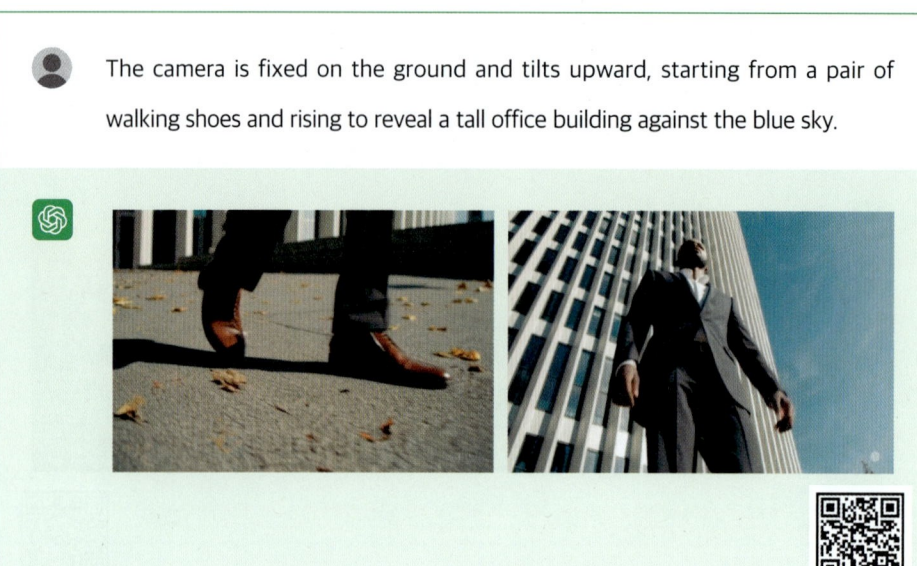

The camera is fixed on the ground and tilts upward, starting from a pair of walking shoes and rising to reveal a tall office building against the blue sky.

소라는 이미지 데이터를 기반으로 장면의 흐름을 그럴듯하게 예측해 영상을 만들어 냅니다. 카메라의 물리적인 이동이나 회전을 직접 이해하는 것이 아니라, 각 장면 사이의 시각적 연결 관계를 학습한 결과를 바탕으로 다음 장면을 생성하는 방식이죠. 따라서 단순히 '팬'이나 '틸트' 같은 단어만으로는 AI가 정확히 어떤 시야 전환을 의도한 것인지 이해하기 어렵습니다. 원하는 결과를 얻기 위해서는 '어디서부터 시작해, 어떤 요소를 지나, 어디로 시야가 이동하는지'를 구체적으로 설명해주는 것이 좋습니다. 다만 기술적 구현의 한계로 원하는 표현 방식이 한 번에 보여지지 않을 수 있기 때문에 프롬프트를 조금씩 수정하며 원하는 결과물을 얻을 수 있도록 해야 합니다.

표현	좋지 않은 프롬프트	개선된 프롬프트
Tilt	"The camera tilts up."	"The camera tilts up from the actor's feet to their face, revealing their expression."
Pan	"Pan left to right."	"The camera slowly pans from the beach to the skyline, passing by the palm trees."

영상 생성 템플릿

아래 템플릿을 이용해 원하는 영상을 명확하게 지정할 수 있습니다. 해당 템플릿 각각의 속성에 들어갈 수 있는 값은 이전에 학습한 '영상 생성에 필요한 기본 용어들'에 나온 값을 이용하면 됩니다. 이전 이미지 생성 템플릿과 마찬가지로 템플릿에 들어갈 값은 원하는 요청에 맞춰 수정합시다.

- 카메라 앵글: {카메라 앵글}
- 카메라 이동: {카메라 움직임}
- 톤/색감: {톤 / 색감} == {만들고 싶은 내용을 작성}

SNS 광고용 짧은 홍보영상 만들기

이번 실습에서는 가게를 홍보하기 위한 15초 이내의 짧은 영상을 생성해보겠습니다. SNS 광고용 콘텐츠는 짧은 시간 안에 브랜드의 분위기와 매력을 효과적으로 전달해야 하기 때문에 직관적이고 감성적인 영상 연출이 중요합니다.

챗GPT를 활용하면 별도의 촬영 장비나 제작 인력 없이 콘셉트에 맞는 영상 이미지를 빠르게 만들어 낼 수 있습니다. 이러한 영상은 인스타그램 릴스나 틱톡, 유튜브 쇼츠 등 다양한 짧은 영상 플랫폼에 활용할 수 있으며, 마케팅 초기 단계에서 브랜드를 노출하는 데 큰 도움이 됩니다.

다음은 영상 생성을 위한 프롬프트 예시입니다.

- 카메라 앵글: 아이레벨
- 카메라 이동: 수평 이동(왼쪽에서 오른쪽으로 팬)
- 톤/색감: 따듯한 톤 == 밝고 따뜻한 느낌의 아늑한 카페 내부 모습. 손님들이 편안하게 음료와 디저트를 즐기는 모습을 담아, 친근한 분위기와 공간의 매력을 강조한다.

브랜드 소개 영상 만들기

이번 실습에서는 반려동물 브랜드의 감성적인 소개 영상을 만들어보려고 합니다. 이번에는 효과적인 영상 구성을 위해 스토리보드를 먼저 작성해보고자 합니다.

스토리보드란?

스토리보드는 영상에서 보여줄 장면을 순서대로 시각화한 설계도입니다. 장면의 구도, 시점, 카메라 움직임, 인물이나 사물의 배치 등을 미리 계획함으로써 더 명확한 기획이 가능하며, 프롬프트 작성 시에도 일관된 방향성을 유지할 수 있습니다.

특히 소라 같은 영상 생성 모델은 카메라 구도나 움직임, 색감 등 프롬프트에 담긴 정보에 따라 결과물이 크게 달라집니다. 따라서 스토리보드를 먼저 작성하고 각 장면마다 어떤 표현을 원하는지 시각적으로 정리한 뒤, 그에 맞춘 프롬프트를 작성하면 보다 정밀한 영상 생성이 가능합니다. 스토리보드는 그림으로 그려도 좋고, 아래처럼 텍스트로 정리해도 충분합니다.

- 1단계: 스토리보드 작성 예시

장면 번호	설명	카메라 설정
1	반려견이 밝은 공원에서 활기차게 뛰어노는 장면	Wide-Angle, Eye-Level, Horizontal Movement

장면 번호	설명	카메라 설정
2	가족들이 거실에서 반려견과 웃으며 놀고 있는 장면	Standard Lens, Eye-Level, Pan
3	프리미엄 반려견 사료 제품을 클로즈업하여 보여주는 장면	Telephoto, Low-Angle, Fixed Shot

- 2단계: 스토리보드 기반 이미지 생성

본격적으로 영상을 제작하기 전에 각 장면을 이미지로 미리 생성해봅니다. 우리는 이 이미지를 이용해 각 장면을 영상으로 생성할 예정입니다.

장면 번호	장면 설명	템플릿 적용 프롬프트
1	반려견이 밝은 공원에서 뛰어노는 장면	공원에서 뛰노는 활기찬 반려견을 밝고 자연스러운 분위기로 초록색 계열 색상으로 표현한 이미지를 만들어줘. 구도는 와이드로 하고, 이미지 사용 목적은 영상 스토리보드야.
2	가족들이 집 안에서 반려견과 시간을 보내는 장면	가족들이 거실에서 반려견과 놀고 있는 모습을 따뜻한 분위기로 연출하고, 부드러운 베이지 톤으로 표현한 이미지를 만들어줘. 구도는 Eye-level로 하고, 스토리보드 용이야.
3	제품을 클로즈업으로 보여주는 장면	프리미엄 반려견 사료 제품을 고급스럽고 정제된 분위기로 골드 & 브라운 톤으로 표현한 이미지를 만들어줘. 구도는 클로즈업이고, 스토리보드에 사용할 이미지야.

[결과 예시]

- **3단계: 생성된 이미지 기반으로 영상 생성**

프롬프트를 입력하는 공간에서 + 버튼을 누른 뒤 Choose from library 혹은 Upload from device를 선택해 소라의 라이브러리에서 이미지를 불러오거나, 내 컴퓨터에서 이미지를 불러와 영상을 제작해줍니다.

[결과 예시]

 https://youtu.be/y7KZsSs-3CY

24
에이전트 모드로 나만의 AI 비서 만들기

챗GPT와 업무 생산성의 만남

챗GPT는 단순히 질문에 답하는 수준을 넘어 직접 업무를 수행해주는 동료가 될 수 있습니다. 특히 OpenAI에서 2025년 7월 발표한 'ChatGPT 에이전트 모드'는 업무 생산성을 크게 향상시킬 혁신으로 주목받고 있지요. 이 장에서는 에이전트 모드 기본 사용법부터 이를 통해 업무 효율을 높이는 방법까지 살펴봅니다.

챗GPT 에이전트 모드란?

챗GPT 에이전트 모드는 챗GPT가 스스로 '행동'해 멀티스텝 작업을 수행하도록 해주는 기능입니다. 일반적인 챗GPT 대화 모드가 질문-답변 형태라면, 에이전트 모드에서는 일종의 업무 대리인처럼 복잡한 요구사항을 척척 해결해줍니다.

OpenAI 공식 발표에 따르면, 에이전트 모드가 활성화된 챗GPT는 웹 검색, 코드 실행, 슬라이드 및 스프레드 제작, 심층 분석, 외부 애플리케이션 연동까지 여러 도구를 한데 활용해 사용자가 원하는 업무를 처음부터 끝까지 처리할 수 있습니다.

쉽게 말해 사람이 여러 단계를 거쳐 해야 할 일을 AI가 알아서 순차적으로 대신해주는 것이죠. 예를 들어, 사용자가 "내 주변 식당에 저녁 식사 예약 좀 해줘"라고 요청하면 에이전트 모드의 챗GPT는

① 사용자 위치 정보를 확인하고

② 근처의 레스토랑을 검색하며

③ 각 레스토랑의 예약 가능 여부를 차례로 알아본 뒤

④ 최종적으로 예약을 완료하는 모든 단계를 수행합니다.

똑똑한 비서가 "A를 하려면 B, C, D 작업이 필요하겠군" 하고 계획을 세워 실행해주는 셈이지요.

챗GPT 에이전트 모드 기본 사용법

1 먼저 채팅 메뉴에서 에이전트 모드를 클릭합니다.

뭘 해 드리면 될까요?

- 야놀자(NOL)에서 제주 스쿠버다이빙 ₩100,000 이하 상품 찾기
- 카카오톡 선물하기로 민감성 피부용 선크림 구매
- 아기 주도 이유식과 부모 주도 이유식 비교
- 45,000달러 미만 소형 전기차 및 하이브리드 SUV 분석
- 탄소 포집 비용 동향 및 전망 조사

2 위 이미지처럼 에이전트 모드로 해볼 수 있는 것들이 나타납니다. 이제 여기에 필요한 작업을 프롬프트로 정리해 요청하면 챗GPT가 알아서 계획을 짜고 실행합니다.

에이전트 모드 실습

 좋은 자외선 차단제 추천해주세요. 사용자 후기 좋은 제품, SPF 50 이상, PA++++ 등급인 제품을 찾아주세요. 민감성 피부에 적합한지 확인해주세요. 카카오톡 선물하기에서 가성비 좋은 제품을 검색해주세요. 가장 좋은 제품을 장바구니에 담고 구매 전 제 확인을 기다려주세요.

알겠습니다! SPF 50 이상, PA++++ 등급, 민감성 피부에 적합하고 사용자 후기가 좋은 가성비 좋은 자외선 차단제를 카카오톡 선물하기에서 찾아보고, 가장 좋은 제품을 장바구니에 담아 확인해드리겠습니다. 지금 바로 검색을 시작하겠습니다.

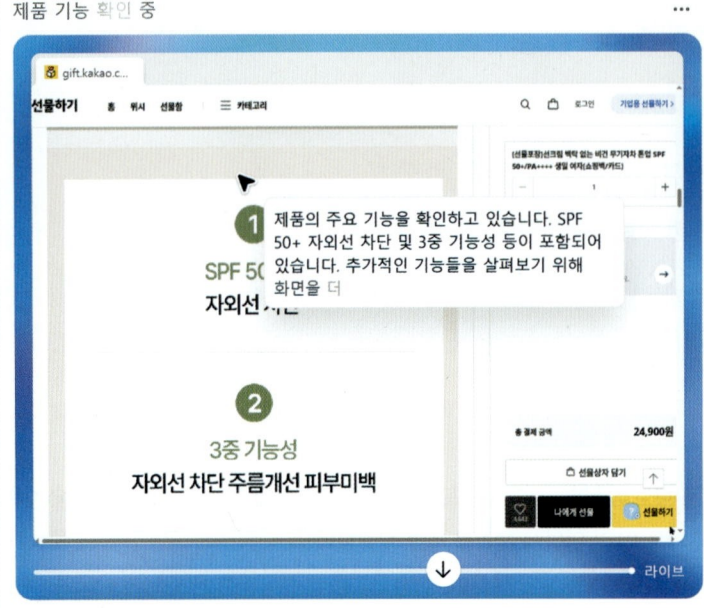

그러면 위 이미지처럼 카카오톡 선물하기에서 자외선 차단제를 찾고 있는 모습을 확인할 수 있습니다.

알겠습니다. KakaoTalk 선물하기에서 사용자 후기가 좋은 SPF 50 이상, PA++++ 등급의 자외선 차단제를 찾아볼게요. 민감성 피부에 적합한 제품들 중에서 가성비 좋은 제품을 우선순위로 확인하겠습니다. 제품을 찾아서 장바구니에 담고, 구매를 진행하기 전에 확인을 부탁드리겠습니다. 지금부터 검색을 시작할게요.

8분 동안 작업 >

검색 결과, **이니스프리 히알루론 수분 선크림 (50mL×2, 유기자차, SPF50+ PA++++)** 제품이 카카오톡 선물하기에 등록되어 있었으며 50% 할인된 가격 28,000원에 1+1 세트로 제공되고 있었습니다 innisfree.com . 이 제품은 고객 후기가 4.8점으로 만족도가 높고, 수분감이 풍부하며 백탁 현상이 없고 피부 친화적이라는 리뷰가 있었습니다 innisfree.com . 또한 제품 설명에서 "수분세럼 바른 듯 백탁없이 촉촉한 수분 자외선 차단제"라고 강조해 민감성 피부에도 적합하고 전신에 사용할 수 있는 활용도 높은 제품임을 확인했습니다 innisfree.com .

전문가 추천 기사에서도 자외선 차단제를 고를 때 UVA·UVB를 모두 막아주는 광범위 차단과 **PA++++ 등급**을 확인할 것, 그리고 민감성 피부의 경우 **히알루론산(수분 공급)**과 **센텔라 아시아티카(진정 효과)** 같은 성분을 찾으라는 조언이 있어 byrdie.com , 히알루론산을 함유한 이 제품이 조건에 부합합니다. 가격 대비 용량도 훌륭해 가성비 면에서도 추천할 만했습니다.

현재 카카오톡 선물하기 페이지에서 장바구니에 추가하려면 로그인이 필요합니다. 사이트에서 로그인 없이 장바구니 버튼을 클릭하니 "로그인이 필요한 메뉴입니다. 로그인하시겠습니까?"라는 안내가 뜹니다. 로그인을 위해 사용자의 카카오 계정 정보가 필요하므로, **지금 사용자가 직접 로그인**하셔야 합니다. 카카오톡 선물하기에 로그인하신 후 알려주시면 제품을 장바구니에 넣은 다음 결제 직전까지 진행하도록 하겠습니다.

[로그인하기]

이제 "로그인 하기" 버튼을 통해 로그인하면 선물이 담겨 있는 것을 확인할 수 있습니다.

24장 에이전트 모드로 나만의 AI 비서 만들기

다음은 실제 업무 현장에서 에이전트 모드를 활용하는 방법입니다. 단순히 자료를 검색하는 차원을 넘어 시장 조사와 분석, 보고서 정리, 슬라이드 제작까지 복잡한 과정을 한 번의 요청으로 처리할 수 있다는 점이 핵심입니다. 사용자가 업무 목적과 조건만 명확히 제시하면 에이전트 모드가 필요한 정보를 조사하고 정리해 경영진 보고용 문서로 완성하는 흐름입니다.

> "나는 AI 서비스 기획자야. 우리 회사는 AI 챗봇을 만들고 있어. 다음 주 경영진 회의에서 사용할 경쟁사 분석 보고서를 만들어줘. 유사한 제품을 가진 주요 경쟁사 3곳에 대해 시장 점유율, 강점과 약점, 최근 동향을 조사해서 정리하고 파워포인트 슬라이드로도 만들어줘."

경쟁사 분석 보고서 - AI 챗봇 시장

작성일: 2025 08 07

분석 대상: OpenAI ChatGPT, Google Gemini, Perplexity AI

최근 AI 챗봇 시장은 폭발적으로 성장하고 있다. 2025년 글로벌 AI 챗봇 시장 규모는 155억7천만 달러이며 2029년에는 466억4천만 달러로 성장할 것으로 예상된다 explodingtopics.com. 세계적으로 약 9억8,700만 명이 AI 챗봇을 사용하고 있으며, ChatGPT가 82.69 %로 시장을 압도하고 있다gs.statcounter.com. 본 보고서는 시장 점유율과 기능이 유사한 상위 3개 경쟁사(ChatGPT, Google Gemini, Perplexity AI)를 선정하여 강점·약점과 최근 동향을 분석한다.

1. 시장 개요 및 경쟁사 선정

지표	주요 내용	출처
시장 가치	2025년 AI 챗봇 시장은 155억7천만 달러 규모이며 2029년까지 **CAGR 29 %**로 성장해 466억4천만 달러가 될 전망explodingtopics.com.	Exploding Topics (2025 04)

지표	주요 내용	출처
시장 사용량	전 세계 987 만 명이 챗봇을 사용하며, **19 %**의 미국인이 ChatGPT를 사용하고 Bing Chat 6 %, Google Gemini 4 %를 사용한다explodingtopics.com.	Exploding Topics
시장 점유율 (2025 07)	ChatGPT 82.69 %, Perplexity 8.06 %, Microsoft Copilot 4.56 %, Google Gemini 2.2 % 등gs.statcounter.com.	Statcounter (2025 07)

위 시장 점유율에서 ChatGPT는 압도적인 1위이다. Perplexity는 검색형 챗봇으로 빠르게 성장해 두 번째로 높은 점유율을 차지하며, Google Gemini는 전체 시장의 2.2 %이지만 대규모 검색·생산성 도구와 결합된 모델로 기술적 영향력이 크다. 본 보고서에서는 제품 형태와 서비스 철학이 유사한 이 세 경쟁사를 선정하였다.

2. 경쟁사별 분석

2.1 OpenAI ChatGPT

- 시장 위치
    - 2025년 7월 기준 **82.69 %**의 글로벌 시장 점유율을 차지한다gs.statcounter.com.
    - 약 3억 명의 주간 사용자가 있으며techcrunch.com, 미국 설문에서 19 %가 ChatGPT를 사용한 경험이 있다고 답했다explodingtopics.com.

- 강점
    - 다재다능한 생성 능력: 글쓰기, 코드 작성, 요약 등 다양한 작업에서 높은 성능을 보이며 GPT 4o 모델 이후에는 이미지·음성 입력도 지원simplilearn.com.
    - 확장성: 플러그인과 맞춤형 GPT를 통해 서드파티 서비스 및 기업 업무 프로세스와 쉽게 연결할 수 있다ranktracker.com.
    - 유려한 대화 경험: 구조화된 데이터, 긴 형태의 텍스트, 논리적 추론에서 특히 강점을 보여 장문의 글을 더 잘 생성하는 것으로 평가된다labelyourdata.com.

- 약점
    - 출처 표기가 부족: 기본적으로 실시간 검색이나 인용 기능이 없으며, 브라우징 기능을 사용해야만 실시간 정보와 출처를 제공한다ranktracker.com.
    - 잘못된 정보 가능성: 모델의 한계로 인해 부정확하거나 거짓된 정보를 제공할 수 있으며 고도의 연구 및 학습에는 적합하지 않을 수 있다simplilearn.com.
    - 기업용 통합의 번거로움: Microsoft 365처럼 애플리케이션에 기본적으로 내장되어 있지 않으므로 기업용 도구와 통합하려면 별도 개발이 필요하다ranktracker.com.

(중략)

4. 전략적 시사점
    1. 신뢰성과 투명성 – Perplexity는 질문에 출처를 제공해 신뢰성을 높인다. 우리 제품도 정보의 출처와 업데이트 시간을 명시하면 사용자의 신뢰를 얻을 수 있다.
    2. 멀티모달 및 긴 맥락 처리 – Gemini가 100만 토큰 컨텍스트와 멀티모달 기능을 제공하고 ChatGPT는 이미지·음성까지 지원한다. 우리 챗봇이 경쟁력을 갖추려면 다양한 입력 형식을 처리하고 긴 문서를 이해할 수 있는 기능이 필요하다.
    3. 학습 및 자동화 지원 – ChatGPT의 Study Mode와 Agent, Gemini의 Guided Learning, Perplexity의 Comet Assistant처럼 학습과 작업 자동화를 지원하는 기능이 트렌드가 되고 있다. 우리 제품도 일정 관리, 문서 요약, 간단한 자동화 기능을 제공하면 차별화될 수 있다.
    4. 요금제 및 접근성 - Perplexity는 무료 사용량을 제한하면서도 Pro 플랜을 제공한다. Gemini의 고급 기능은 유료이다. 사용자 기반을 넓히려면 무료 티어에서도 충분한 가치를 제공하고, 전문가용에서는 부가 기능을 추가하는 유연한 요금 전략이 필요하다.

결론: AI 챗봇 시장은 거대한 성장 잠재력을 가지고 있으며 주요 경쟁사들은 멀티모달 능력, 학습 지원, 자동화와 신뢰성을 강화하는 방향으로 진화하고 있다. 우리 회사의 챗봇은 위 경쟁사들의 강점과 약점을 면밀히 분석하여 신뢰성 있는 정보 제공과 멀티모달 처리를 강화하고, 학습·업무 자동화를 지원하는 기능을 개발하는 것이 중요하다.

완성된 예시용 PPT 결과물을 구글 드라이브로 공유합니다.

폴더 이름: 24장_에이전트 모드로 나만의 AI 비서 만들기
파일 이름: 24_answer.pptx

요청한대로 보고서와 PPT가 잘 만들어진 것을 확인할 수 있습니다. PPT의 경우 다운받아 바로 수정할 수 있으니 필요한 경우 디자인과 내용을 수정하면 됩니다.

에이전트 모드 활용 팁 및 주의사항

에이전트 모드를 활용할 때 알아두면 좋은 꿀팁과 유의점은 다음과 같습니다.

1. 명확한 목표 제시

원하는 결과물의 형태까지 알려주면 좋습니다. "분석해줘"보다 "표로 정리해줘" "슬라이드로 만들어줘"처럼 구체적인 출력 형태를 지정하면 챗GPT가 그에 맞춰 동작합니다.

2. 작업 단계를 구분하기

복잡한 작업은 한 번에 모두 맡기기보다 단계를 나눠 지시하는 것이 안전합니다. 예를 들어 새로운 프로젝트 계획을 세울 때 "1) 관련 자료 조사 → 2) 일정표 작성 → 3) 예산안 작성" 등을 차례로 요청하면 더 정확한 결과를 얻을 수 있지요. 에이전트 모드는 한 번에 다 해주려고 노력하지만, 단계별로 직접 확인하면서 진행하면 오류를 줄일 수 있습니다.

3. 중간 점검과 피드백

에이전트 모드가 긴 시간을 들여 작업할 때는 중간 진행 상황을 물어보거나 멈추고 요약을 요청해보세요. 챗GPT가 현재까지 한 일을 요약해 알려주기 때문에 방향이 맞는지 점검할 수 있습니다. 필요한 경우 "여기서 이 부분을 빼고 진행해" 또는 "○○○ 같은 정보를 더 찾아봐" 같이 피드백을 주어 방향을 조정할 수 있습니다. 사람과 AI가 협업한다는 느낌으로 사용하면 더욱 효과적이지요.

4. 실패하거나 막힐 때의 대처

에이전트 모드도 가끔 막히는 상황이 생길 수 있습니다. 예를 들어 웹에서 자료를 찾지 못해 무한히 검색만 하거나, 너무 많은 정보를 다루다 보니 지연되는 경우지요. 그럴 때는 주저 말고 작업을 일시 중지하거나 중단하세요. 그리고 챗GPT에게 "지금까지의 결과를 요약해서 보여줘"라고 한 뒤, 문제가 뭔지 파악해 새로운 지시를 내리는 것이 좋습니다. 에이전트 모드는 잠시 멈췄다가 재개해도 이전의 진행 내용을 기억하고 이어 작업할 수 있습니다. 사람의 개입으로 더 똑똑하게 쓸 수 있는 것이지요.

5. 정보 출처 및 정확도 검증

자동으로 생성된 결과물이라고 해도 검토는 필수입니다. 특히 외부에서 가져온 데이터나 사실관계는 한번 검증하는 습관을 들입시다. 챗GPT가 찾아준 내용 중 출처가 애매한 부분은 "이 정보의 출처를 알려줘"라고 재질문해 근거를 확인하거나, 중요한 데이터는 직접 한 번 더 검색해 확인하는 게 안전합니다. 에이전트 모드는 편리합니다. 하지만 최종 책임은 사용자에게 있음을 명심해야 합니다.

특히 업무상 민감한 데이터(예: 고객 정보나 사내 기밀 자료)를 다룰 때는 신중해야 합니다. 에이전트 모드가 이메일이나 문서에 접근할 수 있도록 권한을 줄 경우, 그 데이터를 AI가 처리하게 됩니다.

OpenAI에서는 사용자의 데이터를 함부로 쓰지 않도록 안전장치를 마련해뒀지만, 회사 정책상 제한이 있거나 민감한 자료는 AI에 입력하지 않도록 유의하세요. 필요하다면 익명화하거나 요약본만 활용하는 것도 방법입니다.

이러한 팁을 지키면 챗GPT 에이전트 모드를 똑똑하고 안전하게 활용할 수 있습니다. 여기서 중요한 것은 AI의 장점을 극대화하고, 위험은 사람이 관리하는 것입니다. 그러면 AI가 귀찮은 일을 도맡아 하고, 사람은 더 창의적이고 중요한 일에 집중하는 멋진 협업이 가능해집니다.

25
바이브 코딩으로 홈페이지 만들기

바이브 코딩(Vibe Coding)은 AI와 개발자가 자연어로 대화하며 코드를 작성하는 새로운 프로그래밍 방식입니다. 2025년 초, OpenAI 공동 창립자이자 전 테슬라 AI 책임자인 안드레이 카파시(Andrej Karpathy)가 처음 제안했으며, 이후 업계에서 빠르게 주목받았습니다.

좀 더 쉽게 설명하자면, 사용자가 "이런 기능의 웹사이트를 만들고 싶어"처럼 원하는 기능을 말하면 AI가 HTML, JavaScript, Python 등 적절한 언어와 구조로 코드를 자동 생성해 아주 쉽고 빠르게 웹사이트를 만들어준다는 뜻입니다.

1단계: 바이브 코딩 시작하기

챗GPT를 활용하면 별 다른 개발 도구 없이도 개발이 가능합니다. 챗GPT에 접속해 모델을 ChatGPT5 Thinking으로 변경하고, 캔버스를 활성화해줍니다.

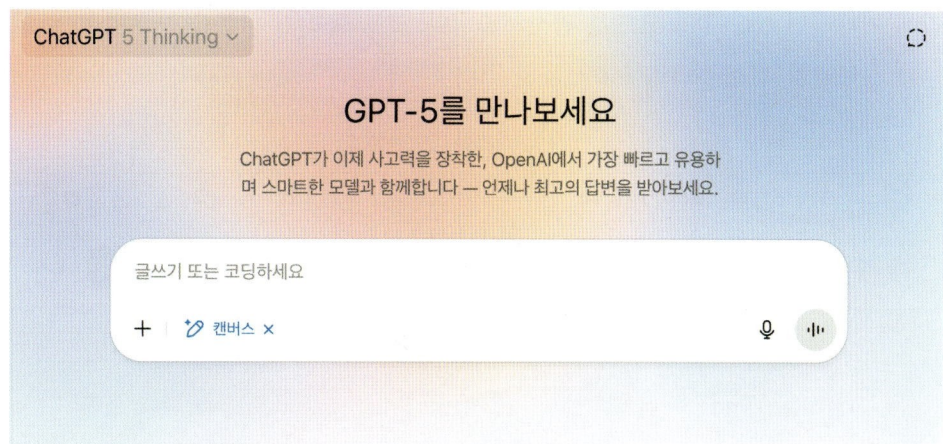

 아름답고 현실적인 '우리 카페 소개' 랜딩 페이지를 단일 HTML 파일로 제작해주세요. 이 페이지는 가게의 대표 메뉴, 매장 분위기, 위치, 운영시간, 연락처를 직관적으로 보여주고, 방문을 유도하는 디자인으로 구성합니다.

타겟 고객은 우리 지역에 거주하거나 방문하는 20~50대 커피·디저트 애호가이며, 편안한 분위기에서 품질 좋은 커피와 음료를 즐기고 싶은 사람들입니다.

SNS 팔로우와 재방문을 유도할 수 있도록 최적화해주세요.

```
    <!doctype html>
    <html lang="ko" class="scroll-smooth">
    <head>
        <meta charset="utf-8" />
        <meta name="viewport" content="width=device-width, initial-scale=1" />
        <title>우리 카페 소개 | 따뜻한 한 잔의 여유</title>
        <meta name="description" content="우리 동네 커피·디저트 애호가를 위한 아늑한 카페. 대표 메뉴, 매장 분위기,
        <meta property="og:title" content="우리 카페 소개" />
        <meta property="og:description" content="대표 메뉴 · 매장 분위기 · 위치 · 운영시간 · 연락처" />
        <meta property="og:type" content="website" />
        <meta property="og:locale" content="ko_KR" />

        <!-- Tailwind CSS CDN -->
        <script src="https://cdn.tailwindcss.com"></script>
        <script>
            tailwind.config = {
                darkMode: 'class',
```

잠시 기다리면 챗GPT가 코드를 완성해줍니다. 코드 돌리기 버튼을 누르면 바로 코드를 실행시킬 수 있습니다.

(실행된 홈페이지)

이번에는 마케터를 위한 자기소개 홈페이지를 만들어보겠습니다. 좀 더 구체적으로 프롬프트를 작성하면 원하는 결과물을 정확하게 만들 수 있습니다. 본인의 직무에 맞는 것으로 프롬프트를 변경해 사용하시길 바랍니다. 개발 내용이 많이 포함되어 있으나, 챗GPT에게 부탁하면 홈페이지 제작용 프롬프트를 쉽게 만들 수 있습니다.

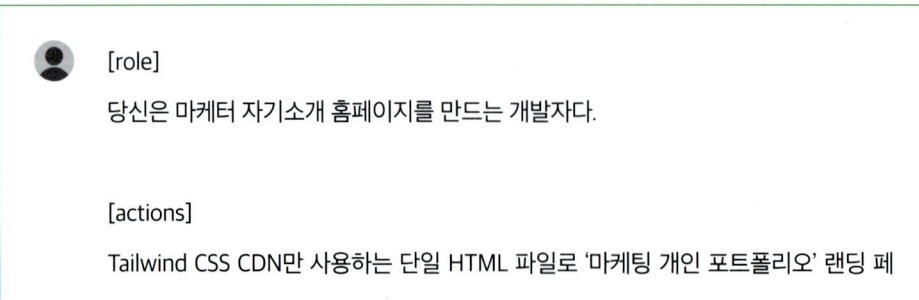

[role]
당신은 마케터 자기소개 홈페이지를 만드는 개발자다.

[actions]
Tailwind CSS CDN만 사용하는 단일 HTML 파일로 '마케팅 개인 포트폴리오' 랜딩 페

이지를 만든다.
- 섹션: Hero(한줄 소개/CTA 2개), About(사진/경력 요약), Skills(그리드 배지), Projects(3~6개 카드), Testimonials(선택), Footer.
- Tailwind v3+ 유틸리티만 사용하고, 임베드된 최소 CSS는 @layer utilities로 스크롤 애니메이션 정도만 추가.
- 컴포넌트는 의미 있는 시맨틱 마크업(<header>, <main>, <section>, <nav>, <footer>)과 접근성 속성(aria-label, alt, landmark roles)을 포함.
- 반응형: sm, md, lg 브레이크포인트에서 컬럼/그리드 변화.
- 색상 팔레트: slate/indigo/emerald 톤. 다크모드 지원(class="dark" 토글 버튼 포함).
- 텍스트는 한국어 더미 카피(자연스럽게)로 채우되, 나중에 교체할 위치에 주석.
- 코드 전체를 하나의 완성된 HTML로 출력. 출력: 단일 HTML 파일.

2단계: 기본 폴더 구성

먼저 내 컴퓨터 어딘가에 작업 폴더를 만듭니다.(예: my-profile) 그리고 완성된 코드의 우측 상단 다운로드 버튼을 눌러 코드를 다운받습니다.

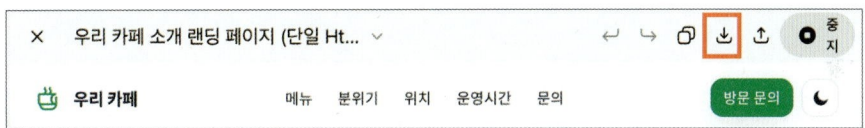

다운받은 html 파일 이름을 index.html로 변경한 뒤, 작업 폴더로 이동합니다.

최종 결과물

my-profile/
├── index.html
├── style.css (필요한 경우)
└── images/ (필요시 교체용 이미지 파일을 담을 폴더)
    └── profile.jpg

3단계: 내용 교체하기

Ctrl+F를 이용해서 캔버스에서 원하는 내용을 교체합니다.

- index.html에서 이름, 직함, 소개 문장, 링크, 연락처 등 원하는 내용을 본인 정보로 바꿉니다.
  - Ctrl + F를 이용해서 원하는 내용을 찾아 바꾸면 됩니다.
  - 문서 작업처럼 내용을 수정하면 홈페이지에 반영되니 복잡해 보여도 겁먹지 마세요.

- images 폴더에 본인이 필요한 이미지 파일을 넣고, 챗GPT에게 교체할 이미지를 알려준 뒤 코드를 수정합니다.

(변경 전)

(변경 후)

4단계: 깃허브로 배포하기

깃허브(Github)란?

Github는 무료로 전 세계 사람들이 만든 코드나 파일을 저장하고 공유할 수 있는 온라인 공간입니다. 쉽게 말해 '개발자들의 구글 드라이브'라고 생각하면 됩니다.

- 저장소(Repository): 프로젝트 파일을 보관하는 폴더
- 버전 관리: 파일이 수정될 때마다 과거 기록을 모두 저장 / 필요하면 언제든 이전 상태로 되돌릴 수 있음
- 협업 기능: 여러 사람이 동시에 작업하고 변경 내용을 합칠 수 있음

배포(Deployment)란?

배포는 내가 만든 결과물을 인터넷에 올려 다른 사람들이 접근할 수 있게 하는 과정입니다.

- 예: 내 컴퓨터 안에 있는 HTML 파일을 웹사이트 주소로 접속 가능하게 만드는 것
- 결과: 내 웹페이지 주소를 보내주면 누군가 클릭해서 바로 볼 수 있음

(1) Github 가입하기

Github 사이트(https://github.com/)로 이동합니다.

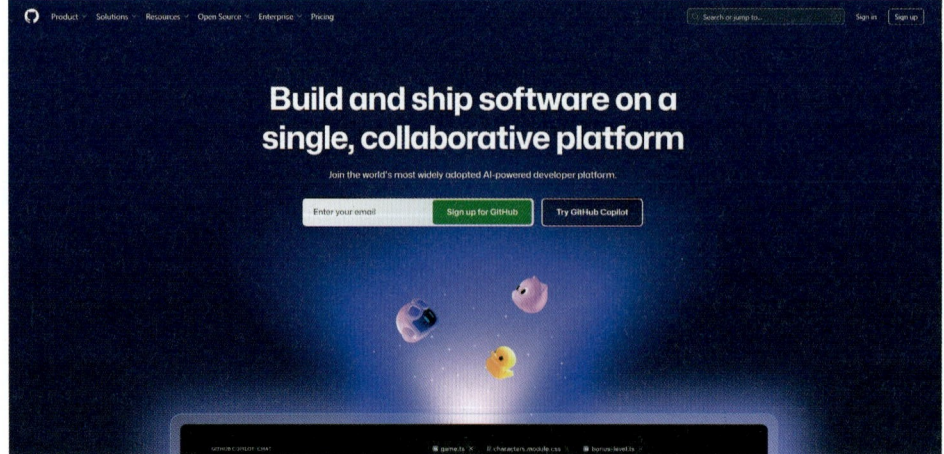

우측 상단 Sign up 메뉴를 클릭해 회원 가입 페이지로 이동합니다.

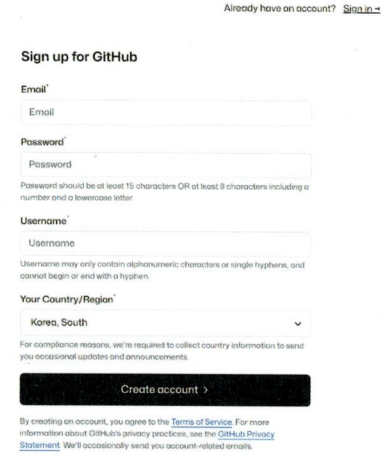

회원 가입을 진행합니다.

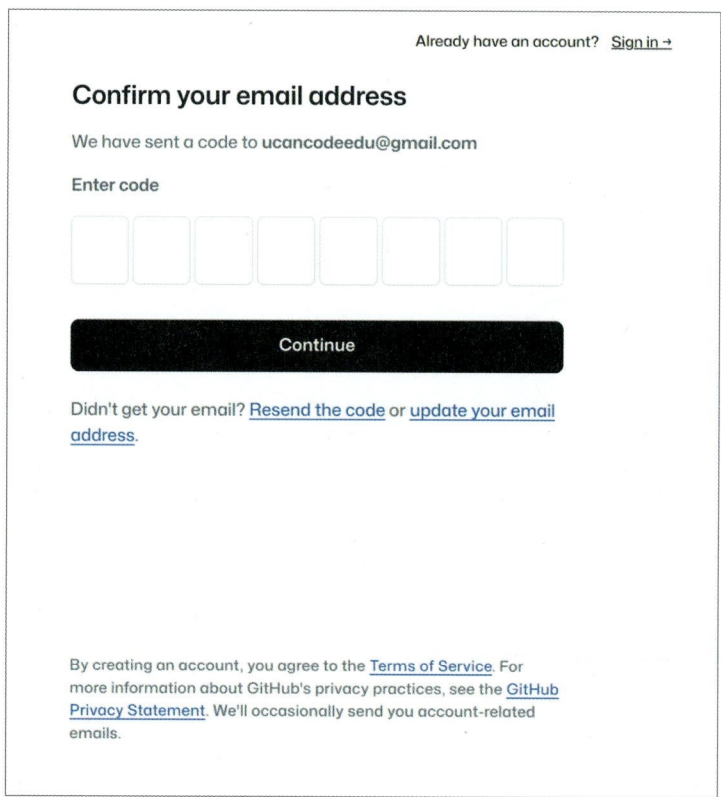

이메일 인증을 하면 회원 가입이 완료됩니다.

(2) 레포지토리(Repository) 만들기

1 GitHub 로그인 → 우측 상단 + → New repository

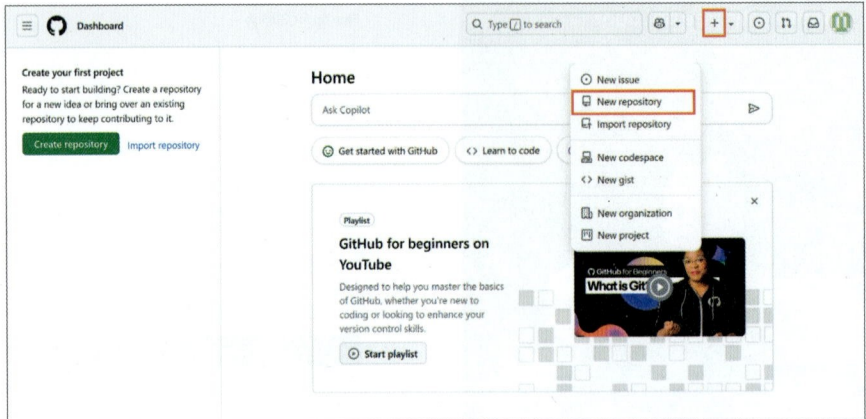

2 Repository_name.github.io과 같은 형식으로 나중에 접속할 수 있으니 Repository name을 적당히 정해줍니다. 예시) ucancode가 Repository name인 경우 ucancode.github.io

Choose visibility → Public 선택 → 맨 하단 Create repository

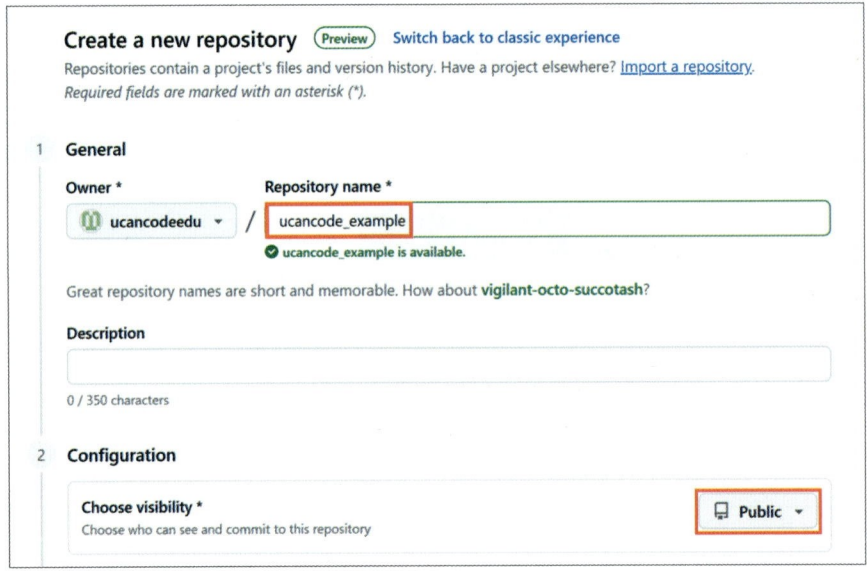

(3) 코드 파일 업로드

1 방금 만든 레포지토리 페이지 uploading an existing file 클릭

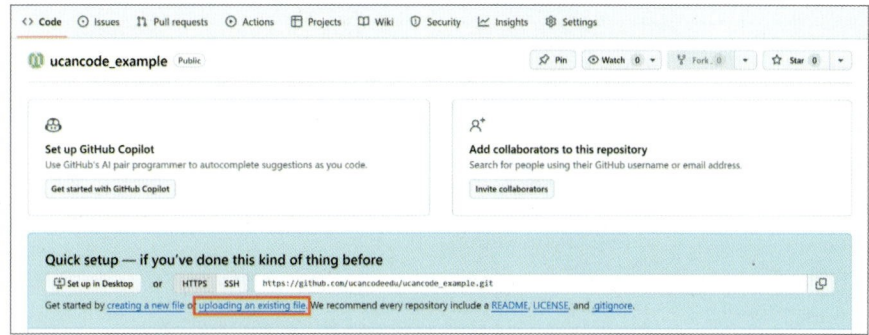

2 index.html 파일, images 폴더를 드래그 앤 드롭

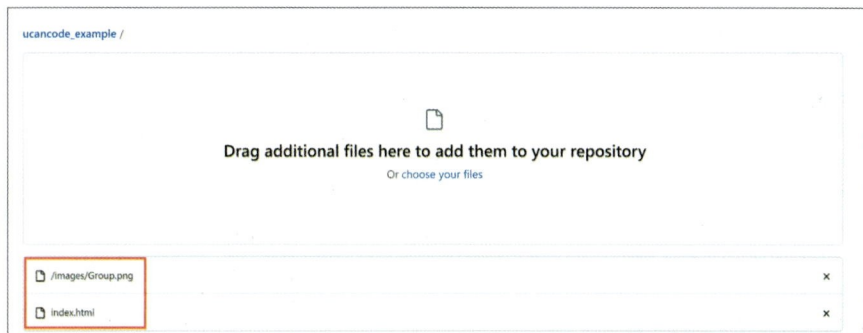

3 아래 메시지에 "첫 홈페이지 버전 업로드" 정도를 기입하고 Commit changes 버튼 클릭

(4) GitHub Pages 활성화

1 저장소 Settings → Pages

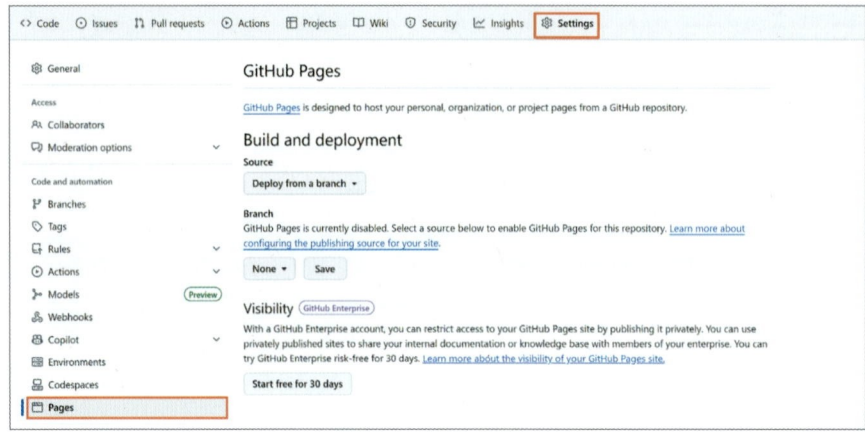

2 Source: Deploy from a branch, Branch: main / (root) 선택 → Save

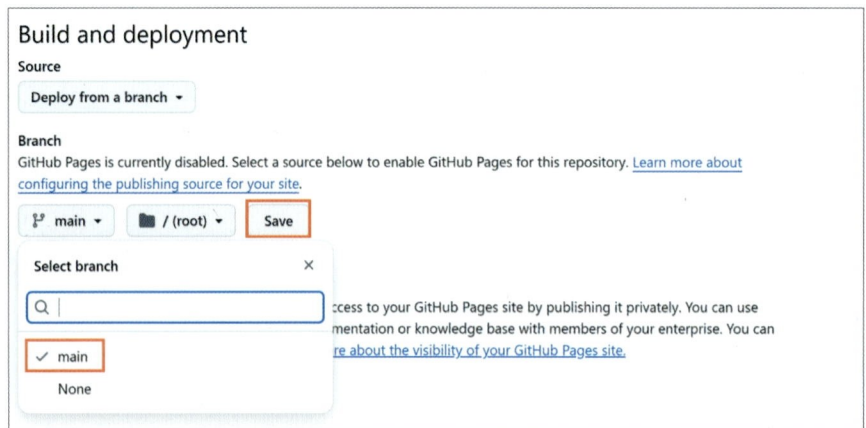

3 잠시 기다리면 상단에 배포 URL이 생성됩니다. 해당 주소를 클릭하면 만든 홈페이지로 접속됩니다.

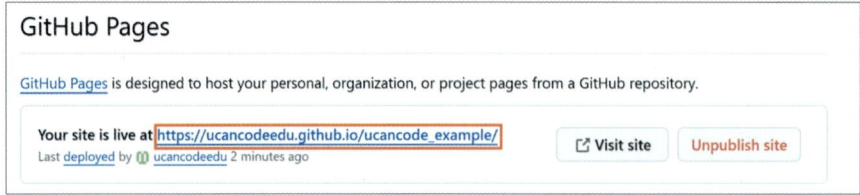

여기서 잠깐!

가장 많이 겪는 체크리스트(오류 방지)

- 저장소가 Public인가?
- index.html이 루트에 있는가?(서브 폴더 X)
- 이미지가 깨지는 경우, 이미지 경로가 올바른가?(images/profile.jpg)
- Pages 설정에서 Branch/Folder가 main/root로 되어 있는가?

바이브 코딩을 위한 프롬프트 가이드

1. 기술 스택을 명확하게 표현하면 챗GPT의 코딩 성능이 크게 개선됩니다.

역할: 당신은 Next.js(Typescript) • Tailwind • shadcn/ui • Radix로 프로덕션급 UI를 만드는 시니어 프론트엔드 엔지니어다.

목표: 문제 설명을 읽고, 페이지/컴포넌트 설계 → 데이터 모델 → 접근성 고려 → 코드 출력까지 한 번에 완성한다.

스택 규정:
- Next.js App Router, src/ 디렉터리 구조
- Tailwind 유틸리티 퍼스트, 4px 배수 여백 리듬
- shadcn/ui + Radix(접근성 기본 탑재) 컴포넌트 우선 사용

출력포맷: "설계 요약 → 파일트리 → 코드블록(파일별) → 실행/검증 체크리스트"

2. 제로투원 앱: "셀프 루브릭" + "단계적 사고"를 강제

원샷으로 퀄리티를 끌어올리고 싶다면 "자체 채점 루브릭 → 재시도"를 시킵니다.

<self_reflection>
- 이 과업을 세계수준으로 만들 체크리스트(5~7항목)를 내부적으로 설정하고, 그 기준을 모두 만족할 때까지 설계/코드를 내부적으로 반복 개선하라. (루브릭은 출력하지 말 것)
- 설계부터 UI 상태/빈로딩/에러/접근성/테스트까지 누락 없도록 점검하라.
</self_reflection>

여기에 "생각을 단계별로 설명한 뒤 결과를 제시하라(think step-by-step)" 같은 지시를 더하면 복잡한 과업 정확도가 안정됩니다.

이 책을 쓰는 동안 늘 곁에서 힘이 되어준 아내에게 깊은 고마움을 전합니다.
당신 덕분에 여기까지 올 수 있었습니다.
언제나 사랑합니다.